Quante · Rózsa (Hrsg.)

ANTHROPOLOGIE UND TECHNIK

D1662680

NEUZEIT UND GEGENWART

Philosophie in Wissenschaft und Gesellschaft

herausgegeben von

Annemarie Gethmann-Siefert

zusammen mit

Klaus Düsing, Volker Gerhardt,
Carl Friedrich Gethmann, Jürgen Mittelstraß,
Otto Pöggeler, Ludwig Siep,
Elisabeth Weisser-Lohmann

Michael Quante, Erzsébet Rózsa (Hrsg.)

ANTHROPOLOGIE UND TECHNIK

Ein deutsch-ungarischer Dialog

Wilhelm Fink

Gedruckt mit freundlicher Unterstützung der Fritz Thyssen Stiftung

Bibliografische Information der Deutschen Nationalbibliothek

Die Deutsche Nationalbibliothek verzeichnet diese Publikation in der Deutschen
Nationalbibliografie; detaillierte bibliografische Daten sind im Internet über
http://dnb.d-nb.de abrufbar.

© 2012 Wilhelm Fink Verlag, München
(Wilhelm Fink GmbH & Co. Verlags-KG, Jühenplatz 1, D-33098 Paderborn)

Internet: www.fink.de

Einbandgestaltung: Evelyn Ziegler, München
Printed in Germany
Herstellung: Ferdinand Schöningh GmbH & Co. KG, Paderborn

ISBN 978-3-7705-5256-6

Inhalt

Vorwort der Herausgeber

Das durch den Titel dieses Bandes eröffnete Spannungsfeld steht seit der Antike, spätestens mit dem metaphysischen Denken des Aristoteles, auf der philosophischen Tagesordnung. Die Frage nach dem Wesen und einer möglichen Sonderstellung des Menschen auf der einen sowie das Bemühen um die angemessene Bestimmung des Verhältnisses von Natur und Technik auf der anderen Seite haben ihre Spuren zu allen Zeiten in den philosophischen Theorien hinterlassen. Darüber hinaus haben sie sich im Selbstverständnis der Menschen niedergeschlagen und sind auf diese Weise zu Formationsbedingungen auch unserer modernen Welt geworden. Die gesellschaftlichen und philosophischen Debatten der biomedizinischen Ethik und Biopolitik belegen dies eindrucksvoll; in diesen Kontexten zeigt sich nicht nur die lange Wirkmacht einiger philosophisch-anthropologischer Einsichten, sondern auch die enge Verwobenheit von anthropologischen und ethischen Positionen, die sich im Streit um neue medizinische oder technische Handlungsoptionen fachwissenschaftlich und gesellschaftlich Gehör verschaffen. Konkrete Positionen der Bioethik sind dabei nicht nur durch unterschiedliche philosophische Traditionen, sondern auch durch historische Erfahrungen und die konkrete gesellschaftliche Situation geprägt.

Vor diesem Hintergrund verfolgen die Beiträge in dem vorliegenden Band eine doppelte Zielsetzung. Zum einen werden im ersten Teil anhand dreier für die deutsche und die ungarische Philosophie zentraler Autoren die Überlegungen von Hegel, Marx und Lukács zum Problem der Technik auf ihre aktuelle systematische Tragfähigkeit hin untersucht. Im zweiten Teil geht es in systematischer Perspektive um die Verhältnisbestimmung von philosophischer Anthropologie und Bioethik mit dem Ziel auszuloten, auf welche Weise und in welchem Maße anthropologisch-ethische Reflexionen in den gegenwärtigen biomedizinischen und biopolitischen Debatten eine orientierende und begründende Funktion übernehmen können.

Die in diesem Band versammelten Beiträge gehen auf eine Tagung zurück, die wir unter dem Titel „Lebenswelt und Technik" im September 2009 an der Universität Debrecen gemeinsam durchgeführt haben. Wir danken der Fritz Thyssen Stiftung, die sowohl die Tagung als auch die Drucklegung dieses Bandes gefördert hat, für ihre großzügige finanzielle Unterstützung. Ohne ihr wiederholtes Engagement in dieser Sache wäre es uns in den letzten Jahren nicht möglich gewesen, unseren deutsch-ungarischen Dialog, zu dem der hier vorliegende Band ein weiterer Beitrag ist, zu führen. Gerade in finanziell und politisch schwierigen Zeiten ist die Fritz Thyssen Stiftung für uns eine unschätzbare Hilfe und ein verlässlicher

Partner gewesen. Außerdem gebührt Frau Nadine Mooren unser Dank; sie hat die Drucklegung dieses Bandes auf vielfältige Weise vorbereitet und unterstützt.

Debrecen und Münster, im Dezember 2011

ERZSÉBET RÓZSA   MICHAEL QUANTE

TEIL I

PHILOSOPHIE DER TECHNIK:
EIN DEUTSCH-UNGARISCHER DIALOG

ERZSÉBET RÓZSA

Der Mensch als Mangelwesen und das Bedürfnis der Technik im Spannungsfeld zwischen Natur und Kultur bei Hegel

1. Problemstellung: Hegel über die Technik in anthropologischer Perspektive und im Blick auf einige seiner methodologischen Überlegungen

Den Mangel als Charakteristik des Lebewesens und das damit eng verbundene Bedürfnis, ihn zu überwinden, hat Hegel in seiner enzyklopädischen Naturphilosophie zunächst bezüglich des tierischen Organismus thematisiert.[1] Diese Thematik lässt sich als das *Vorfeld der Technikfrage* verstehen. In diesem Abschnitt der Naturphilosophie geht es nicht um eine rein biologisch-organologische Fragestellung. Das Leben bzw. das Lebendige hat Hegel hier in *anthropologischer* Perspektive erörtert, die auch angesichts des Aufbaus, d.h. dem Weg von der Natur zum Geist, erkennbar ist. Unter dem Ausdruck „anthropologische Perspektive" wird im Folgenden nicht die Thematik des Anthropologie-Kapitels der *Philosophie des Geistes* verstanden, sondern vielmehr Hegels *anthropologische Position* im Sinne einer *allgemein-umfassenden* Perspektive, auf deren Grundlage auch andere Existenzformen (in dem vorliegenden Fall der lebendige Organismus bzw. das Tiersein) in ihrem Bezug auf die menschliche interpretiert werden können. Gerade durch diese umfassende anthropologische Perspektive kann Hegels Stellungnahme auch für heutige Diskussionen, etwa über Themen der Technikphilosophie, anregend sein.

Dass solch eine anthropologische Perspektive für die Technikphilosophie fruchtbar sein kann, lässt sich z.B. an einer Untersuchung Peter Fischers feststellen. Er hat die Theorien von Arnold Gehlen, Helmuth Plessner und Ernst Cassirer als Vorbilder für eine heutige Philosophie der Technik hervorgehoben.[2] Auch Hegel findet bei Fischer Erwähnung, wird von diesem jedoch nur mit einem einzigen Gedanken zitiert, der darüber hinaus nicht in den Gesamtzusammenhang der he-

---

1 G.W.F. Hegel, *Enzyklopädie der philosophischen Wissenschaften im Grundrisse* 1830. Zweiter Teil. Die Naturphilosophie. In: Werke, Bd. 9. Auf der Grundlage der *Werke* von 1831-1845 neu edierte Ausgabe. Redaktion Eva Moldenhauer und Karl Markus Michael, Frankfurt a. M. 1986, vgl. insbesondere die §§ 359-362, S. 468-478. Im folgenden verweise ich hierauf mit der Sigle: Naturphil.

2 Fischer ist der Meinung, dass Plessners Ansatz der exzentrischen Positionalität besonders geeignet scheint, die elaborierten Techniktheorien von Gehlen, von Cassirer und – zumindest teilweise – auch von Heidegger zu integrieren. In: P. Fischer, *Philosophie der Technik*, München 2004, S. 10.

gelschen Systematik eingebettet wird.[3] Hegels Systematik und Methode sind jedoch auch für seine technikphilosophische Stellungnahme *konstitutiv*.[4] Was die in
diesem Beitrag zu untersuchende Textstelle über den Mangel des Lebwesens und
dessen Überwindung betrifft, so macht Hegel selbst auf die Bedeutung seiner Methode aufmerksam. Im Rahmen der Kritik dreier verfehlter Verfahrensweisen betont er die *besondere Bedeutung des Verfahrens*. Kritisiert wird erstens die Medizin,
die mit „dürren Verstandesbestimmungen" arbeitet und die Bestimmung als
„quantitativen Unterschied" betrachtet. Zweitens kritisiert er den von ihm hoch
geschätzten Spinoza, da es bei diesem „dem Leben an dem springenden Punkt der
Selbstheit, dem Prinzip der Selbstbewegung" mangele. Die dritte von Hegel als
verfehlt bezeichnete Methode ist die Identifizierung der Bestimmungen im Lebendigen mit der Bestimmung in „chemischer Sphäre", sie führt nach Hegel zu einem
„roh-sinnlichen" Verfahren. Im Anschluss an diese Kritiken stellt Hegel seine eigene Position heraus: Dieser gemäß stellen allein die Begriffsbestimmungen die angemessene methodische Verfahrensweise dar, durch welche die Lebendigkeit in
ihrer qualitativen, sich an sich selbst aufhebenden Differenz aufzufassen ist.[5]

Diese von Hegel betonte *qualitative Ausdifferenzierung* ist als *thematisches Motiv*
für die Erläuterung der menschlichen Lebensform entscheidend, enthält aber auch
erhellende Einsichten für die Erläuterung der Frage nach der Technik. Ebenso
wichtig ist, dass die qualitative Ausdifferenzierung des Lebens auch als *methodologisches Motiv* dient und die *Verbindung von Natur und Geist in den menschlichen
Formen des Lebens* zum Ausdruck bringt. Diese sowohl thematische als auch methodologische Grundlegung ist für die Technikfrage bei Hegel von besonderer Bedeutung. Robert B. Brandom, der den Zusammenhang von Natur und Geist bei
Hegel in den Vordergrund stellt, übersieht dessen systematische und methodologische Bedeutung, was dann von Vittorio Hösle in der amerikanischen „Hegel-
Renaissance" gerechtfertigter Weise kritisiert wird.[6]

Inhaltlich verweist die von Hegel akzentuierte anthropologische Perspektive darauf, dass die Technikproblematik im Spannungsfeld der Naturphilosophie und
der Geistphilosophie, als einem sich auf immer komplexere Weise ausdifferenzierenden Bereich zu untersuchen und zu erläutern ist. D.h. auch: Die *philosophische*
Problematik der Technik kann weder auf die Natur, noch auf den Geist (etwa auf
den objektiven Geist im Bereich der modernen Wirtschaft in der bürgerlichen
Gesellschaft) reduziert werden. Es sind mehrere Stufen, Formen der sich entfalten-

---

3 Fischer gibt zu: „Hegel schliesslich leistet mit seinen Überlegungen insbesondere zu den Begriffen Arbeit, Mittel, Werkzeug und System der Bedürfnisse systematisch relevante Beiträge
   zum philosophischen Begriff der Technik" (o. Anm. 2), S. 145.
4 Vgl. Hösles Kritik an der heutigen amerikanischen neopragmatischen Diskussion, in: V.
   Hösle: „Was kann man von Hegels objektiv-idealistischer Begriffstheorie noch lernen, das
   über Sellars', McDowells und Brandoms Anknüpfungen hinausgeht?" In: *Allgemeine Zeitschrift für Philosophie*, 30 (2005), S. 139-158.
5 Naturphil. § 359, Anm. S. 470-471.
6 R. Brandom, *Begründen und Begreifen*. Eine Einführung in den Inferentialismus, Frankfurt a.
   M. 2001, insbesondere S. 37-54.

den Idee, in deren Strukturen, Relationen und dynamischen Bewegungen die *jeweilige Konkretheit und Komplexität* der Technikproblematik aufzuzeigen ist. So treten die verschiedensten Fragen der Technik vom Bereich des lebendigen Organismus als Mangelwesen, und dessen Bedürfnis seinen Mangel zu überwinden, (was auch das elementarste Bedürfnis der Technik ausdrückt) bis zur Problematik des subjektiven und objektiven wie auch absoluten Geistes auf. Denn auch der absolute Geist kann als ein Feld der Technik betrachtet werden: In der Kunst stellen sich Fragen zu den Techniken des Künstlers, etwa des Malers oder dramentechnische Fragen; in der Religion treten Fragen auf, die kultisch-zeremonielle Techniken betreffen und in der Philosophie Fragen nach dem Medium von Vorstellung und Begriff. Damit erweist sich Hegels Position als eine differenzierte Stellungnahme über die Technik im weitesten Sinne.[7]

Im Folgenden konzentriere ich mich *erstens* auf die anthropologische Perspektive, d.h. auf die schon angesprochene Charakteristik des Mangelwesens, auf das Bedürfnis und den Trieb, den Mangel zu überwinden, worin sich die *elementaren Wurzeln* der Einführung und Verwendung von Technik, d.h. die Wurzeln eines Bedürfnisses nach Technik darstellen. *Zweitens* gehe ich auf einige Zusammenhänge von Natur und Kultur als Geist ein, die m.E. entscheidend für Hegels Konzeption der Technik sind.

Auf eine dritte Fragestellung, die man in diesem Zusammenhang stellen könnte, habe ich verzichtet. Sie bezieht sich darauf, ob Hegels Thematisierung der Technik oder ganz andere Überlegungen zu seinen Einsichten geführt haben, in denen es um die besondere Bedeutung der Individualität als höchstem, aber auch ambivalentem, weil gefährdetem Prinzip der Moderne geht. Vermutlich trifft hierbei die zweite Alternative zu: Nicht die Folgen der Ausbreitung von Technik in der Moderne an sich, sondern radikale Änderungen in den sozialen und wirtschaftlichen Strukturen haben Hegel zur Einsicht über den widersprüchlichen Status der Individualität geführt. Eine Behandlung der Integration technischer Entwicklungen in sozialwirtschaftliche Strukturen ist bei ihm nur *sporadisch* zu finden. Es steht aber außer Zweifel, dass Hegels Stellungnahme zu Fragen des Individuumseins in der Moderne für seine praktische Philosophie im Allgemeinen und für seine Theorie der Moderne im Besonderen eine ausgezeichnete Bedeutung hat. Hierauf komme ich im *Ausblick* am Schluss dieses Beitrags kurz zurück, wo einige Grenzen der hegelschen Stellungnahme zur Technik angesprochen werden sollen.

---

7 Im absoluten Geist geht es teils um symbolische Formen, die Ausdruckswahrnehmungen sind. Die Welterschließung findet z.B. im Mythos (oder bei Hegel im Kultus) ganz anders statt, als in der Technik und im Werkzeuggebrauch. Vgl. E. Cassirer, *Dingwahrnehmung und Ausdruckswahrnehmung*. Fünf Studien, Darmstadt 1994, S. 45. Die Formen des absoluten Geistes sind auch bei Hegel als unterschiedliche Formen der Welterschließung aufzufassen, die sich aber von der technischen, vor Allem von der wirtschaftlichen, die bei Hegel im Zentrum des objektiven Geistes steht, grundlegend unterscheiden.

2. Die Bestimmung des Mangelwesens und das Bedürfnis der Technik aus der Perspektive des Menschseins

Im Folgenden werden drei Momente der anthropologischen Perspektive erörtert: 1. das „Darüberhinaussein", 2. die Weltdimensionen des Menschseins, 3. die Tatsache, dass das Tier *ist*, der Mensch hingegen Mangelwesen *wird*.

2.1 „Darüberhinaussein"

Im Spannungsfeld zwischen dem Mangel als Charakteristik auch des menschlichen Seins einerseits und dem Bedürfnis, ihn zu überwinden andererseits, entsteht *das elementare Vorfeld der Technik* für den Menschen.[8] Damit weicht er strikt ab vom Tier, bei dem die Technik in diesem, eigentlichen Sinne gar nicht eintreten kann. Denn das Bedürfnis nach Technik, in der sich die spezifisch *menschliche* Überwindung des Mangelwesenseins erweist, ist von Anfang an mit der *Kultur* im weitesten Sinne eng verbunden. Dieser Zusammenhang wurzelt bei Hegel in der Konzeption von *Natur und Geist,* als einem vielfach gegliederten, spannungsvollen und dynamischen Verhältnis, das den allgemeinsten Horizont der Technikfrage darstellt.[9]

Wichtig ist, dass der Mangel *nicht* bloß etwas Defizitäres zum Ausdruck bringt, sondern dass sich darin auch eine *Herausforderung* ankündigt, deren Erfüllung durch die Überwindung des Mangels das Lebewesen, den Menschen, in eine andere Form des Lebens versetzen kann. Darin zeigt sich die von Hegel betonte *qualitative Ausdifferenzierung*, die zu einer anderen, vorher nicht existierenden Form des Lebens überhaupt führen kann. Wie kommt Hegel darauf? An der vorliegenden Textstelle stellt er Folgendes fest: wo eine Schranke (ein Mangel) ist, ist ebenso das *Darüberhinaussein* vorhanden.[10] Dieses Darüberhinaussein ist beim Menschen aber nicht einfach *vorhanden*, wie beim Tier, sondern es wird *hervorgebracht* und zwar durch bestimmte Aktivitätsformen, Operationen und Handlungen als spezifisch-menschliche Überwindungsformen der Schranke bzw. des Mangels. Das wird gerade durch das Miteinbeziehen der Technik möglich und betrifft das Kerngebiet

---

8 Ganz im Sinne Hegels stellt Fischer Folgendes fest: „Dass der Mensch Technik hat, das ist nicht nur ein empirisches Merkmal, welches seine biologische Art von anderen biologischen Arten unterscheidet: Obwohl der Mensch nicht darin aufgeht, Technik zu haben, *ist* der Mensch Mensch in seiner Sonderstellung, *indem* er Technik hat. Die Technik ist somit eine konstitutive, einen Wesens bzw. Seinsbestimmung des Menschen. Technik ist ein Monopol des Menschen", in: P. Fischer, *Philosophie der Technik* (o. Anm. 2), S. 9.

9 Hier geht es um den Ausdruck Mangelwesen, der mit dem Mängelwesen von Gehlen nicht identisch ist. Vgl. Arnold Gehlen: *Der Mensch.* Seine Natur und seine Stellung in der Welt, zitiert in: P. Fischer (o. Anm.2), S. 51.

10 Der entscheidende Punkt bei Hegel ist, dass der Mangel nicht einfach etwas Defizitäres zum Ausdruck bringt, sondern sich darin eine Herausforderung ankündigt, die zur Bereicherung des Lebendigen führen kann. Bei Hegel heißt es: Wo eine Schranke ist, d.h. Mangel, ist ebenso das Darüberhinaussein vorhanden. Vgl. ders., Naturphil. §. 359, Anm. S. 469.

des *menschlichen* Seins im unmittelbaren Spannungsfeld von *Natur und Geist als Kultur,* worin das Bedürfnis der Technik entsteht.[11] Der Mangel bzw. der spezifische Umgang damit, d.h. die Überwindung als *Vermittlung* überhaupt, worin sich das unmittelbare Feld der Technik im Menschsein darstellt, schenken dem Menschen eine Art von Komplexer-Werden-Können.[12] Gerade darum kann der Mensch zum „Überschusswesen" (Gehlen) werden.[13] Mit dem Darüberhinaussein, das Dynamik und „Überschuss" dem Menschsein überhaupt schenkt, fängt die (zuerst abstrakte) Möglichkeit einer neuartigen, kultivierten und zivilisierten Lebensform an.

Die Technik hat also bei Hegel ihre ersten Wurzeln in der anthropologisch thematisierten lebendigen Natur, insofern der Mensch als Lebewesen das *Darüberhinaussein* als wesentliche Kennzeichnung in sich trägt. Das Darüberhinaussein ist aber gerade der Punkt, in dem das Jenseitige der Natur – der Geist als Ursprung und umgreifende Form des Menschseins – auftritt. Das Darüberhinaussein ist selbst noch nicht Technik, auch nicht Kultur, aber es führt über die Natur als bloßes Lebewesen hinaus, insofern es eine *Einstellung* und *Positionierung* des Mangelwesens darstellt, durch deren Durchführung eine radikale Änderung in dessen Seinsformen auftreten kann. [14] Im Sinne Heideggers kommt es hier darauf an, dass das „Wesen der Technik" „ganz und gar nichts Technisches" ist.[15] Darum ist das Darüberhinaussein der Punkt, an dem nicht nur die Frage nach Technik aufgeworfen wird, sondern auch die Frage nach der Kultur im Sinne des Menschseins. Gerade darin, dass der Mensch nicht nur Lebewesen, sondern auch und vor allem Kulturwesen ist, gründet sich die Möglichkeit wie die Notwendigkeit der Technik. In seiner spezifischen Lebensform erweist sich, dass die selbst geschaffene Kultur eine notwendige Ergänzung des Menschen zu einer spezifischen Lebensfähigkeit darstellt. Die Technik macht das Basiselement von kulturellen Lebensformen und

---

11 Fischer Stellungnahme scheint mir problematisch zu sein, insofern er einerseits die Technik von der Kultur abschneidet, andererseits ein „Gesamtgebiet der Kultur" voraussetzt, in das auch die Technik miteinzubeziehen ist. Vgl. P. Fischer: *Philosophie der Technik* (o. Anm. 2), S. 8.

12 Hier soll auf die Beziehung der Vermittlung als Formbestimmung des menschlichen Seins im Allgemeinen und der Mittel im Verhältnis zwischen dem Natursein und dem Menschsein im Besonderen hingewiesen werden. Daraus ergibt sich die Mitte sowohl als Seinsform als auch als Bestimmung des praktisch-kultivierten Verhältnisses des Menschen zur Natur und zu sich.

13 In Bezug auf Gehlen stellt Fischer fest: „Statt als Mängelwesen" könnte Gehlen den Menschen ebensogut als „Überschusswesen" bezeichnen." Vgl. P. Fischer: *Philosophie der Technik* (o. Anm. 2), S. 52. - „Die Rede von den Mängeln und ihrer Kompensation als Ausdruck eines biologischen Reduktionismus zu deuten, ist daher verfehlt, denn die Lebensnotwendigkeiten des Menschen können nicht mehr als bloß biologische verstanden werden." „Eben weil der Mensch als bloßes Naturwesen mangelhaft *wäre, ist* er genuin Kulturwesen." Ebd. S. 53.

14 Ebd. S. 19.

15 „So ist denn auch das Wesen der Technik ganz und gar nichts Technisches" – so Heidegger. In: ders.: *Technik und die Kehre.* Pfullingen, 1988. S. 5, zitiert in: P. Fischer: *Philosophie der Technik* (o. Anm. 2), S. 20.

Lebensfähigkeiten aus, die durch *qualitative Ausdifferenzierungen* entstanden sind und aufrechterhalten werden.[16] Darin zeigt sich, dass *Technik* und *Kultur* im qualitativ ausdifferenzierenden, die Natur überschreitenden, aber sie doch bewahrenden, aktiven Menschsein und in einer, diesem Sein entsprechenden, spezifischen Lebenswelt *dieselbe* Wurzel haben.

2.2 Weltdimensionen des Menschseins

Den tierischen Organismus kennzeichnet Hegel durch drei Bestimmungen und *Organisationsformen* des Lebens im § 352 der *Naturphilosophie*.[17] Der Organismus bezieht sich erstens auf sich selbst und schließt sich innerhalb seiner selbst mit sich zusammen. In der *Gestalt* stellt dies die „*organische Individualität*" dar.[18] Die organische Individualität verhält sich zweitens zu ihrem Anderen, ihrer unorganischen Natur. Das ist die *Assimilation*. Drittens verhält sich die tierische Organisation zu einem Anderen, das selbst lebendiges Individuum ist und verhält sich damit zum Anderen als zu sich selbst. Dies ist die *Gattung*, bzw. der Gattungsprozess.[19] Mit diesen drei Organisationsformen und ihren Relationen ergibt sich ein dynamischer Komplex, den Hegel den tierischen Organismus nennt.[20] Dieser Komplex stellt zwar ein Strukturelement, aber keinesfalls das Wesen des Menschen dar. Dazu kommen noch weitere, komplexere und dynamischere Strukturen wie höhere Selbstbewusstseins- und Selbstbestimmungsformen, höhere Organisationsformen von kooperativer Lebensführung, und damit eine höhere, sich immer weiter ausdifferenzierende Bedürfnisbefriedigung, die mit dem Geist als Kultur und der ihr zugehörenden Technik eng verbunden sind.

In dem vorliegenden, dreidimensionalen Komplex treten die ersten, noch nicht differenzierten Formen und Relationen des tierischen Lebens auf, die dann aber auch für die *Weltdimensionen des menschlichen Seins überhaupt,* sowie für seine *jeweils konkrete Lebenswelt* entscheidend werden. In dieser Strukturierung sind die Vorformen der *inneren Welt*, der *äußeren Welt* und der *Mitwelt* zu erkennen, wenn

---

16 P. Fischer: *Philosophie der Technik* (o. Anm. 2), S. 32.

17 Naturphil. S. 435.

18 Ebd. S. 430.

19 Ebd. S. 435.

20 Fischer schreibt dem Tier eine zentrische und geschlossene Organisationsform zu. Vgl. dazu P. Fischer: *Philosophie der Technik* (o. Anm. 2), S. 22-23. - Als geschlossene Form ist das Tier selbständig und daher auf eine Vermittlung mit der Umgebung angewiesen. Es ist nicht bloß ein Körper, es *hat* einen Körper. Dieses Strukturprinzip zeigt sich in der Ausbildung von Organen zur Regulierung bestimmter Funktionen. Aus dem Körper wird ein Leib: Er ist die Repräsentation des Körpers im Körper und damit die Mitte, aus der das Tier heraus agiert. Die Triebe sind die unmittelbaren Manifestationen der Notwendigkeit aktiver Vermittlung. Das Tier ist getrieben. Aber die Bezogenheit auf sich und die Beziehung zu Dingen verbleiben im Rahmen des Natürlichen. Diese Position der Vermittlung ist die zentrische Positionalität. Vgl. S. 22-23, 27.

man Plessners Terminologie verwenden will. Die inhaltliche Kennzeichnung „dieser Welten" von Plessner zeigt auffällige Parallelen mit Hegels Konzeption.[21] In der inneren Welt manifestiert sich das Verhältnis des Lebendigen zu sich als selbstzentrische und subjektive Einstellung; in der äußeren Welt das Verhältnis zur unorganischen Natur als erste objektive (mit Plessner: exzentrische) Positionierung; und in der Mitwelt das Verhältnis zum anderen als lebendiges Individuum qua zweiter objektiver und exzentrischer Einstellung. Gerade im Schnittpunkt dieser drei Weltdimensionen tritt bei Hegel die spezifische Struktur der besonderen Lebensform des Menschen auf, dadurch dass die vorliegenden Vorformen und Relationen des Menschseins, die es mit dem Tiersein teilt, durch weitere ich-zentrische und exzentrische Einstellungen, d.h. durch weitere qualitative Ausdifferenzierungen ergänzt werden. Dies hat Hegel in seiner *Philosophie des Geistes* detailliert ausgeführt.

Die angesprochenen Weltdimensionen differenzieren sich beim Menschen aus, damit erhalten sie neue Bedeutungen und Funktionen in dem spezifisch menschlichen Leben, in der Lebenswelt. Sein erstes Verhältnis zu sich ist vermittelt durch zunächst primitive, sich dann aber immer weiter ausdifferenzierende, soziokulturell kontextualisierte und reflexive Formen wie kultivierte Vernunft und Emotionen, durch soziokulturell vermittelte Selbstbewusstseins- und Selbstbestimmungsformen. Die jeweiligen, konkreten Formen kann der Mensch auf höherer Stufe der Geschichte in Bezug auf Recht und Moralität bzw. sittliche Institutionen wie Bildung und Gewohnheit erwerben, aber erst dann, wenn sie schon als Gemeingut sowie als Leistung der Kultur und deren Geschichte zur Verfügung stehen.

Das primäre Verhältnis des Menschen zu sich erhält neue Gestalten durch die *Innerlichkeit* und *Innigkeit*, die im höchsten Prinzip der modernen Welt, in der subjektiven Freiheit wurzeln.[22] Die innere Welt des modernen Menschen wird nicht nur durch die *Technisierung* der Wirtschaft und anderer Sphären der modernen Gesellschaft ergänzt, sondern auch durch *Veränderungen der inneren Welt*, in der neuartige Motivationen, Bedürfnisse, Begierden, Neigungen und auch neuartige Formen ihrer Befriedigung auftreten, die mehr oder weniger von der Entwicklung der Technik abhängen. Die ersten Spuren dieser Tendenz hat Hegel in dem

---

21 Diese Termini habe ich von H. Plessner übernommen, ihnen aber eine modifizierte Bedeutung gegeben. Vgl. P. Fischer: *Philosophie der Technik* (o. Anm. 2), S. 37-38. - Hegel geht es nicht um das Sein des Menschen in der Welt, was der dreifachen Positionierung entsprechen würde. Dies erstens darum nicht, weil diese dreifache Positionierung dem Lebendigen zugeschrieben wird. Zweitens darum nicht, weil er der extzentrischen Positionalität einen solchen Status, wie Plessner und Fischer, nicht zuordnet. Für ihn ist eine Positionierung ausserhalb des Körpers in diesem Sinne unvorstellbar. Die Mitwelt in ihrer Intersubjektivität ist ohne die Beziehung auf sich, so auf den eigenen Körper bzw. Leib und auf die äußere Welt unvorstellbar. Diese Positionierungen sind für Hegel komplexe Relationen, deren konkrete Charakteristik in der jeweiligen Perspektive doch immer festzustellen ist.

22 Die Innerlichkeit ist als eine der Hauptkomponenten der neuzeitlichen Identität des Individuums auszulegen. Diesen (auch hegelschen) Grundgedanken hat Ch. Taylor aktualisiert. Vgl. derselbe: *Quellen des Selbst*. Die Entstehung der neuzeitlichen Identität, Frankfurt a. M. 1996.

Primat der Bedürfnisse gegenüber der eigenen Arbeit erkannt, was den oft kritisierten Aufbau der bürgerlichen Gesellschaft der *Rechtsphilosophie* erklärt.[23] Mit dem
Primat der Bedürfnisse tauchen neuartige Konsumphänomene der modernen
Wirtschaft auf, die für Hegel auch Folgen der Mechanisierung der Arbeit, der
Technisierung der Produktion und deren Verbreitung auf den Konsumprozess darstellen. Diese Phänomene erscheinen als „schlechte Unendlichkeit" des bedürfnis-
orientierten und konsumzentrierten Verhaltens, was Hegel sowohl im Hinblick
auf den Luxus als auch auf die Armut erkannt und kritisch erörtert hat.[24]
    Die Veränderung der inneren Welt durch die „Bedürfnisorientierung" (Geh-
len), die bei Hegel technische Entwicklungen ermöglicht, die im Hintergrund der
wirtschaftlichen, sozialen und politischen Umstrukturierungen in der Moderne
stehen, ist abhängig auch von einzelnen Individuen, insofern die subjektive Freiheit das höchste Prinzip der Moderne darstellt und den eigenständigen Entschei-
dungen der Einzelnen einen enorm großen Spielraum schenkt. In dieser komplexer
gewordenen inneren Welt treten ausdifferenzierte Motivationen (Trieb, Instinkt,
Bedürfnis, Interesse mit den unterschiedlichsten Inhalten) auf, die zum *besonderen
Zweck* der jeweils Einzelnen durch und in ihren *Handlungen* (Praktiken) werden,
die dabei aber nicht in dieser „Subjektivität" versunken bleiben, auch darum nicht,
weil sie von der ständigen Entwicklung der modernen Technik abhängig sind und
werden.[25] Die so entstandene *„Objektivität" der Technik* hat Hegel erkannt: Die
Maschine ist die erste Stufe, in der er die Dominanz der Technik über die subjektiven Motivationen erkennt. Zugleich erblickt er auch Phänomene, in denen die
Objektivität als „Verdinglichung" (G. Lukács) von Subjekten zu erkennen ist.
    Nicht nur das Verhältnis zur inneren Welt, sondern auch das zur äußeren Welt
hat Teil an einer Ausdifferenzierung. Dazu gehören nicht nur Elemente der unorganischen Natur, die nun zum *Mittel* („Werkzeug des Geistes") werden können,
sondern auch *Gewohnheiten* und *Institutionen* als soziokulturell und geschichtlich
ausgeprägte Komponenten der *vorhandenen, vorgefundenen* Welt. Damit ergibt
sich eine andere Art der Objektivität der Welt als die der ersten äußeren Welt. Die
Fähigkeit sich praktisch anerkennend und aneignend zu dieser neuartigen Welt der
sittlichen Sphären verhalten zu können, stellt eine *neuartige exzentrische Einstellung*
des Menschen – sowohl zur unorganischen und organischen Natur als auch zur
Kultur und damit auch zu sich selbst – dar.

---

23 Diese Kritik findet man in der marxistischen Literatur überall. Hegels Ausgangspunkt scheint
    auch durch die spätere Entwicklung der bürgerlichen Gesellschaft nicht beiseite gestellt zu
    werden: Die konkrete Person mit ihren Bedürfnissen stellt nach wie vor den unmittelbaren
    Ausgangspunkt von Aktivitäten im Bereich der Wirtschaft dar, wobei hinter diesen unmittel-
    baren Strukturen auch die Übermächte der Produktionskräfte und Produktionsverhältnisse
    zu identifizieren sind. Es scheint aber nicht die Entgegensetzung der Stellungnahmen von
    Hegel und Marx der richtige Umgang mit diesem Problem zu sein, sondern vielmehr die
    Unterscheidung und die Verknüpfung der verschiedenen Perspektiven beider.
24 Zu diesen Phänomenen vgl. § 195 in Hegels *Rechtsphilosophie*.
25 Zur Unterscheidung von Bedürfnissen, Instinkten und Trieben vgl. §§ 359-362 in Hegels
    Naturphilosophie.

Das Verhältnis zum anderen als zur unorganischen Natur (die erste exzentrische Position) erwirbt seine Bedeutung bei Hegel nur im wirtschaftsphilosophischen Kontext. Dagegen gewinnt die zweite exzentrische Position, das Verhältnis zum anderen als einem anderen Menschen eine *ausgezeichnete Bedeutung*. Der Andere ist nicht nur ein Organisches und Lebendiges, sondern auch eine *Person*. Der Andere kann sich zur Persönlichkeit gerade im Feld von Mitwelten durch intersubjektive Beziehungen von Kampf und Anerkennung entfalten.[26] Dabei wird der Andere zum Selbstzweck und bleibt nicht nur Mittel der Reproduktion des Lebendigen wie es im Geschlechtsverhältnis in der Natur der Fall ist.

Dieses Verhältnis in der Mitwelt ist *komplementär*, insofern es sowohl die *Individualität* mit ihrem besonderen Stellenwert als auch die *Intersubjektivität* mit ihrer ausgezeichneten Bedeutung für die Befriedigung der Motivationen bzw. für die Erhaltung und Entwicklung individueller, soziokultureller und geschichtlicher Formen der Lebenswelt enthält. Dabei entwickeln sich neuartige Individualitäts- und Intersubjektivitätsrelationen der Mitwelt. Auf diese immer komplexere Weise manifestiert sich das menschliche Sein in verschiedenen Dimensionen der Lebenswelt, die nun als ein Komplex von sich ausdifferenzierenden Dimensionen der inneren, der äußeren und der Mitwelt auszulegen sind.

Hierbei zeigt sich deutlich, dass die Technikproblematik bei Hegel *nicht aus einer einzigen Position* zu erklären ist, wie es bei Plessner der Fall ist, der die exzentrische Positionalität als Erklärungsprinzip bevorzugt.[27] Bei Hegel handelt es sich vielmehr um einen Komplex von Strukturen des menschlichen Lebens, deren unterscheidende, zugleich auch verbindende Kennzeichnungen Dynamik, Relationalität und Komplexität sind. Gerade darin ist der gravierende Unterschied zwischen dem Tiersein und dem Menschsein zu erkennen und zu erklären, dass das Bedürfnis der Technik bei dem Tier nicht auftreten kann, weil es als Gestalt „seine eigenen Glieder zu seiner unorganischen Natur, zu Mitteln macht, aus sich zehrt und sich, d.i. eben diese Totalität der Gliederung, selbst produziert, so das jedes Glied, wechselseitig Zweck und Mittel, aus den anderen und gegen sie sich erhält".[28] Das Resultat dieses Prozesses ist „das einfache unmittelbare Selbstgefühl".[29] Gerade diese unmittelbare, unreflektierte und selbstzentrierte Einstellung des Tieres als alles beherrschende Position stellt diejenige Hemmung dar, durch welche die Technik beim Tier keine entschiedene Rolle für die Veränderung des Lebens spielen kann. Im § 362 weist Hegel auf die Hemmung hin, die sich aus der unmittelbar-selbstzentrierten Einstellung ergibt: „Das Leben als Subjekt dieser Momente der Totali-

---

26 Die Anerkennung mit Hegelschen Wurzeln ist zu einem der kurrentesten Themen der Gegenwart geworden. Aus der neuesten Literatur s. H.-Ch. Schmidt am Busch/ Ch. F. Zurn (Hrsg.): *Anerkennung,* Berlin 2009.

27 Vgl. P. Fischer: *Philosophie der Technik* (o. Anm.2), S. 29. – Aufgund der aufgezeigten Komplexität ist Fischers folgende Stellungname mit guten Gründen zu kritisieren: „Notwendigkeit und Möglichkeit des menschlichen Daseins als Kulturwesen ergeben sich aus der exzentrischen Positionalität." Ebd. S. 57.

28 Naturphil. § 356, S. 459.

29 Ebd.

tät, spannt sich in sich [...] und ist der *fortdauernde Konflikt* (hervorgehoben von E.R.), in welchem es diese Äußerlichkeit überwindet. Das Tier verhält sich als un- mittelbar Einzelnes."[30] Darum ist ihm diese Realisierung nicht angemessen und geht es *aus der Befriedigung fortdauernd in den Zustand des Bedürfnisses zurück*. Der Rückfall in den Zustand des bloßen Bedürfnisses kennzeichnet die tierische Form des Lebens. Dagegen stellt die Überwindung dieses Rückfalls durch das höhere Bedürfnis der Technik, das zur Dynamisierung, Kultivierung und Sozialisierung des Lebens sowie zur Befriedigung der Bedürfnisse wesentlich gehört, das auszeich- nende Charakteristikum des Menschseins als einer qualitativ ausdifferenzierenden und somit komplexen Lebensform dar, die aber auch Vorformen wie natürliche Bestimmungen bewahrt.

Über diese allgemeinen, wohl aber methodologisch entscheidenden Überlegun- gen hinaus sind bei Hegel aber auch Defizite zu konstatieren, was die Beantwor- tung der Technikfrage betrifft, die sich aus der Vernachlässigung der zweiten Welt- dimension, d.h. der ersten exzentrischen Position, des Verhältnisses zur unorgani- schen Natur als äußerer Welt ergeben. Hierin liegt eine der Grenzen seiner Stel- lungnahme zur Technik.

2.3 Das Tier ist, der Mensch wird Mangelwesen

Ein wichtiges Vorfeld für die Technikfrage stellt bei Hegel die Unterscheidung zwischen dem *theoretischen* und dem *praktischen Verhalten* dar, deren erste Anzei- chen in der Bestimmung der Assimilation auftreten. Im praktischen Verhältnis bezieht sich das Subjekt (Tier) auf sich, d.h. es verhält sich subjektiv. Dieses Ver- halten beginnt „mit dem Gefühl des Mangels und dem Trieb, ihn aufzuheben".[31] Im Menschen als Mangelwesen treten *subjektiv-praktische* Motivationen wie Trieb, Instinkt, Bedürfnis auf. Der Mangel ist der umfassende Begriff der Subjektivität, der zuerst im Gefühl theoretisch, dann im Trieb praktisch auftritt. Das „Erregtwer- den" zeigt sich darin als „Irritation". Diese sensible Subjektivität ist aber keinesfalls eine defizitäre Existenz, sondern eine für das Leben spezifische Weise. Das Erregt- werden ist eine wichtige Komponente des Mangelwesens, das nun beim Lebendi- gen qua Mensch als Bedürfnis, Trieb, Instinkt auf subjektiv-praktische Weise auf- tritt, – und zwar in Abgrenzung zum Tier, worauf Ortega y Gasset hinweist.[32]

---

30 Ebd. S. 475.
31 Naturphil. § 359. S. 468.
32 „Es wäre also verfehlt, anzunehmen, daß das Tier Bedürfnisse hat in jenem subjektiven Sinne, der diesem Ausdruck im Hinblick auf den Menschen eignet. Das Tier hat Hunger, aber da es nichts anderes zu tun hat, als Hunger zu haben und sich nahc Nahrung umzuschauen, so empfindet es all dies nicht als Notwendigkeit, als etwas, mit dem es rechnen muss, dem es sich unterzuordnen hat und das ihm ausweglos auferlegt ist. Wenn es dem Menschen hinge- gen gelänge, diese Bedürfnisse nicht zu empfinden, so bliebe ihm immer noch viel zu übrig, ein weiter Umkreis des Lebens stünde ihm noch offen, um eben jenen Beschäftigungen nach- zugehen, die er als besonderes Anliegen seines Lebens betrachtet." J. Ortega y Gasset: *Be-*

Hegel analysiert das Verhältnis der Elemente der Motivationsstruktur. Das Bedürfnis ist ein bestimmtes, obschon auf unendlich mannigfaltige Weise partikularisiert. Der Trieb ist die Tätigkeit, den Mangel solcher Bestimmtheit, d.i. ihre Form, zunächst nur ein Subjektives zu sein, aufzuheben.[33] „Indem der Inhalt der Bestimmtheit (Bedürfnis; E. R.) ursprünglich ist, in der Tätigkeit sich erhält und durch sie nur ausgeführt wird, ist er Zweck (§ 204), und der Trieb als nur im Lebendigen ist Instinkt. Jener formelle Mangel ist die innere Erregung, deren dem Inhalte nach spezifische Bestimmtheit (Bedürfnis; E. R.) zugleich als ein Beziehung des Tieres auf die besonderen Individualisierungen der Natursphären erscheint.“[34] Auch in dieser feinsinnigen Analyse der Motivationsstruktur tritt die spezifisch-anthropologische Perspektive hervor, nach der der Mensch als Mangelwesen auf differenzierte Weise zu deuten ist, insofern er sich damit vom Tier als Mangelwesen radikal unterscheidet. Es stellt sich auch heraus, dass nicht nur die Objektivität, sondern auch die Subjektivität im Verhältnis zum Mangel dem Tier als Mangelwesen fehlt, ein Aspekt auf den wiederum auch bei Ortega y Gasset verwiesen wird.

Das theoretische Verhältnis weist über diese subjektive Einstellung des praktischen Verhältnisses des Mangelwesens hinaus, insofern es einen neuen Aspekt ins Spiel bringt, bei dem es um die Distanz zu sich und zu den Dingen geht, die durch die Sinne ermöglicht wird. Die Sinne gehören zum theoretisch-objektiven Verhältnis und fungieren als ein Medium der Distanz und Herstellung von Abstand. Aber auch das subjektiv-praktische Verhältnis enthält das Element der Distanzierung, welches für die Realisierbarkeit des Triebs, den gefühlten Mangel aufzuheben, unabdingbar ist. Wenn der Trieb wie auch das Gefühl des Mangels *reflektiert* wird, d.h. eine Art Distanzierung und Objektivität eintritt, dann wird eine Bedingung der praktischen Aufhebung des Mangels, der erfolgreichen Realisierung des Triebes erfüllt. Diese theoretische Komponente der Objektivität ist beim Menschen mit dem Aspekt *praktischer Realisierbarkeit* verbunden, was ihm eine Art *praktische Objektivität* gibt. Durch die Zusammenknüpfung von reflexiver und praktischer Objektivität wird auch die bloße Subjektivität der Triebe aufgehoben: sie erhalten dadurch einen „objektiven“ Boden, der für erfolgreiche, menschlich-praktische Befriedigung der Bedürfnisse unentbehrlich ist und auf dem die *vorsorgliche* und *zukunftorientierte* menschliche Art der Befriedigung aufgebaut werden kann.

Diese zweipolige Objektivität dient einer neuen Art der Befriedigung der Triebmotive. Die *komplementäre Verbindung* zwischen der Objektivität des theoretischen Verhältnisses und der Subjektivität des praktischen Verhältnisses bzw. die Ausdifferenzierung sowohl der Subjektivität als auch der Objektivität beim Menschen führen zu einer *neuartigen Form des Lebens*.[35] Eben dazu benötigt der Mensch

---

trachtungen über die Technik (1933), in: *Gesammelte Werke*, Stuttgart 1996, Bd. IV, S. 12, zitiert in: P. Fischer: *Philosophie der Technik* (o. Anm. 2), S. 53.

33 Naturphil. § 360, S. 472-473.

34 Ebd.

35 Der Anspruch auf Objektivität, die im theoretischen Verhältnis auch bei dem Tier auftritt und sich in einer primitiven Form der praktischen Objektivität der Technik fortsetzt, ist aber

die Einführung, Entfaltung und Verwendung von *Mitteln* als Strukturelementen der Technik. Der Anspruch auf theoretische *und* praktische Objektivität und auf eine fein artikulierte, jedoch in der Objektivität verankerte Subjektivität bzw. der Anspruch auf eine neuartige, vorsorgliche und zukunftsorientierte praktische Durchführung der Befriedigung der Triebmotive stellen zusammengenommen Komponenten des *Bedürfnisses nach Technik* dar, das Hegel ausschließlich dem Menschen zuschreibt.

Der Anspruch auf Objektivität, die im theoretischen Verhältnis auch beim Tier auftritt, ist von der *subjektiven* Natur des lebendigen Seins nicht abzutrennen. „Nur ein Lebendiges fühlt *Mangel*". Dieser Mangel ist aber die Schranke, „insofern in einem ebenso das Darüberhinaussein vorhanden, der Widerspruch als solcher immanent und in ihm gesetzt ist [...]. Ein solches, das den Widerspruch seiner selbst in sich zu haben und zu ertragen fähig ist, ist das Subjekt; dies macht seine Unendlichkeit aus."[36] Damit wird der *Widerspruch* als relational-dynamisches Verhältnis zum „immanenten" Strukturelement des Mangelwesens bzw. der Überwindung des Mangels auch schon beim Tier. Aber die oben thematisierten, ausdifferenzierten Stufen und Relationen von Subjekt und Objekt treten nur beim Menschen auf. Dieser Widerspruch als Spannungsstruktur zwischen dem Anspruch auf Objektivität und dem Subjektsein im Hinblick auf die erfolgreiche Befriedigung der Bedürfnisse und ein zukunftssicherndes menschliches Leben bilden die Basis aller Aktivitäten, Handlungsformen und Institutionen des Menschen. Darum geht es dem Menschen als einem bedürfnis- und technikorientierten Wesen – anders als dem Tier – um ein *komplexes und dynamisches Modell von Objektivität und Subjektivität.*[37]

Neben der Spannung von Objektivität und Subjektivität ergibt sich für den Menschen eine weitere Spannung zwischen *Endlichkeit und Unendlichkeit*. Angesichts des Mangels zeigt sich nämlich das *Subjekt als „Unendlichkeit"*, qua unendliche Bestrebung und Aktivität. Ein Mangel ist – hegelsch gesprochen – für dasjenige, das eine unendliche Beziehung auf sich selbst ist. Die Unendlichkeit wurzelt in der subjektiven Natur des Subjekts, auch beim Tier. Dagegen führt die Objektivität zur Verendlichung des lebendigen Seins: Das Subjekt erfährt notwendigerweise die Schranken seiner Existenz, wenn es sich „objektiv", z.B. reflexiv verhält. Zu-

---

von der *subjektiven* Natur des lebendigen Seins nicht abzutrennen. „Nur ein Lebendiges fühlt *Mangel*" – so drückt sich Hegel im subjektiven Geist aus. – Auch in diesem Zusammenhang ist Hegels komplementäres Modell zu erwähnen, das D. Moyar thematisiert, wobei er sie nur auf die *Phänomenologie des Geistes* reduziert. Vgl. derselbe: „Die Verwirklichung meiner Autorität: Hegels komplementäre Modelle von Individuen und Institutionen", in: Ch. Halbig, M. Quante, L. Siep (Hrsg.), *Hegels Erbe*, Frankfurt a. M. 2004, S. 209-253.

36 Naturphil. § 359, Anm. S. 469.

37 Hegel verwendet komplementäre Modelle in einem viel umfassenden Sinne und zwar sowohl entwicklungsgeschichtlich als auch systematisch. Für das erste vgl. die *Rechtsphilosophie*, in deren Konzeption Hegel auf jeder Stufe des objektiven Geistes Subjektgestalten und Institutionen unterscheidet und verbindet. Für das letztere ist ein gutes Beispiel die vorliegende Textstelle der *Naturphilosophie*, deren systematische Struktur hier thematisiert wird.

gleich treibt die Wahrnehmung dieser Schranke (des Mangels) das endliche Lebendige in die Unendlichkeit, die es in dem Mangel bzw. in dem Trieb erfährt, diesen zu überwinden. Die Schranke als ein in der Wirklichkeit erfahrener Mangel wird in der *praktischen* Einstellung *negiert*: Das Mangelwesen wird dazu getrieben, seine Grenzen und zwar alle Grenzen durch *praktische* Negationen zu überwinden.

Auch die *Vernunft* tritt in diese komplexe Struktur ein. Sie besitzt die praktische Durchsetzungsfähigkeit sowohl das Negative, Unendliche und Subjektive als auch das Affirmative, Endliche und Objektive im theoretischen und praktischen Verhalten zu überblicken und untereinander zu vermitteln. Damit wird bei Hegel derjenige begriffliche Komplex eingeführt, durch den das spezifisch menschliche Schlüsselphänomen, die *Technik als Sphäre von Mitteln der Hervorbringung und Überwindung des spezifischen Mangelwesenseins,* in seiner jeweiligen Endlichkeit und Unendlichkeit expliziert werden kann.

Hegels Überlegungen bringen Spannungen und sogar Entgegensetzungen im Menschsein zum Ausdruck. Die *Spannung* zwischen dem Mangel einerseits und dem Bedürfnis, ihn zu überwinden andererseits, was dann durch *konkrete* technische Lösungen und Mittel immer wieder und zwar auf sich fortentwickelnden Stufen durchgeführt wird, wird zur grundlegenden Kennzeichnung des Menschseins. Darum *ist* der Mensch, anders als das Tier, nicht Mangelwesen, vielmehr *wird* er zum Mangelwesen, insofern er sich in und durch die Befriedigung der konkreten, sich multiplizierenden Bedürfnisse bzw. durch den ständigen Trieb zu neuen Befriedigungen zum *unendlichen Mangelwesen* macht. Dabei entsteht eine neuartige Abhängigkeit von der Technik, die an die Stelle der Abhängigkeit von der äußeren Natur tritt, teils aber auch an die Stelle der Abhängigkeit von konkreten subjektiven Motivationen und Bedürfnissen. Die Unendlichkeit des Mangelwesenseins eröffnet eine neue Perspektive, in der der Mensch nicht nur seine Unendlichkeit, sondern auch seine Endlichkeit, sei es reflexiv-epistemisch, existentiell oder aber praktisch, unvergleichlich radikaler, schmerzhafter und wahrscheinlich auch glücklicher, erfahren kann als es bei anderen Lebewesen der Fall ist.

Eine in dieser Hinsicht spannende Analyse findet man bei Hegel dort, wo er die *Abhängigkeit des Menschen von den Bedürfnissen* thematisiert, was zu seiner Wirkungszeit noch nicht als typisches Phänomen der Zeit galt, sondern erst viel später als typische Entwicklung der modernen Wirtschaft akzentuiert wurde.[38] Treffend hat Hegel vorausgesehen, wie für die moderne, technisierte und ökonomisierte Gesellschaft ein *„fortdauernder Konflikt"* durch den Rückfall in einen Bedürfniszustand der „schlechten Unendlichkeit" des konsumierenden Verhaltens entsteht, der zunehmend die Lebenswelt der modernen Individuen durchdringt. Diese „Bedürfnisorientierung" (Gehlen) hat Hegel in der *Rechtsphilosophie* als Vorzeichen einer radikalen Änderung in wirtschaftlichen und sozialen Strukturen angesprochen. Diese Vorzeichen manifestieren sich durch den zunehmenden Konsum und die zunehmend extremere Kluft zwischen Armut und Reichtum in der modernen

---

38 Zur systematischen Ausführung dieses Schlüsselphänomens der Moderne s. das Kapitel System der Bedürfnisse in der *Rechtsphilosophie*.

Gesellschaft. Hegel hat die Künstlichkeit der Bedürfnisse und ihrer Befriedigung, sowie die Überflüssigkeit dieser Art von Mangel, die technischen Fortschritte und die damit eröffnete, „schlechte Unendlichkeit" des Mangelwesenseins sehr kritisch bewertet.[39] Es handelt sich um das Zeitalter, in dem die Maschine an die Stelle des Menschen tritt. Die zerstörerische Wirkung dieser Tendenz hat Hegel sowohl bezüglich der Individualität als „höchstem Wert" der modernen Welt, als auch in Bezug auf die Formen des kooperativen Zusammenlebens (Familie, bürgerliche Gesellschaft, Korporation) wahrgenommen.

Hegel verweist darauf, wie eine *neue Art des Fremdartigen im Menschsein* durch und in der technisierten, ökonomisierten und konsumierenden *Massengesellschaft* entsteht. In der *Naturphilosophie* erhellt er das der Natur ausgelieferte Sein des Tiers auf folgende Weise: Das Tier steht im Verhältnis zur „elementarischen Natur". Auf den ersten Blick scheint dies ein paradiesisches Verhältnis zu sein. Aber Hegel verweist auf Folgendes: „Die Fruchtbarkeit der Erde läßt das Leben allenthalben und auf alle Weisen ausschlagen. Die Tierwelt kann fast noch weniger als die anderen Sphären der Natur ein in sich unabhängiges vernünftiges System von Organisation darstellen, an den Formen […] festhalten und sie […] bewahren."[40] Das Leben des Tieres ist dem äußeren allgemeinen Naturleben, dessen Wechsel es erlebt, unterworfen. Die Umgebung der äußerlichen Zufälligkeit enthält fast nur Fremdartiges; sie belastet sein Gefühl fortdauernd mit Gewalt und drohenden Gefahren, führt somit zu Unsicherheit, Angst und Unglücklichsein. Hegel verweist auch darauf, wie dieses unsichere, angstvolle und unglückliche Gefühl – das Fremdartige im Leben – in der technisch und ökonomisch beherrschten neuen Welt und Lebensform nicht verschwindet, stattdessen zeigt er andere Symptome auf, z.B. die Armut und Verarmung von breiten sozialen Schichten und auch damit zusammenhängend den Luxus von immer weniger Menschen. Die *Entfremdung* ist ein – schon beim jungen Hegel – mit der modernen Technik und Wirtschaft verbundenes Charakteristikum der modernen Lebenswelt.[41]

3. Technik und Kultur (Geist) bei Hegel im Blick auf die Technikfrage

Technik und Kultur haben bei Hegel – wie oben gezeigt – gemeinsame Wurzeln im Menschsein. Die Technik stellt eine Dimension des Geistes als Kultur dar und wird bei Hegel mittels eines dreifachen Verhältnisses des Menschen zu sich, zu dem anderen und zur Außenwelt, ganz ähnlich wie viel später bei Plessner, bestimmt. Diese Strukturierung der Weltdimensionen, die mit der Technikfrage eng verbunden ist, ist aber von der Systematik der hegelschen Philosophie nicht zu trennen: Auch die Ebenen des subjektiven, des objektiven und des absoluten Geis-

---

39 Ebd.
40 Naturphil. § 368. S. 502.
41 Vgl. den Beitrag von H.-Chr. Schmidt am Busch in diesem Band.

tes sind als Welt- und Subjektdimensionen für seine Konzeption der Technik unentbehrlich.

Im Folgenden soll der Übergang von der Natur zum Geist betrachtet werden.
Die anthropologisch bestimmte Individualität nimmt verschiedene Gestalten auf.
Hier ergibt sich das Übergangsfeld von Natur und Geist mit seinen entsprechen-
den Gestalten der Individualität. In der (fühlenden) Seele des subjektiven Geistes
entsteht die *innere Individualität*, die auf den ersten Blick von der Technik weit
entfernt zu sein scheint. Jedoch treten im subjektiven Geist solche Elemente wie
Gewohnheit („eine zweite Natur") *und Befreiung* auf, die für die Behandlung der
Technikfrage von besonderer Bedeutung sind. In den §§ 409 und 410 erläutert
Hegel die Gewohnheit und deren Zusammenhang mit der Befreiung. In der An-
merkung zum § 410 schreibt er Folgendes: Gewohnheit ist der Mechanismus des
Selbstgefühls, eine zweite Natur. Die Gewohnheit des Rechten überhaupt, des
Sittlichen, hat den Inhalt der Freiheit. – Die wesentliche Bestimmung ist die Be-
freiung, die der Mensch von den Empfindungen durch die Gewohnheit gewinnt.[42]

Die *Befreiung* verweist auf eine grundlegende Änderung in den Sphären des
Seins, durch welche das primäre Motivationsfeld im Lebendigen (Trieb, Instinkt,
Bedürfnis) in einem ganz anderen Zusammenhang auftritt. In der Befreiung zeigt
sich die Anwesenheit und Auswirkung des Geistes als Kultur im weitesten Sinne.
In diesem Kontext kann die *Leiblichkeit zum Instrument* gemacht werden, wie Hegel feststellt. Vor diesem Hintergrund ist verständlich, warum er die Hand als Mittel von Mitteln auffasst. Die zum Instrument gemachte Leiblichkeit wird durch die
Geschicklichkeit eingeführt, die sowohl für individuelle Leistungen als auch für so-
zial-wirtschaftlich wichtige technische Entwicklungen von besonderer Bedeutung
ist. In dieser Relation ist die Ausdifferenzierung der inneren Individualität, inklu-
sive der eigenen spezifischen Geschicklichkeit, von der Entfaltung der objektiven
Komponenten der Technik (Werkzeug, Maschine) nicht zu trennen, wobei Letzteres erst im objektiven Geist *explizit* thematisiert wird.

Eine weitere Überlegung handelt von der Beziehung der einzelnen Individualität zur allgemeinen, die sich als *Gegenseitigkeit* und *Gemeinsamkeit* zwischen Individuen darstellt. Das *allgemeine* Bewusstsein wird durch Gegenseitigkeit und Gemeinsamkeit der einzelnen Individuen zum *anerkennenden Bewusstsein,* d.h. *das
einzelne Subjekt wird zum Intersubjekt.* Dieses allgemeine Bewusstsein wirkt sich
auf das Grundverhältnis des Lebendigen in der Natur aus, das dann den Mangel
bzw. das Bedürfnis, ihn zu überwinden, beeinflusst. Das Grundverhältnis von Individuen als gemeinsames Bewusstsein enthält die Ausrichtung des Einzelnen auf
einen anderen, der nicht nur Objekt, sondern ebenso ein Subjekt für sich und für
den bzw. die anderen ist. Diese *gegenseitige Anerkennung* als kooperativ-vorsoziales
Zusammenwirken bringt eine neuartige Perspektive in die bisherigen Weltdimensionen ein, die, mit der Terminologie der *Phänomenologie des Geistes* gesprochen,

---

42 G.W.F. Hegel: *Enzyklopädie der philosophischen Wissenschaften im Grundrisse* 1830. Dritter
Teil. *Philosophie des Geistes,* in: *Werke,* Bd. 10 (o. Anm.1), S. 184.

in der Ich als Wir- und Wir als Ich-Struktur besteht.[43] Damit liegt uns eine *gemeinsame, soziokulturelle Welt* vor, die beim Lebendigen unvorstellbar ist.

Als Folge dieser radikalen Änderung weist Hegel im § 434 der *Naturphilosophie* auf das vorliegende Verhältnis hin, dessen Eckpfeiler die Gemeinsamkeit des Bedürfnisses und der Sorge für dessen Befriedigung darstellt. An die Stelle der „rohen Zerstörung" des unmittelbaren Objekts treten in dieser gemeinsamen Welt die *Erwerbung, Erhaltung* und *Formierung* desselben als des Vermittelnden, worin die beiden Extreme von Selbstständigkeit und Unselbstständigkeit sich zusammenschließen. Die Form der Allgemeinheit bei der Befriedigung des Bedürfnisses ist ein *dauerndes Mittel* und eine die Zukunft berücksichtigende und sichernde *Vorsorge*.

Damit können entscheidende Momente der *Technikverwendung* eingeführt werden, die sich gerade in diesem gegenseitigen Verhältnis der gemeinsamen Welt und in den dadurch veränderten Motivationen, Verhältnissen und Handlungen von Subjekten als Individuen und Interindividuen zeigen. Wenn an die Stelle der negativen, zerstörerischen Einstellung der vormenschlichen Lebewesen die Erwerbung, Erhaltung und Formierung tritt, vollzieht sich eine radikale Änderung im Leben, die mit der Einholung und Verwendung der Technik in engem Zusammenhang steht, was Hegel in der *Rechtsphilosophie* in der Auslegung der Formierung deutlich angesprochen hat. Formierung als elementare Technikverwendung bedeutet die Verallgemeinerung der Subjekte im Verhältnis zur Natur (Ding oder Sache), verknüpft mit der Gemeinsamkeit der Bedürfnisse und deren Befriedigung durch anerkennend-intersubjektive Relationen von aufeinander angewiesenen Wesen. Mit der Formierung im abstrakten Recht und dann auch mit der Arbeit im Rahmen der bürgerlichen Gesellschaft manifestiert sich nicht nur das Verhältnis zur Natur als Objekt (Sache oder Ding), sondern auch die soziokulturelle Welt als spezifisch menschliche Art des Seins durch die Form des Vertrages oder auch durch die Aufteilung der Arbeit. Systematisch gesehen handelt es sich hierbei um das Feld des objektiven Geistes als Explikation des Sozialen.

In der gemeinsamen Welt, in der die Formierung des Objekts und nicht mehr seine rohe Zerstörung dominiert, tritt die allgemeine, d.h. intersubjektiv und soziokulturell vermittelte Befriedigung an die Stelle der einzelnen Befriedigung. Allgemein ist diese Befriedigung in einem doppelten Sinne: einmal im soziokulturellen Sinne der gemeinsamen Welt und kooperativen Formen, dann auch im Sinne der Formierung des Objekts als allgemeine Form der Technikverwendung. Gerade darin liegen die Garantien der andauernden Befriedigung. Darum kann diese doppelte Form der Allgemeinheit ein *dauerndes Mittel* der Bedürfnisbefriedigung werden und eine *die Zukunft garantierende Vorsorge* nach sich ziehen.

Darin zeigt sich, wie das Menschsein durch die Entfaltung der Befreiung, die von der inneren Individualität der Seele über die Geschicklichkeit im subjek-

---

43 Vgl. dazu: M. Quante: „Der reine Begriff des Anerkennens". Überlegungen zur Grammatik der Anerkennungsrelation in Hegels *Phänomenologie des Geistes*. In: *Anerkennung* (o. Anm. 26), S. 91-106.

tiven Geist zur kooperativen und soziokulturellen Welt des objektiven Geistes führt, in eine radikal andere Sphäre der Existenz (der Einzelnen, ihrer Lebenswelt und ihrer kommunikativen Formen) transformiert wird. Nun erweist sich die *besondere zivilisatorisch-kulturelle Bedeutung der qualitativen Ausdifferenzierung* des Motivationsfeldes und der Befriedigungsformen in der menschlichen Existenz, die mit der Technikverwendung in engster Verbindung steht. Damit hat Hegel auf wesentliche, auch heute noch diskutierte Aspekte der Technikfrage hingewiesen, wenn auch in einigen Punkten die Grenzen seiner Stellungnahme zu erkennen sind.

4. Ausblick: Wirtschaft, Technik und Wissenschaft in der prosaisch gewordenen Moderne

Es hat sich Folgendes herausgestellt: Hegels anthropologische Perspektive (der lebendige Organismus als Mangelwesen und das Bedürfnis, ihn zu überwinden als gleichzeitiger Übergang zum Geist), seine methodologischen Überlegungen (Holismus, Komplexität, Interdisziplinarität) und einige thematisch-konzeptionellen Schwerpunkte (die Auslegung der menschlichen Lebensform im Spannungsfeld von Natur und Kultur) stellen zusammengenommen das Gedankengut Hegels dar, das uns auch heute noch im Bereich der Technikphilosophie inspirieren kann.

Was die *wissenschaftliche Deutung der Technik* bei Hegel betrifft, so ist Folgendes festzustellen: Bei Hegel handelt es sich bezüglich der Technik um eine methodologisch mehr oder weniger begründete und thematisch mehr oder weniger ausgeführte *Konzeption.* Von einer *Konzeption* soll die Rede sein, insofern die Problematik der Technik in *systematischen* Zusammenhängen von Natur und Geist, Wirtschaft und Technik und deren Beziehung zur Wissenschaft erörtert wird. Man findet hingegen an keiner Stelle von Hegels System *eine selbständige, ausgearbeitete Theorie* der Technik. Er hat die besondere Bedeutung der Technik für die klassische Moderne in wesentlichen Punkten erkannt, vor allem in wirtschafts- und sozialphilosophischen Zusammenhängen. Hegel war aber nicht in der Lage, die Entfaltung dieses Schlüsselphänomens der Moderne in seiner konkreten Komplexität eingehend zu studieren, kritisch zu analysieren und genau einzuschätzen.

Die Schlüsselphänomene der Moderne sah Hegel vielmehr in der *Wirtschaft,* und zwar in *subjektiven* Elementen der modernen Wirtschaft, in Bedürfnissen, Interessen bzw. in ihren *intersubjektiven* Elementen, wie der gegenseitigen Anerkennung der individuell initiierten, aber soziokulturell kontextualisierten Befriedigung der Bedürfnisse. Gewisse Strukturelemente der Arbeit hat er zwar thematisiert (Arbeitsteilung, Arbeitsvermögen), aber die Inkorporierung der Technik in die Gesamtwirtschaft mit ihren massiven Folgen für die Art und Weise des Menschseins und die moderne Lebenswelt hat er nur sporadisch und nicht in ihrer Vielschichtigkeit und Widersprüchlichkeit erkennen können. Diese Grenzen seiner Stellungnahme zu Fragen der Technik dürfen nicht übersehen werden.

Im Mittelpunkt von Hegels Konzeption der Technik steht *nicht die Technik als grundlegende Sphäre der modernen Gesellschaft als solche,* sondern deren Auslegung im engen Zusammenhang mit der Wirtschaft. Seine Stellungnahme zur Beziehung von Technik und Wirtschaft in der Moderne wird durch seine Konzeption der modernen Wirtschaft beherrscht, wie er sie in der *Rechtsphilosophie* von 1820 ausgeführt hat. In dieser Theorie der modernen Wirtschaft sind Zeichen der *Ökonomisierung* der Moderne zu erkennen, jedoch keine Zeichen der Technisierung. Das Eindringen der Ökonomie in die Technik gilt als ein wichtiges Merkmal der modernen Wirtschaft. Die Rückwirkung der Technik auf die Wirtschaft in Gestalt einer Technisierung der modernen Wirtschaft hat Hegel hingegen kaum erwähnt. Seine Wirtschaftsphilosophie und *nicht* seine Konzeption der Technik beherrscht seine Theorie der Moderne.[44] Diese Theorie der Wirtschaft, die keine Ökonomie, sondern eine Philosophie der modernen Wirtschaft darstellt, enthält ein kritisches Verhältnis zu den Tendenzen der modernen Wirtschaft, von denen Hegel einige wichtige, die Technik betreffenden Elemente angesprochen hat. Die Mechanisierung der Arbeit war für ihn wirtschaftlich eine positive Entwicklung, aber sozial und politisch ein ambivalentes Phänomen. Er hat auch einige, später typisch gewordenen Signale für Spannungen in den Sphären von Wirtschaft, Wissenschaft und Technik wahrgenommen, ohne aber deren interne Zusammenhänge überblicken zu können.

In einigen Punkten hat Hegel jedoch die Auswirkungen *der modernen Wirtschaft und Technik* auf die menschliche Lebensform angesprochen. Die geschichtliche Periode des technischen Fortschritts, mit der die des Werkzeuges überschritten wird, nämlich die Periode der Maschine, bringt neue Entwicklungen mit sich. In der Moderne gilt der Mensch als Individuum. Die Ökonomisierung (und die Technisierung) der sozialen Welt und damit der Lebenswelt führt dazu, dass die *Individualität* eine Art *prosaische Natur* annimmt: sie ist nicht mehr von heroischer Natur wie bei den alten Griechen, auch nicht von poetischer Natur wie in der Romantik.

Das prosaisch gewordene Individuum wird zu einem der typischen Subjekte der modernen, durch Ökonomie und Technik beherrschten Welt, deren höchste Figur ist der *„rechtschaffene Bürger"*, der den Boden der Sittlichkeit noch nicht verlassen hat, der aber kleinbürgerliche Züge angenommen hat. Den anderen Typus der ökonomisierten modernen Welt stellt die *Masse* dar, die Hegel in der *Rechtsphilosophie* sehr kritisch bespricht. In der Sphäre der modernen Wirtschaft tritt dieses Phänomen mit den Merkmalen der immer konsumorientierteren Gesellschaft ans Tageslicht. Die unendliche Ausdifferenzierung der Bedürfnisse, der Arbeitsteilung bzw. der technischen Fortschritte tragen zusammen zur *Entindividualisierung* als wesentlichem Kennzeichen der bürgerlichen Gesellschaft bei. Der selbstbewusste Bürger, der in der bürgerlichen Gesellschaft als der zentralen Sphäre der Moderne

---

44 Vgl. E. Rózsa: „Das Prinzip der Besonderheit in Hegels Wirtschaftsphilosophie", in: dieselbe: *Hegels Konzeption praktischer Individualität*. Von der „Phänomenologie des Geistes" zum enzyklopädischen System, hg. von K. Engelhard und M. Quante, Paderborn 2007, S. 183-213.

mit dem Anspruch auftritt, seine Zwecke durch kooperative Formen gemeinsam mit Anderen zu erreichen, verliert allmählich an Bedeutung sowohl in seinem eigenen Selbstbewusstsein als auch in seinem gemeinschaftlichen Bewusstsein. Die ökonomisierte (und technisierte) Massengesellschaft, in der die unendlich differenzierten Bedürfnisse die Macht über das Leben der Einzelnen übernehmen, führen zu anderen Ergebnissen als es sich der selbstbewusste Bürger als „konkrete Person" vorgestellt hat. Die Verkehrung von Zielen, Zwecken und zwischenmenschlichen Aktivitäten wird zu einem Schlüsselmerkmal dieser Gesellschaft und hat massive Auswirkungen auf die Lebensführung und Lebenswelt des modernen Menschen. Es geht nicht nur um das Fremdartige, sondern auch um das Prosaische, das zur grundlegenden Kennzeichnung der individuellen Existenz in der Moderne wird. Diese Tendenzen tragen dazu bei, dass die prosaisch gewordenen Individuen ohne Größe und ohne tiefe Verankerung in der sittlichen Welt die „schlecht unendliche" Entwicklung der modernen Technik nicht in Grenzen halten können. Die Prosaisierung, die Ökonomisierung und die in Hegels Augen dahinter noch versteckte Technisierung verstärken, vermindern also keinesfalls, die negativen Phänomene der Modernisierung.

Eine von Hegels fruchtbarsten Einsichten in die Phänomene der Moderne ist in seiner Auffassung der modernen *Wissenschaft* zu finden. Hegels oben zitierte, konkrete Einwände gegen die Methode zeitgenössischer Wissenschaften haben für uns heute an Aktualität zwar viel verloren, aber nicht alles. Seine tiefsinnige Diagnose der Grundstrukturen der modernen Gesellschaft hat er zwar nicht mit der Erkenntnis der bestimmenden Rolle der Wissenschaft verknüpft, betont hat er jedoch immer wieder die Bedeutung der Wissenschaft. Das Ungenügende der zeitgenössischen Wissenschaft ist für ihn die extreme Spezialisierung und die damit verbundene, einseitige analytische Denkweise des „Verstandes", die das Ganze, d.h. die konkreten und in ihrer Komplexität dynamischen Strukturen der „Vernunft" (und damit der Wirklichkeit) aus den Augen verliert. Darin sieht er ein grundlegendes Defizit der Entwicklung der Wissenschaft in der klassischen Phase der Moderne, das vor allem im Hinblick auf die Natur- und Medizinwissenschaften bzw. ihrer Anwendung, wie es die zitierten Beispiele zeigen, festzustellen ist.

Hegels Konzeption der Wissenschaft und die damit verbundene holistische Methode können heute eine konstitutive Bedeutung für die Auslegung von Problemen der angewandten Ethik bzw. der Philosophie vorweisen.[45] Hegels so genannter Holismus steht in spannender Gedankenverwandtschaft mit methodologischen Bestrebungen, die von der zweiten Hälfte des 20. Jahrhunderts an im Bereich der Natur- und Medizinwissenschaften bzw. in deren interdisziplinären Diskussionsumfeldern auftraten und die eine *komplexe Betrachtungsweise und ein ihr entsprechendes Verfahren* bevorzugten. Vor diesem Hintergrund ist Hegels methodologisches Prinzip der Begriffsbestimmung von dynamischen Komplexen und Relatio-

---

45 Hier ist L. Sieps holistischer Standpunkt zu erwähnen, der für die Thematisierung der konkreten Fragen der angewandten Ethik eine angemessene Methode zu sein scheint. Vgl. derselbe: *Konkrete Ethik*, Frankfurt a. M. 2004.

nen, die durch *qualitative Ausdifferenzierungen* entstehen, aktueller geworden als es je zuvor war.[46] In enger Verwandtschaft mit diesen methodologischen Überlegungen steht auch die *Interdisziplinarität*, die einen ihrer bedeutendsten und leidenschaftlichsten Vordenker gerade in Hegel hat, der dies in seinem Konzept der Verbindungsformen von Natur und Geist begründet und ausgeführt hat.

Eine der gravierendsten Grenzen der Position Hegels ist darin zu sehen, dass er die außerordentliche Bedeutung der Wissenschaft für die moderne Wirtschaft und Technik bzw. die neuartigen Formen des Zusammenwirkens dieser Sphären nicht erkannt hat. Hegels philosophische Zurückhaltung, was die Entwicklung der Technik betrifft, kann auch damit zusammenhängen, dass die Technik ihrem Wesen nach bestrebt ist, die Komplexität der Welt bzw. der Handlungen und Aktivitäten zu reduzieren. Diese methodische Herangehensweise aber lag der Denkweise Hegels wie auch seiner Theorie der Moderne fern. Demgegenüber aber weisen die neueren Entwicklungen der Technik und ihre Effektivität Kennzeichnungen von einer ganz anderen Art auf, die der reduktiven Weise entgegengesetzt sind und stattdessen mit dem Anspruch auf Komplexität in Verwandtschaft stehen. Die Technik (und die Technologie) wird schon heute und wird in Zukunft immer mehr genötigt sein, sich mit der Komplexität ihrer Weltdimensionen, ihren Zwecken, Gegenständen, Mitteln, und mit den Produkten ihrer Praktiken als ihren Subjektsdimensionen sowie mit den Relationen zu anderen Sphären wie Wissenschaft, Wirtschaft, Lebenswelt auseinanderzusetzen. Damit wird die wissenschaftliche Reflexion auf Technik vor die Herausforderung gestellt, ihre spontan nach Reduktion strebenden Lösungen und reflexiven Formen als ungenügend aufzuweisen und darauf mehr und mehr zugunsten komplexerer technisch-technologischer Lösungen zu verzichten. Hegel ist einer der besten Diskussionspartner für die Thematisierung und methodologische Begründung solcher Änderungen.[47]

Literatur

Brandom, Robert. *Begründen und Begreifen*. Eine Einführung in den Inferentialismus, Frankfurt a. M. 2001.
Cassirer, Ernst. *Dingwahrnehmung und Ausdruckswahrnehmung*. Fünf Studien, Darmstadt 1994.

---

46 Die Dynamik als wesentliche Kennzeichnung der modernen Technik beschreibt H. Jonas, *Technik, Medizin und Ethik*. Zur Praxis des Prinzips Verantwortung, Frankfurt a. M. 1987. 19-21. - In diesem Zusammenhang redet er vom zirkulären Verhältnis von Mitteln und Zwecken, bzw. von einer inneren Bewegung eines Systems, das die moderne Technologie darstellt. Ebd. – Bei Fischer geht es dagegen um „Komplexitätsreduktion". S. dazu P. Fischer: *Philosophie der Technik* (o. Anm. 2), S.73.

47 Der vorliegende Beitrag entstand in dieser Form mit Unterstützung des Projekts TÁMOP – 4.2.1/B-09/1/KONV-2010-007. Das Projekt wurde im Rahmen des Entwicklungsplans Neues Ungarn entwickelt und teilweise durch den Europäischen Sozialfonds (ESF) sowie den Europäischen Fond für regionale Entwicklung (EFRE) finanziert.

Fischer, Peter. *Philosophie der Technik,* München 2004.

Hegel, G.W.F. *Enzyklopädie der philosophischen Wissenschaften im Grundrisse 1830.* Frankfurt a. M. 1986.

Heidegger, Martin. *Die Technik und die Kehre.* Pfullingen 1988.

Hösle, Vittorio. „Was kann man von Hegels objektiv-idealistischer Begriffstheorie noch lernen, das über Sellars', McDowells und Brandoms Anknüpfungen hinausgeht?" In: *Allgemeine Zeitschrift für Philosophie,* 30 (2005).

Jonas, Hans. *Technik, Medizin und Ethik.* Zur Praxis des Prinzips Verantwortung, Frankfurt a. M. 1987.

Moyar, Dean. „Die Verwirklichung meiner Autorität: Hegels komplementäre Modelle von Individuen und Institutionen", in: Ch. Halbig, M. Quante, L. Siep (Hrsg.): *Hegels Erbe,* Frankfurt a. M. 2004, S. 209-253.

Ortega y Gasset, José. *Betrachtungen über die Technik* (1933), in: *Gesammelte Werke,* Stuttgart 1996, Bd. IV.

Rózsa, Erzsébet. *Hegels Konzeption praktischer Individualität,* hg. von K. Engelhard und M. Quante, Paderborn 2007.

Siep, Ludwig. *Konkrete Ethik,* Frankfurt a. M. 2004.

Taylor, Charles. *Quellen des Selbst.* Die Entstehung der neuzeitlichen Identität, Frankfurt a. M. 1996.

Schmidt am Busch, Hans-Christoph / Zurn, Christoper F. (Hrsg.): *Anerkennung,* Berlin 2009.

HANS-CHRISTOPH SCHMIDT AM BUSCH

Zwischen Selbsterkenntnis und Entfremdung

Überlegungen zu Hegels Technikphilosophie

Bekanntlich hat Hegel keine Abhandlung über die Technik verfasst, und in seinem philosophischen System, der *Enzyklopädie der philosophischen Wissenschaften*, bildet die Technik keinen eigenen Untersuchungsgegenstand. Gleichwohl hat sowohl der ‚junge' auch als der ‚reife' Hegel sich extensiv mit Dingen befasst, die thematisch auf dem Gebiet dessen liegen, was wir mit ‚Technikphilosophie' bezeichnen. Exemplarisch seien hier angeführt: (i) Hegels Erörterung der Beziehung zwischen der Verwendung von Werkzeugen und Maschinen einerseits und dem Naturverständnis der arbeitenden Menschen andererseits (in seinen Jenaer Schriften zur Philosophie des Geistes sowie der *Wissenschaft der Logik*); (ii) Hegels normative Kritik an den psychischen und sozialen Auswirkungen der (von ihm so genannten) „mechanischen" Arbeit (in seinen Jenaer Schriften zur Philosophie des Geistes); und (iii) seine Überlegungen zum Zusammenhang zwischen bestimmten werkzeuggestützten Arbeitsweisen einerseits und bestimmten lebensweltlich relevanten „Gesinnungen" andererseits (in der Jenaer „Philosophie des Geistes" von 1805/06, der *Enzyklopädie der philosophischen Wissenschaften* sowie den *Grundlinien der Philosophie des Rechts*).

Wie diese Beispiele deutlich machen, hatte Hegel ein starkes Interesse an technikphilosophischen Themen und Fragestellungen. Dieses Interesse dürfte weniger durch seine Beschäftigung mit denjenigen Theorien, die dem Deutschen Idealismus zuzuordnen sind, als durch seine Rezeption der Nationalökonomie und der Kameralwissenschaften geweckt worden sein. Von den Repräsentanten dieser beiden Richtungen der Ökonomie (die sich in der damaligen Zeit ja noch als eine umfassende Gesellschaftstheorie verstand)[1] wurden die Entwicklung und der Einsatz von Werkzeugen und Maschinen in der Arbeitswelt nicht nur unter Effizienzgesichtspunkten, sondern auch unter dem Aspekt ihrer Auswirkungen hinsichtlich des Bestands von Lebenswelten und der Möglichkeiten eines gelingenden Lebens thematisiert. Dass Hegel sowohl mit den Theorien der Nationalökonomie als auch mit denen der Kameralistik vertraut war (und sich in dieser Hinsicht von vielen Philosophen seiner Zeit unterschied), hat die Hegel-Forschung des letzten Jahrhunderts nachgewiesen.

Hegels Überlegungen zur werkzeug- und maschinengestützten Arbeit haben insbesondere unter marxistischen Autoren große Beachtung gefunden. In diesem Zusammenhang ist herausgestellt worden, dass das Arbeitsmittel für Hegel „ein

---

1 Vgl. hierzu auch meine Überlegungen in Schmidt am Busch (2009).

höheres Prinzip" verkörpere als derjenige Zweck, den ein Arbeitender mit der Verwendung des Arbeitsmittels zu erreichen versuche. So lesen wir etwa bei Georg Lukács:

> „In der Arbeit, im Werkzeug usw. kommt ein allgemeineres, höheres, gesellschaftlicheres Prinzip zum Ausdruck. Hier wird ein neues Terrain der breiteren und tieferen Erkenntnis der Natur erobert, und zwar nicht für den einzelnen Menschen, sondern für die Entwicklung der ganzen Menschheit. Indem dieser Prozeß sich ununterbrochen reproduziert, entsteht kein langweiliger unendlicher Progreß, sondern die ständige Selbstreproduktion der menschlichen Gesellschaft auf einer sich zwar ungleichmäßig, aber immer erhöhenden Stufenleiter. Darum kann Hegel mit Recht sagen, daß das Werkzeug, das Mittel höher steht als der Zweck, für den es verwendet wird, als die Begierde, als der Trieb zur Befriedigung der Bedürfnisse."[2]

Nach meiner Einschätzung hat Lukács Recht, wenn er Hegel die Auffassung zuschreibt, dass „das Werkzeug, Mittel höher steht als der Zweck, für den es verwendet wird". In der Tat stellt Hegel in der *Philosophie des Geistes* von 1805/06 fest, dass „das Werkzeug, Mittel vortrefflicher [ist] als der Zweck der Begierde, der einzelner ist"[3]. Allerdings scheinen mir Lukács' Überlegungen keinen Aufschluss darüber zu geben, warum Hegel jene Auffassung teilt, und auch andere Kommentare der *Philosophie des Geistes* sind meines Erachtens in dieser Hinsicht nicht erhellend. Folgt man Lukács, dann verkörpert das Arbeitsmittel deshalb „ein höheres Prinzip", weil es zu einer adäquateren Naturerkenntnis beiträgt, die im Hinblick auf die „Selbstreproduktion der menschlichen Gesellschaft" vorteilhaft ist. Demgegenüber zeigt bereits eine oberflächliche Lektüre der *Philosophie des Geistes*, dass Hegel das Werkzeug und die Maschine in dem fraglichen Zusammenhang wenn nicht ausschließlich, so doch primär unter dem Aspekt des „sich zum Gegenstande machens" und der Selbsterkenntnis des tätigen Selbstbewusstseins thematisiert.[4] Es stellt sich also die Frage, warum Hegel glaubt, dass Arbeitsmittel unter *diesem* Gesichtspunkt „vortrefflicher" sind (oder sein können) als diejenigen Zwecke, die ein Selbstbewusstsein mit seiner Arbeit verfolgt.[5]

Mit dieser Frage werde ich mich im Folgenden zunächst befassen (I. & II.). Wie ich zeigen werde, entwickelt Hegel in der Jenaer „Philosophie des Geistes" von 1805/06 den Standpunkt, dass sowohl die werkzeug- also auch die maschinengestützte Arbeit *Vergegenständlichungen* zentraler Eigenschaften des (menschlichen) Willens sind und deshalb zur *Selbsterkenntnis* des Menschen (wichtige) Beiträge leisten können. Um diese Position verständlich zu machen, ist es erforderlich, zunächst einige zentrale Aspekte der Hegel'schen Willenstheorie zu explizieren. Abschließend (III.) werde ich darlegen, warum die maschinelle Arbeit aus Hegels

---

2 Lukács (1973), 539 f.
3 Hegel (1976), 206.
4 Vgl. hierzu auch Schmidt am Busch (2002) und (2010).
5 Es ist natürlich verständlich, dass Lukács dieser Frage keine große Aufmerksamkeit entgegenbringt, da sie die ‚idealistischen', von der marxistischen Forschung kritisierten Aspekte der Hegel'schen Theorie betrifft.

Sicht nicht nur ein Modus der Vergegenständlichung des Willens, sondern auch ein Ort der *Entfremdung* des Menschen von sich als willentlichem Wesen ist. Hegels normative Kritik an der lebensweltlichen ‚Tauglichkeit‘ der maschinellen Arbeit stützt sich auf diesen zuletzt genannten Umstand.

I.

Eine allgemeine Bemerkung sei vorangestellt. Für Hegel ist seit der „Philosophie des Geistes" von 1805/06 „der Wille" das Prinzip der Politischen Philosophie, der Sozialphilosophie und der Rechtsphilosophie. In der Tat beansprucht Hegel in diesem Manuskript – ebenso wie später in den *Grundlinien der Philosophie des Rechts* – zu zeigen, dass vernünftige soziale Verhältnisse als eine adäquate Verwirklichung des (Hegel'schen) Willensbegriffs zu verstehen sind.[6] Folglich verwendet er den Ausdruck „der Wille" nicht nur zur Bezeichnung von Akten der Zwecksetzung oder des Beabsichtigens, sondern auch zur Bezeichnung von spezifischen institutionellen Verhältnissen, die durch die willentliche Tätigkeit von menschlichen Individuen aufrechterhalten werden.

Hegel beginnt seine Untersuchung des Willens in der Jenaer *Philosophie des Geistes* mit folgender Feststellung: „Das Wollende *will*, d.h. es will *sich* setzen, *sich* als sich zum Gegenstande machen."[7] Demnach ist alles, was (aktual) will, bestrebt, sich als wollendes zum Gegenstande zu machen. Und offenbar ist dieses Bestreben nach Hegels Auffassung ein wesentlicher – wenn nicht der wesentliche – Aspekt einer jeden willentlichen Tätigkeit. Das geht aus Hegels Verwendung von „das heißt" in dem oben zitierten Satz hervor.

Näher bestimmt Hegel den „Begriff des Willens"[8] anhand der Kategorie des Schlusses[9]. Das, was will, ist nach seiner Auffassung als wollendes

> „in sich beschlossen, oder es ist der Schluß in sich selbst; α) ist es das allgemeine, Zweck; β) ist [es] das Einzelne, Selbst, Thätigkeit, Wirklichkeit γ) ist es die Mitte dieser beyden[,] der Trieb; er ist das Zweyseitige, das den Inhalt hat, Allgemeines, der Zweck ist, und das thätige Selbst desselben."[10]

Wenngleich diese Textstelle nicht leicht zu verstehen ist, lässt sich ihr Folgendes entnehmen: Wollen ist eine Tätigkeit, welche die folgenden drei „Momente"[11] hat: (1) ein Selbstbewusstsein, (2) eine spezifische Einstellung („Trieb") und (3) einen allgemeinen „Inhalt", der als „Zweck" fungieren kann. Offenbar bestimmt Hegel „das Einzelne" deshalb als „Selbst, Thätigkeit, Wirklichkeit", um folgenden philo-

---

6 Vgl. hierzu auch Quante & Schmidt am Busch (2008).
7 Hegel (1976), 202.
8 Hegel (1976), 202.
9 Vgl. hierzu Siep (1979).
10 Hegel (1976), 202.
11 Hegel (1976), 202.

sophischen Standpunkt einzunehmen: Als Selbstbewusstsein („Selbst") ist eine raumzeitlich individuierte (und in diesem Sinne einzelne) Entität keine denkende Substanz im Sinne Descartes', sondern Aktivität („Thätigkeit"), und sie ist durch eine bestimmte Tätigkeit charakterisiert, die in dem Sinne „Wirklichkeit" ist, dass sie nicht fehlschlagen kann: das Referieren auf sich mit „ich". Sachlich stützt sich die zuletzt genannte These auf den Umstand, dass im Fall einer solchen Selbstreferenz das Referieren zugleich sein Referenzobjekt ist. Dass Hegel in dieser „Thätigkeit" ein Charakteristikum des Selbstbewusstseins sieht, macht er nicht nur im vorliegenden Zusammenhang, sondern auch an anderen Stellen seines Werkes deutlich.[12]

Als wollendes ist ein Selbstbewusstsein aber nicht nur auf sich, sondern auch auf etwas Anderes bezogen: seinen „Zweck". Offenbar ist das, was dieses Selbstbewusstsein will, die Ausführung einer Handlung einer bestimmten Art, die es mit den Mitteln einer natürlichen Sprache beschreiben kann.[13] Mit diesen Eigenschaften lässt sich jedenfalls verständlich machen, warum der Zweck, wie Hegel wiederholt feststellt, etwas „Allgemeines" ist.

Hegels oben zitierten Ausführungen ist ferner zu entnehmen, dass „der Trieb" „die Mitte" zwischen dem einzelnen Selbstbewusstsein und dem allgemeinen Inhalt bildet. Demnach ist es die Einstellung des Wollens, durch die das Selbstbewusstsein auf seinen Inhalt bezogen ist. Wodurch aber ist diese Einstellung charakterisiert? Hinsichtlich der Beantwortung dieser Frage ist folgende Textstelle aufschlussreich:

> „die bestimmte Weise, wie jener Schluß [d.h. die Struktur des Willens; SaB] im Ich gesetzt ist, ist so daß alle Momente desselben in dem Selbst als dem Allgemeinen oder der Kugel befasst sind; jetzt [lies: jedes; SaB] das Ganze ist, und ihr Gegensatz nur leere Form für das Selbstbewußtseyn. Diß macht eben die Krafft seines Schlusses, seines Willens, dass es es[,] insofern [es] eine Seite hinausbietet, in dieser in sich zurükgenommen ist"[14]

Nennen wir die von Hegel an dieser Stelle thematisierte „Weise" des Gegebenseins des Willens „im Ich" W-1 und fragen, wodurch sie charakterisiert ist. Entscheidend ist meines Erachtens Folgendes: Das wollende „Selbst" bezieht sich nicht nur auf sich selbst *und* auf seinen Zweck, sondern es bezieht sich auf sich selbst, *indem* es sich auf seinen Zweck bezieht. In diesem Fall erachtet und bejaht es das, was es will, als *seinen* Zweck. Ist diese Bedingung erfüllt, dann gibt es für das Selbst keinen „Gegensatz" zwischen den oben genannten drei „Momente[n]" des Willens (1, 2 und 3), sondern es ist, wie Hegel schreibt, *in seinem Zweck „in sich* zurükgenommen" (meine Hervorhebung; SaB). Mit diesem Selbst-Verhältnis in seinem Verhältnis zu seinem Zweck erklärt sich für Hegel „die Krafft seines Schlusses, seines

---

12 Vgl. z.B. den Beginn des Kapitels „Selbstbewußtsein" der *Phänomenologie des Geistes*. Vgl. hierzu nun auch Honneth (2008).
13 Vgl. zu Hegels Begriff der Handlung Quante (2004).
14 Hegel (1976), 202.

Willens", also die Beharrlichkeit, mit der ein „Selbst" seinen Zweck zu verfolgen bereit ist.

Wann aber wird ein Selbstbewusstsein das, was es will, als *seinen* Zweck ansehen? In diesem Zusammenhang ist eine *andere* von Hegel thematisierte „Weise" des Gegebenseins des Willens „im Ich" – nennen wir sie W-2 – klärend. Hierzu lesen wir in der „Philosophie des Geistes":

> „(dieser in sich geründete Schluß[15] ist zugleich nach aussen gekehrt, oder er ist eigentliches Bewußtseyn, das aber hier in Ich eingeschlossen betrachtet wird.) – Nemlich der Willen ist fürsichseyn, das allen fremden seyenden Inhalt in sich getilgt hat; dadurch aber ist es das anderslose, das Inhaltlose, und fühlt diesen Mangel [...] Das negative, ausschliessende ist so im Willen selbst, daß er darin nur auf sich gerichtet ist; er das von sich ausgeschlossene ist; - der Zweck dem Selbst gegenübersteht; Einzelnheit, Wirklichkeit dem Allgemeinen."[16]

Die hier wiedergegebene Textstelle thematisiert die Fähigkeit des Selbstbewusstseins, sich von seinem Zweck zu distanzieren. Im Falle einer solchen Distanzierung ist das Selbstbewusstsein nicht (länger) durch seinen „Trieb" auf seinen „Zweck" bezogen; es will nicht (länger), dass es X tut. Vielmehr bezieht es sich (i) auf sich selbst als ein Zwecke setzen *könnendes* Subjekt und (ii) auf denjenigen „Inhalt", der sein Zweck war, als einen *möglichen* Zweck seiner selbst. Das „anderslose, Inhaltlose" ist dieses Selbstbewusstsein also deshalb, weil es (infolge seines Sich-Distanzierens) keinen „Inhalt" hat, den es (aktual) will. (Es wird hier unterstellt, dass es nur den weiter oben genannten einen Zweck hatte.)

Wie seine Rede von dem Willen als dem „anderslosen, Inhaltlosen" andeutet, vertritt Hegel die These, dass es für ein Selbstbewusstsein *keinen* bestimmten Inhalt gibt, den es wollen *muss*. Für ein Selbstbewusstsein gibt es also kein Bedürfnis, dessen Befriedigung es wollen muss, keine Neigung, deren Ausübung es wollen muss, und kein Ziel, dessen Verfolgung es wollen muss. In der Fähigkeit des Selbstbewusstseins, sich von seinen Bedürfnissen, Neigungen und Zielen willentlich zu distanzieren, sieht Hegel einen notwendigen Bestandteil von menschlicher Freiheit.[17]

Vor dem Hintergrund dieser Überlegungen ist Folgendes festzustellen: Hegel vertritt die These, dass ein Selbstbewusstsein das, was es will, nur dann als *seinen* Zweck ansehen wird, wenn es der Auffassung ist, dass es sich von diesem Zweck distanzieren kann. Das Sich-Zuschreiben dieser Fähigkeit ist demnach eine *notwendige* Bedingung dafür, dass das fragliche Selbstbewusstsein in seinem Zweck zugleich auf sich selbst bezogen ist und die oben genannte Weise W-1 des Gegebenseins des „Schlu[sses] im Ich" realisiert. Dass Hegel diesen Standpunkt vertritt,

---

15 Gemeint ist die oben thematisierte „Weise" W-1 des Gegebenseins des „Schlu[sses] im Ich".
16 Hegel (1976), 203.
17 Ob ein bestimmtes menschliches Individuum diese Fähigkeit hat oder nicht, hängt aus Hegels Sicht davon ab, ob es an bestimmten sozialen Praktiken erfolgreich partizipiert. Vgl. zu diesem Thema z.B. Honneth (2003), Pinkard (1994), Pippin (2008), Ricoeur (2004), Rózsa (2007), Siep (1979) und (2010) sowie Wildt (1982).

ist zum Beispiel seiner oben zitierten Behauptung zu entnehmen, dass jener „in sich geründete Schluß" – also das auf sich Bezogensein in seinem Zweck – zugleich etwas anderes „*ist*": nämlich das Sich-Distanzieren von diesem Zweck.

Es stellt sich die Frage, ob das Sich-Zuschreiben der Fähigkeit, sich von seinem Zweck zu distanzieren, nicht nur eine notwendige, sondern auch eine hinreichende Bedingung dafür ist, dass das fragliche Selbstbewusstsein in diesem Zweck zugleich auf sich selbst bezogen ist und die Weise W-1 des Gegebenseins des „Schlu[sses] im Ich" realisiert. Eine Erörterung dieser Frage ist im Rahmen der vorliegenden Untersuchung nicht erforderlich. Im Falle einer positiven Antwort, so sei jedoch bemerkt, könnte ein Selbstbewusstsein auch in denjenigen seiner Zwecke, deren Verfolgung es als trivial ansieht, ja sogar in denjenigen seiner Zwecke, deren Verfolgung Dingen zuwiderläuft, die es als wichtig erachtet, auf sich selbst bezogen sein. Ob Hegel diese Position vertritt oder nicht, lässt sich, wenn überhaupt, nur unter Auswertung anderer Passagen seines Werkes entscheiden.

II.

Nach meiner Auffassung versteht Hegel sowohl die werkzeug- und die maschinengestützte Arbeit als Weisen des Sich-zum-Gegenstande-Machens bzw. der Vergegenständlichung der Struktur des Willens. Näher vertritt Hegel den folgenden Standpunkt: Die maschinengestützte Arbeit ist eine Vergegenständlichung der Weise W-1, die werkzeuggestützte Arbeit eine Vergegenständlichung der Weise W-2, auf welche der Wille „im Ich" gegeben ist. Diese These soll im Folgenden anhand der Jenaer „Philosophie des Geistes" begründet werden.

Über das Werkzeug und seinen Gebrauch stellt Hegel fest: „in dem Werkzeuge [...] besitze ich die *Möglichkeit*, den Inhalt als *einen allgemeinen*; darum das Werkzeug, Mittel vortrefflicher als der Zweck der Begierde, der einzelner ist; – es umfaßt alle jene Einzelnheiten."[18]

Es sei zunächst daran erinnert, dass der von Hegel genannte „Inhalt" eines der oben genannten drei Momente des Begriffs des Willens ist. Er ist das, was ein Selbstbewusstsein (kraft seines „Triebes") wollen kann, nicht aber wollen muss: die Ausführung einer bestimmten Handlung. Wie gesehen, ist Hegel der Auffassung, dass ein Selbstbewusstsein sich von jedem seiner Zwecke willentlich distanzieren kann. Tut es dies, dann bezieht es sich auf sich selbst als ein Zwecke setzen könnendes Subjekt und auf denjenigen „Inhalt", der sein Zweck war, als einen möglichen Zweck seiner selbst. In diesem Vorgang besteht, wie bemerkt, die Weise W-2 des Gegebenseins des Willens „im Ich".

Vor diesem Hintergrund lässt sich die auf das Werkzeug bezogene Vergegenständlichungsthese entfalten. Offenbar ist Hegel der Auffassung, dass ein Selbstbewusstsein, das ein Werkzeug besitzt, zu diesem Werkzeug eine Beziehung unterhält, die strukturell derjenigen Beziehung gleicht, in der es zu einem Inhalt steht,

---

18 Hegel (1976), 206.

den es als möglichen Zweck ansieht. Weil das so ist, lässt sich seine Beziehung zu seinem Werkzeug als eine Vergegenständlichung seiner Beziehung zu einem solchen Inhalt – und mithin der Weise W-2 des Gegebenseins des Willens „im Ich" – verstehen.

Zur Begründung der behaupteten Strukturgleichheit sei Folgendes angeführt:[19] Als Verfügendes über ein Werkzeug hat ein Selbstbewusstsein die Möglichkeit, dieses Werkzeug zu gebrauchen, also Handlungen einer bestimmten Art auszuführen. Es kann sich dazu entschließen, das Werkzeug jetzt oder zu einem späteren Zeitpunkt zu gebrauchen, und es kann das Werkzeug wiederholt verwenden. Andererseits muss das Selbstbewusstsein sein Werkzeug nicht gebrauchen; es kann (vollständig) darauf verzichten, unter Benutzung seines Werkzeugs Handlungen derjenigen Art, die das Werkzeug ermöglicht, auszuführen. Weil das so ist, besitzt das Selbstbewusstsein, wie Hegel schreibt, „in dem Werkzeuge [...] den Inhalt", also sein X-Tun, „als einen allgemeinen", als eine „Möglichkeit".

Damit lässt sich folgendes Ergebnis formulieren: Die Beziehung eines Selbstbewusstseins zu seinem Werkzeug ist deshalb eine Vergegenständlichung der Gegebenheitsweise W-2 des Willens „im Ich", weil das Selbstbewusstsein in diesem Fall auf eine hinreichend ähnliche Art und Weise auf einen „Inhalt" bezogen ist wie im Fall von W-2.

In Ergänzung zu Hegels Überlegungen aus der „Philosophie des Geistes" sei zweierlei bemerkt:

1. Nicht nur Werkzeuge, die in Arbeitsprozessen eingesetzt werden, sondern auch Gebrauchsgegenstände[20], die etwa bei Freizeitaktivitäten Verwendung finden, lassen sich als Vergegenständlichung der Gegebenheitsweise W-2 der Willensstruktur verstehen. Denn auch in ihnen hat das Selbstbewusstsein „den Inhalt" – also sein X-Tun unter Benutzung des fraglichen Gegenstandes – „als einen allgemeinen" bzw. als „eine Möglichkeit". Folglich lässt sich die auf das Werkzeug bezogene Vergegenständlichungsthese weiter fassen, als dies in der *Philosophie des Geistes* von 1805/06 getan wird.

2. Es ist denkbar, dass der Umgang mit Gebrauchsgegenständen dazu beiträgt, dass ein Selbstbewusstsein seiner Fähigkeit, sich von seinen Zwecken zu distanzieren, bewusst wird. Unter dieser Annahme würde ein Selbstbewusstsein durch die Beziehung zu einem *äußeren* Gegenstand ein adäquateres Verständnis *seiner selbst* erlangen. Wie mir scheint, wird das Werkzeug unter diesem Aspekt der Selbsterkenntnis in der „Philosophie des Geistes" zumindest nicht explizit thematisiert. Ob der oben genannte Gedanke sachlich berechtigt ist, ist eine Frage,

---

19 Im vorliegenden Zusammenhang bleiben soziale – etwa eigentumsrechtliche – Beziehungen außer Acht. Sie werden von Hegel an den von mir hier herangezogenen Stellen der „Philosophie des Geistes" ausgeblendet.

20 Ich verwende den Ausdruck „Gebrauchsgegenstand" im Sinne der ökonomischen Theorie, die zwischen Ge- und Verbrauchsgegenständen unterscheidet.

die unter Berücksichtigung empirischer, etwa entwicklungspsychologischer, Forschungsergebnisse zu untersuchen wäre.

Warum glaubt Hegel, dass die maschinengestützte Arbeit eine Vergegenständlichung der Gegebenheitsweise W-1 des Willens ist? Offenbar ist Hegel der Auffassung, dass eine im Einsatz befindliche Maschine eine Veranschaulichung der Struktur des Willens ist, so wie sie *im Akt der Zwecksetzung* gegeben ist. Wie gesehen, macht sich ein Selbstbewusstsein in einem solchen Akt einen Inhalt zu eigen, der ihm *auf der Stufe W-2* als möglicher Zweck etwas Äußerliches bzw. Entgegengesetztes war.[21] Indem es beschließt, dass es X tun will, hebt das Selbstbewusstsein diesen „Gegensatz"[22] auf – da es sich nun in dem fraglichen Inhalt, seinem Zweck, zugleich auf sich selbst bezieht. Diese ‚Aufhebung' des Gegensatzes macht nun die Maschine in ihrem Funktionieren sinnfällig. Die vorliegende These versucht Hegel am Beispiel von Maschinen, die zu seiner Zeit in der Spinnerei eingesetzt wurden, zu belegen:

> „Es ist in das Werkzeug auch eigne Thätigkeit zu belegen; es zu eines selbstthätigen zu machen. Diß geschieht so, daß es [das Werkzeug; SaB] so verschlungen ist, [dass; SaB] an der Linie Faden, seine [= des Fadens; SaB] Zweyseitigkeit benutzt wird, um in diesem Gegensatze ihn [den Gegensatz; SaB] in sich zurükgehen zu machen – überhaupt die Passivität, verwandelt sich in Thätigkeit, in festhalten des Zusammengehen."[23]

Ich sehe hier von den Fragen ab, ob Hegels Standpunkt geschichtlich gut begründet ist und ob diejenigen Gegenstände, die wir heute als Maschinen ansehen, (mehrheitlich) geeignet sind, die Aufhebung des „Gegensatzes", die sich nach Hegels Ansicht im Akt der Zwecksetzung vollzieht, zu veranschaulichen. Stattdessen gehe ich – mit Hegel – davon aus, dass es Gegenstände gibt, die „selbstthätig" sind und in ihrem Funktionieren die Gegebenheitsweise des Willens im Akt der Zwecksetzung (W-1) adäquat veranschaulichen.[24] Unter dieser Annahme ist nun zu fra-

---

21 In Hegels Worten ist der Wille auf dieser Stufe „eigentliches Bewußtsein, das aber hier in Ich eingeschlossen" ist. Siehe oben.

22 Hegel (1976), 206.

23 Hegel (1976), 206.

24 Wie ich hier nur anmerken kann, hat Arnold Gehlen im vorliegenden Zusammenhang eine Position bezogen, die der Hegel'schen sehr ähnlich ist. Das geht aus der folgenden längeren Passage seines Aufsatzes „Die Technik in der Sichtweise der Anthropologie" hervor: „Die[] Faszination durch den Automatismus beruht nun nach unserer Meinung weder auf einer rein intellektuellen Befriedigung, noch kann man sie auf einen irgendwie definierbaren Instinkt zurückführen. Von dem, was in der unergründlichen menschlichen Seele vor sich geht, können wir wissenschaftlich nur einige Teilgebiete rationalisieren, die wir nachher nicht einmal theoretisch zu integrieren vermögen. Von dem her, was wir vom Geiste, dem Intellekt, den Instinktresiduen usw. wissen, können wir aber die Faszination durch den Automatismus nicht ableiten, so daß wir hier eine neue psychologische Kategorie einführen müssen: diese Faszination ist ein *Resonanzphänomen*. Es muß eine Art des inneren Sinnes für das Eigenkonstitutionelle im Menschen geben, der auf das anspricht, was dieser Eigenkonstitution in der

gen: Welche Relevanz hat diese Form der Vergegenständlichung hinsichtlich der Entwicklung des Selbstbewusstseins?

Nach Hegels Auffassung wird das Selbstbewusstsein durch die Anschauung der maschinellen Aufhebung des Gegensatzes seiner selbst als einer Instanz bewusst, die sich in Anderem auf sich selbst beziehen und so Gegensätze aufheben kann. Die Vergegenständlichung der Gegebenheitsweise W-1 des Willens in Gestalt von im Einsatz befindlichen Maschinen ist also geeignet, dem Selbstbewusstsein einen zentralen Aspekt dessen, *was es* (als wollendes) *ist*, zu erkennen zu geben. Folgt man Hegels Überlegungen, dann ändert sich mit dieser Selbsterkenntnis zugleich das Verständnis des Selbstbewusstseins von der äußeren, nicht-organischen Natur. Ein Selbstbewusstsein, das sich als eine Instanz versteht, die sich in Anderem auf sich selbst beziehen kann, wird nämlich nach Hegels Auffassung die äußere, nicht-organische Natur als ein solches Anderes erachten und den Standpunkt einnehmen, dass es sich in ihr auf sich selbst beziehen, nämlich sie für seine Zwecke in Dienst nehmen kann. Ein solches Selbstbewusstsein ist also der Überzeugung, dass es „die eigne Thätigkeit der Natur, […] Wasser, Wind, anwende[n kann], um in ihrem sinnlichen Daseyn etwas ganz anderes zu thun, als sie thun wollten", und so „ihr blindes Thun zu einem zweckmässigen"[25] machen kann. Aufgrund dieser Überzeugung glaubt es, Macht über die äußere, nicht-organische Natur zu haben – ein Standpunkt, der nach Hegels Auffassung grundsätzlich richtig ist[26] und sich in der Haltung der List manifestiert:

> „Hier tritt der Trieb ganz aus der Arbeit zurük; er lässt die Natur sich abreiben, sieht ruhig zu, und regiert nur mit leichter Mühe das Ganze – *List*. Ehre der List gegen die Macht […] Mensch ist so das *Schiksal* des einzelnen."[27]

Außenwelt analog ist. Der sinnvolle, zweckhafte Automatismus ist nun aber etwas spezifisch Menschliches, angefangen von der ziel*bewußten* Bewegung des Gehens bis hin zu habitualisierten, rhythmischen Arbeitsgängen der Hand, die wir, aus uns heraus objektiviert, von einer Maschine übernommen denken können. Wenn wir nun außer uns einen solchen sinnvollen Automatismus wahrnehmen – und bestünde der Sinn bloß in der rätselhaft genauen Repetition wie beim Umschwung der Gestirne –, so schwingt etwas in uns mit, gibt es eine Resonanz in uns, und wir verstehen begrifflos und wortlos etwas von unserem eigenen Wesen. Das Interessante an dieser Hypothese liegt in der Idee eines primären *Selbstverständnisses* von außen her, und also in der Möglichkeit, von Grund aus einmal das Symbol oder Gleichnis neu zu verstehen. Der Gang der Gestirne, der Gang der Maschine wäre keine oberflächlicher Vergleich, und uralte Symbole, wie das Meer für die Leidenschaften, wären von der Resonanz her einsichtige Selbstinterpretationen spezifisch menschlicher Wesenszüge." (Gehlen (1986), 97)

25 Hegel (1976), 206.

26 Das geht auch aus seiner späteren Theorie des Rechts der Aneignung der äußeren Natur durch „die Person" hervor. Vgl. Hegel (1986), §§ 41 ff. Vgl. hierzu auch meine weiterführenden Überlegungen in Schmidt am Busch (2008) und (2011), Teil II.

27 Hegel (1976), 207.

III.

Meine bisherigen Überlegungen mögen den Eindruck erweckt haben, als hätte die maschinengestützte Arbeit hinsichtlich der Entwicklung des Selbstbewusstseins nur positive, vom Standpunkt der Hegel'schen Philosophie aus zu begrüßende Auswirkungen. In der Tat glaubt Hegel, dass eine im Einsatz befindliche Maschine die Gegebenheitsweise W-1 des Willens veranschaulicht und deshalb grundsätzlich geeignet ist, das Selbstbewusstsein zu einem adäquateren Verständnis seiner selbst und der äußeren Natur gelangen zu lassen. Andererseits ist Hegel der Auffassung, dass die maschinelle Arbeit genau diesen Erkenntnisfortschritt *im Fall einer bestimmten Personengruppe* nicht nur nicht bewirkt, sondern sogar *unmöglich macht.* Hegels diesbezügliche Überlegungen lassen sich wie folgt rekonstruieren:

Das Funktionieren einer Maschine macht die ständige Ausführung von Arbeiten erforderlich, die aus sehr einfachen und einander sehr ähnlichen Körperbewegungen bestehen und (so gut wie) keine Tätigkeiten beinhalten, durch welche die Gegebenheitsweisen W-1 oder W-2 des Willens auf Seiten der Arbeiter realisiert werden. Personen, die derartige Arbeiten (dauerhaft) ausüben, können deshalb die im Funktionieren der Maschine anschaulich gegebene ‚Aufhebung' von Gegensätzen *nicht* auf *sich selbst* beziehen. Folglich gibt ihre Arbeit *ihnen* nicht das Bewusstsein, sich in Anderem auf sich selbst beziehende Subjekte zu sein und die äußere Natur für ihre Zwecke in Dienst nehmen zu können. Das oben skizzierte Selbst- und Naturverständnis vermag die maschinelle Arbeit ihnen also nicht zu vermitteln.

Im Gegenteil vertritt Hegel die These, dass Personen, welche Arbeiten der obigen Art ausführen, in ihrer Arbeit „nach der Weise der Dingheit"[28] existieren, also verdinglicht bzw. entfremdet sind. Wie bereits deutlich geworden sein mag, begründet Hegel diese These mit dem Argument, dass maschinelle Arbeiten (so wie er sie versteht) weitgehend frei von Willensbildungs- und Entscheidungsprozessen sind und die Arbeitenden deshalb nicht als das tätig sein lassen, was sie seines Erachtens sind: bewillte und in diesem Sinne geistige Wesen. Diese Überlegungen bezieht Hegel auf den Manufaktur- und Fabrikarbeiter seiner Zeit:

> „Da *seine* Arbeit diese abstracte ist, so verhält er sich als abstractes Ich, oder nach der Weise der Dingheit; – nicht als umfassender inhaltreicher, umsichtiger *Geist, der einen grossen* Umfang *beherrscht*, und über ihn Meister ist [...]."[29]

> „sein stumpfes Arbeiten beschränkt ihn auf einen Punkt; – und die Arbeit ist um so vollkommener, je einseitiger sie ist [...]."[30]

---

28 Hegel (1976), 225.
29 Hegel (1976), 225.
30 Hegel (1976), 243.

„die Arbeit wird umso absolut toter, sie wird zur Maschinenarbeit, die Geschicklichkeit des einzelnen umso unendlich beschränkter, und das Bewußtsein der Fabrikarbeiter wird zur letzten Stumpfheit herabgesetzt […].“[31]

Nun ist es denkbar, dass ein Manufaktur- oder Fabrikarbeiter in seiner Arbeit „nach der Weise der Dingheit" existiert, also verdinglicht oder entfremdet ist, durch die Teilnahme an Aktivitäten in anderen sozialen Sphären aber dasjenige Selbst- und Naturverständnis erwirbt, das nach Hegels Ansicht durch eine im Einsatz befindliche Maschine veranschaulicht wird. Diese Möglichkeit besteht deshalb, weil es *andere* Vergegenständlichungen der Gegebenheitsweise W-1 der Willensstruktur geben mag und das durch die Maschinenarbeit ermöglichte Selbst- und Naturverständnis zu einem Bestandteil der allgemeinen Kultur werden kann. Wenn ich seine Überlegungen recht verstehe, ist Hegel aber der Auffassung, dass die dauerhafte Ausübung von maschinellen Arbeiten der obigen Art derart ‚abstumpfend' ist, dass sie den Arbeitenden *auch außerhalb seiner Arbeit* außer Stand setzt, das fragliche Selbst- und Naturverständnis zu erwerben. Trifft diese Annahme zu, dann zeitigt die Maschinenarbeit mit Bezug auf unterschiedliche Personengruppen (Ingenieure einerseits, Arbeiter andererseits) in einer und derselben Hinsicht entgegengesetzte Wirkungen: Während sie in einem Fall ein bestimmtes Selbst- und Naturverständnis ermöglicht, macht sie in dem anderen Fall den Erwerb desselben unmöglich.

Offenbar war Hegel der Auffassung, dass die maschinelle Arbeit keinen Bestandteil einer sittlichen Lebenswelt bilden kann. Während er Werkzeuge als geeignet ansah, zur Ausbildung und Stabilisierung von „Gesinnungen" beizutragen, die eine lebensweltliche Relevanz besitzen (ein Zusammenhang, den er am Beispiel der landwirtschaftlichen und der handwerklichen Arbeit erörtert)[32], hielt Hegel die maschinelle Arbeit aufgrund ihrer Entfremdungstendenzen für eine Gefährdung sittlich verfasster Ordnungen. Aus diesem Grunde findet die Manufaktur- und Fabrikarbeit im Rahmen der in den *Grundlinien der Philosophie des Rechts* konzipierten Sphäre der „Sittlichkeit" keine Berücksichtigung. Ist die Maschinenarbeit also nach Hegel geeignet, dem Menschen basale Aspekte dessen, was er als Mensch ist, zu erkennen zu geben, so kann sie andererseits gerade das verkümmern lassen, was ihn als Menschen auszeichnet: seine willentliche und in diesem Sinne geistige Natur.[33]

---

31 Hegel (1975), 323 f.
32 Vgl. hierzu Schmidt am Busch (2007).
33 Dem vorliegenden Aufsatz liegt ein Manuskript zugrunde, das ich im Rahmen der Debrecener Tagung *Lebenswelt und Technik* (24.9.–26.9.2009) vorgestellt habe. Ich danke den Teilnehmerinnen und Teilnehmern der Veranstaltung für ihre kritische Diskussion meines Vortrags. Michael Quante danke ich für wertvolle Hinweise zu einer früheren Fassung meines Aufsatzes, Erzsébet Rózsa und Michael Quante für die Aufnahme meines Aufsatzes in den vorliegenden Band.

Literatur

Gehlen, A. (1986): „Die Technik in der Sichtweise der Anthropologie", in: *Anthropologische und sozialpsychologische Untersuchungen*, hg. v. H. Schnädelbach, Reinbek bei Hamburg: Rowohlt, 93-103.

Hegel, G.W.F. (1975): *Jenaer Systementwürfe I*, in: *Gesammelte Werke*, Bd. 6, hg. v. K. Düsing & H. Kimmerle, Hamburg: Meiner.

- (1976): *Jenaer Systementwürfe III*, in: *Gesammelte Werke*, Bd. 8, hg. v. R.-P. Horstmann, Hamburg: Meiner.

- (1986): *Grundlinien der Philosophie des Rechts*, in: *Werke*, Bd. 7, hg. v. E. Moldenhauer und K. M. Michel, Frankfurt a.M.: Suhrkamp.

Honneth, A. (2003): *Kampf um Anerkennung. Zur moralischen Grammatik sozialer Konflikte* (mit einem neuen „Nachwort"), Frankfurt a.M.: Suhrkamp.

- (2008): „Von der Begierde zur Anerkennung. Hegels Begründung von Selbstbewusstsein", in: K. Vieweg & W. Welsch (Hg.), *Hegels Phänomenologie des Geistes. Ein kooperativer Kommentar zu einem Schlüsselwerk der Moderne*, Frankfurt a.M.: Suhrkamp.

Lukács, G. (1973): *Der junge Hegel*, 2 Bde., Frankfurt a.M.: Suhrkamp.

Pinkard, T. (1994): *Hegel's Phenomenology. The Sociality of Reason*, Cambridge: Cambridge University Press.

Pippin, R. (2008): Hegel's Practical Philosophy. Rational Agency as Ethical Life, Cambridge: Cambridge University Press.

Quante, M. (2004): *Hegel's Concept of Action*, Cambridge: Cambridge University Press.

Quante, M. & Schmidt am Busch, H.-C. (2008): „Hegel", in: Gosepath, S.; Hinsch, W.; Rössler, B. (Hg.), *Handbuch der Politischen Philosophie und Sozialphilosophie*, Berlin, New York: de Gruyter, Bd. 1, 481-485.

Ricoeur, P. (2004): *Parcours de la reconnaissance*, Paris: Stock.

Rózsa, E. (2007): *Hegels Konzeption praktischer Individualität. Von der „Phänomenologie des Geistes" zum enzyklopädischen System*, Paderborn: Mentis.

Schmidt am Busch, H.-C. (2002): *Hegels Begriff der Arbeit*, Berlin: Akademie.

- (2007): *Religiöse Hingabe oder soziale Freiheit. Die saint-simonistische Theorie und die Hegelsche Sozialphilosophie*, Hamburg: Felix Meiner.

- (2008): „Personal Respect, Private Property, And Market Economy: What Critical Theory Can Learn From Hegel", in: *Ethical Theory and Moral Practice*, 11, 573-586.

- (2009): „Cameralism as ‚Political Metaphysics‘: Human Nature, the State, and Natural Law in the Thought of Johann Heinrich Gottlob von Justi", in: *The European Journal of the History of Economic Thought*, 16, 3, 409-430.

- (2010): „What Does it Mean to ‚Make Oneself Into An Object‘? In Defense of a Key Notion of Hegel's Theory of Action", in: A. Laitinen & C. Sandis (Hg.), *Hegel on Action*, Basingstroke: Palgrave Macmillan, 189-211.

- (2011): *„Anerkennung" als Prinzip der Kritischen Theorie*, Berlin: de Gruyter.

Siep, L. (1979): *Anerkennung als Prinzip der praktischen Philosophie. Untersuchungen zu Hegels Jenaer Philosophie des Geistes*, Freiburg, München: Alber.

- (2010): *Aktualität und Grenzen der Praktischen Philosophie Hegels*. Aufsätze 1997-2009, München: Fink.

Wildt, A. (1982): *Autonomie und Anerkennung. Hegels Moralitätskritik im Lichte seiner Fichte-Rezeption*, Stuttgart: Klett.

ÁGNES HELLER

Marx und die Frage der Technik

Die Technik spielt eine grundlegende Rolle in der Gedankenwelt von Karl Marx, jedoch nicht die Technik im Allgemeinen, sondern die Technik als Produktions- oder Arbeitsmittel. Des Weiteren ist die Technik als Produktionsmittel von der Technik als Arbeitsmittel zu unterscheiden. Ihre Nichtidentität bleibt meistens implizit und im Hintergrund des marxschen Gedankenganges; manchmal wird sie aber auch klar formuliert. Das Paradigma der Arbeit und das Paradigma der Produktion sind bei Marx derselben theoretischen und praktischen Strategie unterge- ordnet. Diese Strategie kann man in drei Punkten zusammenfassen:

Erstens: Die Arbeit ist die Quelle allen Reichtums. Sie ist auch die Quelle aller materiellen und ökonomischen Werte, d.h. der Tauschwerte.

Zweitens: Den Arbeitern steht in allen der Arbeitsteilung unterworfenen Gesell- schaften, das heißt in allen Klassengesellschaften, das Produkt der Arbeit als fremde Macht gegenüber. Kurz gesagt, der Reichtum auf der gesellschaftlichen Seite und die Armut auf der Seite der arbeitenden Individuen setzen die Arbeitsteilung in den Klassengesellschaften voraus. Der Gegensatz entwickelt sich im Laufe der Ge- schichte in der letzten Klassengesellschaft, der kapitalistischen Gesellschaft, zu ei- nem Widerspruch.

Drittens: Die menschliche Geschichte ist die Geschichte des Zurückweichens der Naturschranken. Mit Hilfe der sich entwickelnden Technik und Wissenschaft (sc. den Naturwissenschaften) und der Kumulierung des so genannten ‚know how‘ erreicht die menschliche Entwicklung einen Punkt, an dem die gesellschaftliche Arbeitsteilung, die Klassengesellschaft überflüssig wird und damit denjenigen Punkt der menschlichem Emanzipation, an dem die Menschheit den Weg in Rich- tung der Aufhebung der Entfremdung betreten kann.

Diese drei Punkte zusammengenommen würde ich als Marx' Grundintuition beschreiben. Sie erscheinen schon in den Pariser Manuskripten und bleiben bis zu den letzten Lebensjahren von Marx, bis zur Kritik des Gothaer Programms, intakt. Innerhalb dieser Grundintuition verändern sich aber oft einige, zum Teil wichtige theoretische und praktische Aspekte. Dies geschieht jedoch in einer Weise, dass sie zu einander passen und ein kohärentes Ganzes bilden sollen.

Marx hat zwei Theorien als seine grundlegenden Entdeckungen angesehen: ers- tens die Entdeckung der Mehrwertrate sowie zweitens die radikale Differenzierung zwischen Wert (bzw. Tauschwert) auf der einen und Gebrauchswert auf der ande- ren Seite. Er wollte die drei oben genannten Elemente seiner Intuition so mitein- ander verbinden, dass sie diese zwei wesentlichen Gedanken, die er für seine zent- ralen Entdeckungen hielt, streng begründen. Obwohl die Technik in diesem Zu- sammenhang meistens im Verhältnis zur Produktion des materiellen Reichtums als grundlegend verstanden wird, ist es doch nicht sachlich gleichgültig, ob man dies im Rahmen des Paradigmas der Arbeit oder des Paradigmas der Produktion betrachtet.

Das Paradigma der Arbeit

Der Gedanke, dass nur die Arbeit Reichtum schafft, war zu Marxens Zeit allgemein anerkannt. Dies gilt insbesondere für die politischen Ökonomien von Adam Smith und David Ricardo, welche die einzigen ökonomischen Theorien waren, die Marx als wissenschaftlich akzeptiert hat. Die protestantische Ethik predigte die Eulogie der Arbeit; der Gedanke, dass der Mensch sich durch Arbeit selbst erschaffe, widersprach deshalb auch nicht der Religion dieser Zeit. Gemäß der protestantischen Ethik ist es die Pflicht der Menschen, ihre von Gott geschenkte Fähigkeiten zu entwickeln. Marx hat sich ebenso wie Max Weber, der bei Benjamin Franklin einen Katalog protestantischer Tugenden nachweist, auf Franklin berufen. Jedoch hat er dabei nicht nur den moralischen Aspekt der franklinschen Gedanken betont, sondern auch seine Definition des Menschen als ‚toolmaking animal'. Die Frage danach, was den Menschen von den Tieren unterscheidet, war eine der typischen und beherrschenden Debatten der damaligen Zeit: Ist es die Religion? die Gesellschaft? die Ideen? Oder die Arbeit? Obwohl Marx, anstatt eine einseitige Antwort zu geben, fünf grundlegende Konstituenten des menschlichen Daseins nennt – nämlich Arbeit, Gesellschaftlichkeit, Universalität, Bewusstsein und Freiheit – ist die Entfremdung der Arbeit in allen anderen Konstituenten involviert.

Dem Gedanken der Vermittlung kommt seit Hegel ein Vorrang gegen jede Art der Unmittelbarkeit im Denken der Hegelschüler zu; und das gilt auch für den jungen Marx. Das Werkzeug, durch das der Mensch, wie Marx es ausdrückt, sich als Natur mit der Natur außer ihm vermittelt, verändert den Menschen selbst, für den es Werkzeug ist. Ein Werkzeug ist nur dann ein Werkzeug, wenn man es benutzt. Die ein wenig später in der Deutschen Ideologie formulierte Beschreibung der so genannten Produktivkräfte als Einheit der Instrumente der Produktion und des ‚know how' nehmen denselben Gedanken im Sinne des Paradigmas der Produktion in Anspruch.

Am schärfsten ist das Arbeitsparadigma im Kapital formuliert. Hier schreibt Marx:

> „Die Arbeit ist zunächst ein Prozeß zwischen Mensch und Natur, ein Prozeß, worin der Mensch seinen Stoffwechsel mit der Natur durch seine eigne Tat vermittelt, regelt und kontrolliert (…). Am Ende des Arbeitsprozesses kommt ein Resultat heraus, das beim Beginn desselben schon in der Vorstellung des Arbeiters, also schon ideell vorhanden war. Nicht daß er nur eine Formveränderung des Natürlichen bewirkt; er verwirklicht im Natürlichen zugleich seinen Zweck, den er weiß, der die Art und Weise seines Tuns als Gesetz bestimmt und dem er seinen Willen unterordnen muß."[1]

---

1 Marx, Karl, MEW Bd. 13, Berlin 1971, S. 641.

Dieser Gedankengang wird dann, – worauf ich später noch eingehe – im Sinne des Produktionsparadigmas fortgeführt.

Die Beschreibung der Struktur der Arbeit ist in dieser Konzeption im Wesentlichen identisch mit der Beschreibung der Zweckrationalität bei Max Weber, das heißt mit der Beschreibung des menschlichen Handelns im Allgemeinen. Der einzige Unterschied ist der, dass Marx die Vermittlung durch das Werkzeug betont. Damit ist angedeutet, dass – soweit es die Arbeit betrifft – dem Werkzeug die dominierende Rolle in der Triade Arbeiter – Werkzeug – Objekt zukommt. Hierin zeichnet sich die Wichtigkeit der Technik bereits ab.

Doch diese Konzeption impliziert an sich keine progressive historische Entwicklung, weil sie keine Kumulation voraussetzt. Das Paradigma der Arbeit ist vielmehr ein strukturelles Modell. Der Mensch macht sich durch die Arbeit zum Menschen und deshalb ist Arbeit das Modell aller anderen menschlichen Handlungen. Das Endresultat der Handlung ist in diesem Modell bereits in der Absicht des Handelnden vorgeformt, d.h. bevor er mit der Realisierung seiner Arbeit beginnt. So geht in allen menschlichen Handlungen das Ziel der Handlung der eigentlichen Handlung voraus. Es handelt sich hierbei daher um eine strukturelle Homologie, die für alle Arten menschlichen Handelns gültig ist. Das marxsche Paradigma der Arbeit verbindet diese strukturelle Homologie mit der phylogenetischen, jedoch nicht auch mit einer ontogenetischen Priorität der Arbeit.

In der Geschichte bleibt dieses Verhältnis vom ontologischen Standpunkt gesehen in Gestalt einer Homologie deshalb auch stabil. Die Entfremdung der Arbeitstätigkeit, von der die Pariser Manuskripte handeln, ist mit der Entfremdung vom Gattungswesen identisch. Der Gedanke, dass in der entfremdeten Arbeit, in welcher der Arbeiter selbst zum bloßen Mittel des Verwertungsprozesses wird, die Gattung sich selbst entfremdet, betont die ontologische Priorität der Arbeit als das Modell aller menschlichen Handlungen, sowohl der praktischen als auch der poietischen Handlungen, d.h. auch solcher Handlungen, deren Zweck ein bestimmtes Resultat ist. Sie bleibt es heute, wie sie es in allen Zeiten war, unabhängig davon, ob man malt, den Acker bestellt, Lebensmittel oder Arbeitsmittel herstellt, und gleichgültig, ob diese Arbeit gesellschaftlich notwendig ist oder nicht. Man kann arbeiten ohne zu produzieren; und es wird auch möglich sein – wie wir es in den Grundrissen der Kritik der politischen Ökonomie sehen werden – ohne Arbeit zu produzieren.

Welche Probleme ergeben sich, zumindest im Weltbild von Marx, mit dem Paradigma der Arbeit?

Erstens muss man alle menschlichen Tätigkeiten analog zur individuellen Handlung verstehen, da die menschliche Welt mithilfe cartesianischer Elemente aufgebaut wird. Bei Marx geht es zwar nicht mehr nur um das ‚cogito', sondern um den ganzen Menschen als Einheit von Leib und Geist. Doch auch in diesem Modell gibt es keine befriedigende Antwort auf die Frage nach der Intersubjektivität.

Zweitens ist die Konzeption in dem Sinne reduktionistisch, als sie eine Art von teleologischer Setzung, als Bestandteil aller Arten von Handlungen, voraussetzt.

Und drittens ist es vom marxschen Gesichtspunkt aus gesehen wichtig, dass innerhalb des Paradigmas der Arbeit die Technik – d.h. die Entwicklung der Technik im Besonderen und die gesellschaftliche Entwicklung im Allgemeinen – keine wesentliche Rolle spielen kann.

Im Gegensatz zum Paradigma der Arbeit lassen sich diese Fragen im Paradigma der Produktion angemessen behandeln. Innerhalb dieses Paradigmas geht es um die Produktion materieller Güter in einer gegebenen Gesellschaft. Die Produktion ist immer gesellschaftlich. Der Einzelmensch ist in die gesellschaftliche Produktion und innerhalb dieser in das System der Arbeitsteilung eingebunden, wobei er ihm (bis auf den heutigen Tag) zumeist auch untergeordnet ist.

Das Paradigma der Produktion

Ich werde im Folgenden den Grundgedanken des Paradigma der Produktion anhand zweier Formulierungen von Marx kurz explizieren. Die eine Formulierung entnehme ich dem Feuerbach-Kapitel der Deutschen Ideologie, die andere dem Vorwort der Kritik der politischen Ökonomie. In beiden Fällen handelt es sich um eine Beschreibung der menschlichen Geschichte, die man Marx zufolge nur retrospektiv, d.h. vom privilegierten Standpunkt der Moderne aus, rekonstruieren kann.

Die Produktivkräfte sind die verhältnismäßig unabhängigen Motoren der geschichtlichen Entwicklung, wobei die Produktion neuer Bedürfnisse Marx zufolge die erste historische Tat darstellt. Die beiden Faktoren der Produktivkräfte sind einerseits die Produktionsmittel und andererseits die menschlichen Fähigkeiten, die diese Mittel in Bewegung bringen. Dies sind die Fähigkeiten, die wir heutzutage unter der Kennzeichnung des ‚know how' zusammenfassen. In modernen Zeiten, so fügt Marx hinzu, gehören auch die Naturwissenschaften zu den Produktivkräften.

Die Produktionsverhältnisse, d.h. die ökonomischen und gesellschaftlichen Klassenverhältnisse sowie die jeweilige Arbeitsteilung werden durch den Charakter und die Entwicklungsstufe der Produktivkräfte bestimmt. Solange sie diese Kräfte befördern, besteht, trotz der Klassenkämpfe, eine Art gesellschaftliches Gleichgewicht. Doch wenn die gesellschaftlichen Verhältnisse, vornehmlich die Eigentumsverhältnisse, zu Fesseln der Weiterentwicklung der Produktivkräfte werden, müssen sie zu Grunde gehen. Im günstigen Fall entstehen neue Produktionsverhältnisse, die wiederum die Entwicklung der Produktivkräfte, das heißt Technik und ‚know how' fördern. Die Weltgeschichte ist die Geschichte solcher günstiger Fälle. In dieser Geschichte entwickelte sich die Technik bis zum heutigen Tage zur Großindustrie.

„Wo bleibt Vulkan gegen Roberts et Co., Jupiter gegen den Blitzableiter und Hermes gegen den Crédit mobilier?"[2] Die Industrie, die Naturwissenschaft,

---

2 Marx, Karl, MEW Bd. 13, Berlin 1971, S. 641.

menschliches Wissen und Können produzieren heutzutage, so sagt Marx, Reichtum, der den Rahmen der kapitalistischen Produktionsweise sprengt, weil der Kapitalismus heute schon unfähig geworden ist, Technik und Wissen zu fördern. Ohne gesellschaftliche Arbeitsteilung, ohne Klassen, ohne Markt werden unsere Produktivkräfte sich ohne Hindernisse ad libitum entwickeln, alle Menschen werden die Früchte der Produktion genießen und unsere Technik, unser Wissen, unser Reichtum werden sich frei entwickeln.

Ich werde bald zur Problematik dieser Konzeption zurückkehren, soweit sie mit der Frage der Technik zusammenhängt. Zuerst möchte ich aber kurz über den rationalen Kern der Konzeption sprechen. Marx sah in der Moderne den größten Fortschritt der Geschichte. Der Kapitalismus war in seiner Konzeption die erste Phase der Moderne, die Phase, welche die Vorgeschichte der Menschheit mit ihrer zukünftigen, der wirklichen Geschichte vermittelte. Der Kapitalismus ist nicht nur eine progressive Phase dieser Geschichte, sondern ihre letzte und progressivste Phase.

Doch wie kann man einen solchen Fortschritt messen? Wie kann man die Moderne mit den vormodernen Gesellschaften vergleichen? Nur Quantitäten kann man vergleichen. Aber welche Quantität? Marx hatte eine Antwort auf diese Frage, noch bevor er sich die Frage explizit gestellt hatte. Reichtum! Doch nicht alle Arten des Reichtums kann man miteinander quantitativ vergleichen. Dies gilt z.B. für emotionellen Reichtum, den Reichtum an Kunstwerken oder den Reichtum der Naturschönheit. Was man vergleichen kann, ist die materielle Produktion, worunter die Resultate der Naturwissenschaften mit einbegriffen werden können.

Falls man an den gesellschaftlichen Fortschritt glaubt und diesen Glauben wissenschaftlich zu unterfüttern bereit ist, muss man ein Kriterium des Fortschritts finden, das über alle Zweifel erhaben ist. Dieses Kriterium ist nach Marx die Akkumulation. Nur im Falle der Technik, des naturwissenschaftlichen und technischen Wissens, kann man über fortwährende Akkumulation sprechen und sofern man nur die glücklichen Fälle im Auge hat, die Marx als die notwendigen Stufen des Nacheinander ökonomischer Gesellschaftsformationen angesehen hat.

Im Gegenteil zum Paradigma der Arbeit geht es im Falle des Paradigmas der Produktion überhaupt nicht um die Homologie aller menschlichen Handlungsformen nach dem Modell der Arbeit. Dies ist umso weniger der Fall, weil Marx in allen seinen (oft voneinander abweichenden) Skizzen einer sozialistischen oder kommunistischen Gesellschaft die Differenz dieser beiden Paradigmen betont. Im dritten Band des Kapitals spricht er über zwei verschiedene Ebenen des zukünftigen gesellschaftlichen Lebens, über die Ebene der Produktion, der Welt der Notwendigkeit auf einer Seite und über die Ebene aller freien Tätigkeiten außerhalb der Produktion auf der anderen Seite. In den Grundrissen spricht er über die volle Automatisierung der Produktion: Der arbeitende Mensch, so sagt er, ist dann kein Produzent mehr, er tritt neben den Produktionsprozess.

Doch nicht nur in den bei Marx immer seltener werdenden Passagen, in denen er die Struktur der zukünftigen Produktionsweise andeutet, sondern auch in der Analyse der kapitalistischen Produktionsweise selbst, unterscheidet er zunehmend zwischen Produktion und Arbeit. So etwa, wenn er zwischen produktiver und un-produktiver Arbeit differenziert, und dies tut er noch dazu auf zwei verschiedene Weisen, nämlich in einer ökonomischen und in einer technischen Weise. Vom ökonomischen Standpunkt aus gesehen ist die Arbeit produktiv, weil sie Profit produziert, vom technischen Standpunkt aus gesehen ist sie dann produktiv, wenn sie am Akkumulationsprozess des Wissens teilnimmt. Als Beispiel dient Marx ein Konzertpianist, der als Produzent von Profit ein produktiver Arbeiter ist, vom technischen Standpunkt dagegen als unproduktiv gilt, weil sein Spielen nichts zu einem gesellschaftlich akkumulierbaren Wissen und Können beiträgt.

Die Reichweite der beiden Paradigmen

Obwohl die Arbeitstätigkeit im Paradigma der Produktion nicht mehr das Modell aller menschlichen Tätigkeiten ist, kommt der produktiven Arbeit doch auch hier die Rolle der gesellschaftlichen Priorität zu. Produktion, das heißt Technik und technisches ‚know how‘, sind die Motoren der geschichtlichen Entwicklung und die Garantie ihrer – bis zum letzten Endpunkt sich realisierenden – Kontinuität. Währenddessen erklären die Konflikte zwischen den Produktivkräften und Pro-duktionsverhältnissen die Notwendigkeit der Diskontinuität derselben Geschich-te. Die relative Harmonie oder Einheit zwischen den Produktivkräften und Pro-duktionsverhältnissen liefert die theoretische Grundlage der Periodisierung der so genannten Produktionsweisen, von denen Marx fünf aufführt.

Ohne das Paradigma der Produktion hätte Marx den notwendigen Zusam-menbruch des Kapitalismus nicht als eine wissenschaftlich begründete Perspektive voraussetzen können. Das Paradigma der Arbeit wäre dazu unfähig gewesen. Vor allem hätte Marx die Priorität der so genannten ökonomischen Basis gegenüber dem so genannten Überbau nicht mit dem Paradigma der Arbeit begründen kön-nen.

Wie ich bereits erwähnt habe, kann man innerhalb des Paradigmas der Arbeit zwischen techné und praxis nicht unterscheiden. Doch eben wegen der strukturel-len Homologie genießt die Arbeit als gesellschaftliche Arbeit keine Priorität gegen-über der Praxis. Die Praxis ist eher das spontane Mittel zur Befreiung der Arbeit. Gemäß dem Paradigma der Produktion, in dem der Produktion gesellschaftliche und geschichtliche Priorität zukommt, kommt der techné hingegen absolute Prio-rität gegenüber der Praxis zu. Ohne dass eine gewisse Entwicklungsstufe der Tech-nik erreicht ist (was nur im Kapitalismus der Fall ist), sind alle Kämpfe für die Befreiung der Arbeit vergebens. In einer berühmten Beschreibung der historischen Perspektive des Kapitalismus sagt Marx offen heraus, dass der Zusammenbruch des Kapitalismus deswegen notwendig ist, weil sich die Produktivkräfte (Technik und know how) nicht mehr innerhalb des Rahmens des heutigen Verwertungsprozesses entwickeln können. Die politische Praxis, d.h. das kämpfende Proletariat, kann nur die Geburtswehen der neuen Produktionsweise erleichtern, doch nicht die Ge-burt selbst zustande bringen.

Warum brauchte Marx für seine Theorie beide Paradigmen? Und warum wollte oder konnte er zwischen den beiden nur in einigen seltenen Ausnahmefällen klar unterscheiden? Philosophen sind, sagt Hegel, die Kinder ihrer Zeit. Ihre Arbeit ist der Zeitgeist in Begriffen gefasst. Als besonders maßgeblicher Philosoph tat Karl Marx dies in repräsentativer Weise. Er war der Sohn der Aufklärung und der Romantik und vereinte diese beiden Arten der modernen Utopie.

Begreift man Entwicklung als Fortschritt, dann kann man die ganze bisherige Geschichte als Vorstufe zur Moderne ansehen. In diesem Sinne gibt es zwei wesentliche Tendenzen, die zur Moderne geführt haben: Technik und Wissenschaft auf der einen Seite, Freiheit auf der anderen Seite. Die Aufklärung spricht gerne über die Früchte der technischen Entwicklung. Für die Enzyklopädisten, besonders für d'Alembert, war es wichtig, die neuen technischen Erfindungen ihrer Zeit zu popularisieren. Dagegen wurde dieselbe Technik von den Romantikern als ein Zeichen für den Verfall des Menschen gedeutet. Die Arbeit der alten Meister ist durch die mechanische Arbeit der Fabrik abgelöst worden. Nach Ferguson, so Marx, macht die moderne Arbeitsteilung Sklaven aus uns allen. Doch schon Diderot wie auch Condorcet und Saint-Simon erschienen mit einer Art von Dialektik auf der modernen Bühne. Technik und Wissenschaft haben sich fortwährend entwickelt, während die Freiheit nur in der nächsten Zukunft in ihrer vollen Blüte erscheinen sollte. Einige dieser Denker waren keine Utopisten, sie erwarteten Freiheit als Resultat einer bestimmten Art von Republik oder Demokratie. Für die Romantik jedoch war auch die Demokratie pöbelhaft, lediglich ein Kind der Industriegesellschaft. Als radikaler Denker stimmte Marx allen drei Tendenzen in ihrer Radikalität zu.

Als Aufklärer hat Marx die technische Entwicklung als die bewegende Kraft der ganzen menschlichen Geschichte betrachtet und den Kapitalismus (die erste Phase der Moderne) als die bisher höchste Stufe der menschlichen Entwicklung angesehen. Als Romantiker glaubte auch er, dass die Arbeitsteilung aus uns allen Sklaven mache und dass in naher Zukunft alle Institutionen, in denen der Grund sozialer Entfremdung liegt, aufgehoben werden. Später hat Marx zugestanden, dass man die technische Arbeitsteilung nicht aufheben kann, ohne gleichfalls auch die Perspektive der unendlichen Evolution des Wissens und Könnens aufzugeben. Deswegen sprach er, wie ich schon erwähnte, neben dem zukünftigen Reich der Freiheit auch von einem nicht aufhebbaren Reich der Notwendigkeit. Als Dialektiker betrachtete er die Spitze des bisherigen Fortschritts (den Kapitalismus) zugleich als die Spitze der menschlichen Erniedrigung, als die letzte Phase vor der endgültigen Lösung der Rätsel der Geschichte. Es ist schon oft hervorgehoben worden, dass diese radikale Dialektik eine säkularisierte Version des messianischen Gedankens ist:[3] Aus der letzten und vollständigen Erniedrigung kommt die Erlösung. Der messianische Gedanke der Bibel gehört zu den ‚großen Erzählungen', die das euro-

---

3 So etwa von Karl Löwith in *Weltgeschichte und Heilsgeschehen*. Stuttgart 1953. S. 38ff.

päische Selbstverständnis geprägt haben und prägen. Doch geht Marx anders als später Walter Benjamin nicht von der biblischen Erwartungshaltung aus, sondern von der modernen Werttheorie der klassischen englischen Nationalökonomen Smith und Ricardo. Es war nicht der Bibel wegen, sondern aufgrund der klassischen englischen Nationalökonomie, dass Marx das Paradigma der Arbeit und der Produktion, ungeschieden zusammendachte und denken musste. Nur auf diese Weise war es ihm möglich, die Arbeitswerttheorie und die notwendige Überwindung des Kapitalismus in einer einzigen Theorie zu vereinigen und darzustellen.

Ich möchte nun kurz zu einer Frage zurückkehren, die ich bereits erwähnt habe. Marx betont, dass er zu Ricardos Theorie zwei neue Theoreme hinzugefügt habe: erstens die Differenz zwischen Gebrauchswert und Tauschwert, zweitens die daraus folgende Theorie der Mehrwertrate. Nur mithilfe dieser zwei Neuentdeckungen konnte er die Notwendigkeit des Zusammenbruchs des Kapitalismus beweisen. Die wissenschaftliche Relevanz des notwendigen Zusammenbruchs des Kapitalismus hängt von der Arbeitswerttheorie und der Relevanz der beiden Marxschen Endeckungen, die sich auf die Arbeitswerttheorie stützen, ab.

Die hiermit zusammenhängende Frage ist einfach zu formulieren: Ist es wahr, dass der Kapitalismus die Entwicklung der Technik und der Naturwissenschaften fördert? Und ist es wahr, dass der kapitalistische Verwertungsprozess die technische Entwicklung des Produktionsprozesses verhindert? Antworten auf diese beiden Fragen sind empirisch zu ermitteln. Es war eine Tatsache in Marx' Zeit und ist es bis zum heutigen Tage, dass sich innerhalb der kapitalistischen Marktwirtschaft die Produktionsmittel, die produktiven Fähigkeiten und auch die Produktivität fortwährend entwickeln. Warum glaubte Marx dennoch, dass der Kapitalismus die technische Entwicklung notwendigerweise behindern wird?

Marx glaubte auch an die Wissenschaft (im Sinne der Naturwissenschaften) und so war es für ihn selbstverständlich, dass er seinen Glauben an den Zusammenbruch des Kapitalismus auch wissenschaftlich begründen musste. Marx hat eine solche Begründung auch unternommen. Warum aber haben sich seine Argumente als unzutreffend und seine Prognosen als falsch erwiesen? Eine Antwort hierauf muss m.E. lauten, dass dieses Fehlgehen in seiner Arbeitswerttheorie begründet ist.

Die marxsche Arbeitswerttheorie

Das Kapital fängt mit dem Begriff des „Reichtums" an. Gleich darauf folgt die Analyse des doppelten Charakters der Ware als Gebrauchwert und Wert. Als Gebrauchswert ist die Ware ein Ding, das Bedürfnisse befriedigt:

> „Die Natur dieser Bedürfnisse, ob sie z.B. dem Magen oder der Phantasie entspringen, ändert nichts an der Sache. (...) Jedes solches Ding ist ein Ganzes vieler Eigenschaften und kann daher nach verschiedenen Seiten nützlich sein. Diese verschiedene Seiten und daher die mannigfachen Gebrauchsweisen der Dinge zu entdecken, ist

geschichtliche Tat. (…) Die Nützlichkeit eines Dings macht es zum Gebrauchswert. (…) Gebrauswerte bilden den stofflichen Inhalt des Reichtums, (…)."[4]

Diesem Zitat kann man Folgendes entnehmen: Alle Dinge befriedigen als Gebrauchswerte menschliche Bedürfnisse. Durch die Entwicklung der Technik und der Wissenschaft, die immer neue, in den Dingen der Natur steckende Möglichkeiten entdecken, werden immer neue Bedürfnisse und zugleich neue Dinge, diese zu befriedigen, erzeugt. Dies entspricht der Kumulation des menschlichen Reichtums. Der Reichtum der Bedürfnisse erscheint dem Menschen als der höchste zu befördernde Wert. Für Marx gibt es keine allgemeine Hierarchie der Bedürfnisse oder der Befriedigung dieser Bedürfnisse. Meiner Auffassung nach ist ihm in diesem Punkt auch heute noch zuzustimmen, sofern man ihn um einen Gedanken ergänzt: Ich meine die Möglichkeit oder Wahrscheinlichkeit, dass die Befriedigung einiger Bedürfnisse der Befriedigung anderer Bedürfnisse widersprechen kann und zwar nicht nur auf der individuellen Ebene, wo dies selbstverständlich ist, sondern auch auf der gesellschaftlichen Ebene. Weil wir wissen, dass dies der Fall ist, können wir der marxschen Theorie nicht zustimmen. Wir betrachten heutzutage die Entwicklung der Technik nicht mehr als einen unproblematischen und grenzenlosen Segen. Dies tun wir auch dann nicht, wenn wir nicht an die apokalyptischen Ideologien einiger so genannter ‚Grünen‘ glauben.

Doch folgen wir Marx weiter in seiner Anwendung der Theorie des Mehrwerts. Es ist der Wert eines Dinges, mit dessen Hilfe wir verschiedene Dinge miteinander vergleichen können (unabhängig davon, ob es eine Ware ist oder nicht). Der Wert der Dinge steckt nicht in ihrer Qualität, weil er quantitativer Natur ist. Bei Marx heißt dies dann, dass der Wert eines Dinges (bzw. der Tauschwert einer Ware) mit der zu seiner Produktion notwendigen Arbeitszeit identisch ist. Der Tauschwert ist die Ausdrucksform des Wertes und charakterisiert das Ding als Ware. Welche Implikationen hat diese Bestimmung? Aus ihr folgt, dass die nicht bearbeitete Natur überhaupt keinen Wert besitzt und keine Ware verkörpern kann. Der arbeitende Mensch kann sich die Natur frei aneignen. Damit spielt die Natur in der Entwicklung des menschlichen Reichtums eine nur negative Rolle. Es geht hierbei auch, wie ich schon erwähnt habe, um das Zurückweichen der Naturschranke: Die Natur ist unsere Schranke, Naturwissenschaft und Technik aber überwinden eben diese Schranke und dies kann ad libitum voranschreiten. Grenzen dieser Überwindung waren für Marx unvorstellbar. Aus diesem Grunde konnte Marx in der „Kritik des Gothaer Programms" eine kommunistische Gesellschaft darstellen, in der die unerschöpfliche Quelle der Natur alle menschlichen Bedürfnisse befriedigen wird. Mangel gibt es in dieser Darstellung nur an Arbeitszeit, keinen Mangel gibt es hingegen in der Natur. Wenn durch die Entwicklung der Technik die Maschinen anstelle der Arbeiter die Produktion übernehmen werden, wird es Marx zufolge überhaupt keinen Mangel mehr geben. Dies folgt aus seiner Konzeption der Arbeitswerttheorie.

---

4 *Das Kapital*, Bd. 1, MEW Bd. 23, Berlin 1968. S. 49f.

Die Arbeitswerttheorie entstand als eine rationale Antwort auf die physiokrati-
schen Theorien, die – sehr vereinfacht gesagt – den Erdboden als die Quelle allen
Reichtums identifizierten. Nicht der Boden, sondern die Arbeit ist diese Quelle,
antworteten – wieder sehr vereinfacht gesagt – die Klassiker der englischen Nationalökonomie. Marx hat dieser letzteren Konzeption zugestimmt und hat sie
manchmal, z.B. im Kapitel über die Grundrente streng befolgt. Zugleich hat er
diese Theorie jedoch auch radikalisiert. Die verschiedenen theoretischen Aspekte,
die den Zusammenbruch des Kapitalismus beweisen sollen, entstammen dieser Radikalisierung der Arbeitswerttheorie. Diese Begründung verläuft über die Rate des
Mehrwerts als Verhältnis zwischen notwendiger Arbeit und Mehrarbeit, verstanden als die Rate der Ausbeutung.

Betrachtet man diese Theorie als eine philosophische Theorie, so kann man sie
als Konkretisierung des Entfremdungsbegriffs verstehen. Sie drückt aus, dass der
Arbeiter über die Länge seiner Arbeit, über die Bedingungen seiner Arbeit und
insbesondere über die Produkte seiner Arbeit nicht selbst disponieren kann. Für
Marx hat die Kategorie des Mehrwerts jedoch primär einen ökonomischen Sinn.
Doch dann kann er dieses Theorem nur beweisen, indem er beweist, dass weder die
Technik noch die Natur überhaupt Profit produzieren können. Auch im Falle von
Öl (eines seiner Beispiele) ist sein Wert mit der zu seiner Produktion notwendigen
Arbeitszeit identisch. Nur die Arbeit schafft Wert. Der Mehrwert ist auf drei Teile
(Rente, Profit und Zins) verteilt. Und eben weil nur die Arbeit wertschaffend ist,
wird – trotz der zunehmenden Produktion des relativen Mehrwerts – die Rate des
Profits immer weiter sinken. Die Entwicklung der Technik macht die Warenproduktion überflüssig und damit unprofitabel. Ich möchte an dieser Stelle hinzufü-
gen, dass Marx, obwohl er die Krisen im Kapitalismus beschreibt und als Ausdruck
der Unfähigkeit des Kapitalismus betrachtet, seine inneren Gegensätze zu behandeln, die Notwendigkeit des Untergangs des Kapitalismus nicht aufgrund der Krisen erklärt. Es ist interessant, seiner Argumentation zu folgen, denn die erste Hälfte dieses Gedankengangs kann man als eine seiner zutreffendsten Einsichten in die
Zukunft betrachten, während der aus der Mehrwerttheorie stammende zweite Teil
eine nicht begründete Voraussage beinhaltet. Der erste Teil lautet wie folgt:

> „Hand in Hand mit dieser Zentralisation (…) entwickelt sich die kooperative Form
> des Arbeitsprozesses auf stets wachsender Stufenleiter, die bewußte technische An-
> wendung der Wissenschaft, die planmäßige Ausbeutung der Erde, die Verwandlung
> der Arbeitsmittel in nur gemeinsam verwendbare Arbeitsmittel, die Ökonomisierung
> aller Produktionsmittel durch ihren Gebrauch als Produktionsmittel kombinierter,
> gesellschaftlicher Arbeit, die Verschlingung aller Völker in das Netz des Weltmarkts
> und damit der internationale Charakter des kapitalistischen Regimes".[5]

Hier endet der erste Teil seines Gedankenganges. Wir können diese Beschreibung
als eine genaue Beschreibung unserer Welt und unserer Zeit lesen und verstehen.
Doch was wir heute nicht mehr verstehen können, ist der beinahe bedingungslose

---

5 *Das Kapital,* Bd. 1, MEW Bd. 23, Berlin 1968, S. 790.

Enthusiasmus von Marx, den dieser für die so beschriebene Welt (z.B. „die planmäßige Ausbeutung der Erde") aufbringt. Es gibt nur eine limitierende Bedingung für diese Ausbeutung, doch die ist stark und folgt gleich im nächsten Satze, wo es um die Verelendung des Proletariats geht. Diese Verelendung des Proletariats ist allein auf Basis der Mehrwerttheorie begründet. Doch dieser Mehrwert ist nur durch Arbeit produziert. Im Falle der im ersten Satze beschriebenen Perspektive aber wird die Zahl der produzierenden Arbeiter immer weiter vermindert. Zugleich wird diese in der Anzahl verminderte Arbeiterklasse jedoch geschult, vereint und organisiert. Was folgt aus all diesem?

> „Das Kapitalmonopol wird zur Fessel der Produktionsweise, die mit und unter ihm aufgeblüht ist. Die Zentralisation der Produktionsmittel [der Technik; A.H.] und die Vergesellschaftung der Arbeit erreichen einen Punkt, wo sie unverträglich werden mit ihrer kapitalistischen Hülle. Sie wird gesprengt."[6]

Schluss

Ich möchte abschließend zu meiner Eingangsfrage zurückkehren. Warum vereinigt Marx das Paradigma der Produktion mit dem der Arbeit, oder pointierter formuliert: Warum vereint er sie, ohne sich dessen bewusst zu sein? Die These, dass die Arbeit die Quelle allen Reichtums sei, impliziert, dass die Natur es nicht ist und dass wir über die Natur frei verfügen können. Zudem produziert nur die in der Arbeitszeit aufgewendete Arbeitskraft Wert. Dies ist die Vorbedingung oder Begründung der Mehrwerttheorie. Doch der Gedanke, dass der Kapitalismus den höchsten bisher erreichten Grad der menschlichen Entwicklung darstellt und dass diese Entwicklung die Akkumulation des Wissens und Könnens im Reiche der Produktion voraussetzt, ist aus dem Paradigma der Arbeit nicht abzuleiten Die Arbeitstheorie des Wertes, in ihrer Radikalisierung als Mehrwerttheorie, vereinigt beide Gedanken. Die Technik, als unabhängiger Motor der menschlichen Entwicklung, ist selbst Produkt der Arbeit, ja sogar das wesentlichste Produkt der Arbeit, die selbst wiederum den wesentlichsten Reichtum darstellt: den Reichtum des Wissens und Könnens selbst.

Was ist dann die unabhängige Triebfeder der historischen Entwicklung? Das Wissen und Können als technisches Wissen und Können. Was wird durch die Akkumulierung des technischen Wissens und Könnens unterjocht? Die Freiheit; sowohl die Freiheit des einzelnen als auch die der Klassen. Nach Marx besteht jedoch eine gute Nachricht darin, dass sich in der Zukunft Wissen, Können und Freiheit auf dem geschichtlichen Brautbett vereinigen werden. Diese Hoffnung auf eine solche bevorstehende Brautnacht ist uns verloren gegangen. Sie gründete sich bei Marx auf einen Glauben und wurde durch Wissenschaft fundiert. Diese Wissenschaft wurde jedoch falsifiziert und der Glaube an unsere privilegierte Position

---

6 *Das Kapital*, Bd. 1, MEW Bd. 23, Berlin 1968, S. 791.

in der so genannten Weltgeschichte hat sich als Illusion herausgestellt. Doch die Technik und die Wissenschaft produzieren weiterhin immer neue ‚Wunder' als Bedingungen unseres gesellschaftlichen und privaten Lebens. Durch sie gibt es sowohl Freiheit als auch Unfreiheit. Und zwar durch sie, gegen sie, wie auch unabhängig von Technik und Wissenschaft.

Literatur

Löwith, Karl. *Weltgeschichte und Heilsgeschehen*. Stuttgart 1953.
Marx, Karl. *Das Kapital*, Bd. 1, MEW Band 23, Berlin 1968.
– *MEW Bd. 13*, Berlin 1971.

KURT BAYERTZ

Technik bei Marx

Wenn es erlaubt ist, diesen Beitrag mit einer kurzen autobiographischen Anekdote einzuleiten, so möchte ich von einem Erlebnis erzählen, das ich am 15. April 2011 bei der Vorbereitung der finalen Fassung dieses Beitrages hatte. Spaßeshalber gab ich an diesem Tag bei Google das Begriffspaar ,marx technik' ein und auf meinem Bildschirm erschien *an erster Stelle* folgender Eintrag:

> „Willkommen bei MARX. Technik entdecken bei MARX. Wir sind ein technischer Groß- und Einzelhandel mit vier Geschäftsbereichen. Die Bereiche Vertrieb, Sicherheitssysteme, Marine und Industrie finden Sie in der Wendenstrasse. Die Werkstatt für LKW, PKW und Marine sowie der Vertrieb Fahrzeugprodukte und unser Lager befinden sich am Rungedamm."

Das hatte ich nicht erwartet. ,Was ist aus Marx geworden!?' schoss es mir durch den Kopf. Haben wir diesen ,Treffer' als ein Indiz dafür zu werten, dass „Marx" vor allem als ein „technischer Groß- und Einzelhandel mit vier Geschäftsbereichen" fortlebt? Jedenfalls im Internet? Gewiss, es kamen später noch andere Einträge, die näher an dem waren, was ich suchte. Doch an der Priorität änderte dies nichts. In Gestalt eines technischen Groß- und Einzelhandels mit vier Geschäftsbereichen ist der Kapitalismus über Marx und seine Theorie der Technik sang- und klanglos hinweggeschritten! Unterdrückt hat er diese Theorie nicht, denn sie kommt ja in den späteren Einträgen noch; aber er hat sie an ihren offenbar nachrangigen Platz gestellt.

Der Versuch einer Annäherung an die Marxsche Theorie der Technik kommt damit einem archäologischen Unternehmen nahe, das die entsprechenden Theoriebestandteile erst hinter Sicherheitssystemen, Marine, LKW, PKW und Fahrzeugprodukten hervorkramen muss. Einem archäologischen Unternehmen gleicht der hier vorliegende Beitrag auch darin, dass solche Unternehmen (sozusagen per definitionem) nichts Neues zutage fördern, sondern ausschließlich Altes. Archäologie legt frei, was einmal gut bekannt war, dann aber verschüttet wurde. Dabei geht sie von der Voraussetzung aus, dass es sich lohnt, das Verschüttete wieder ans Tageslicht zu bringen. – Ob sich die auf diese Weise ans Tageslicht zurückgeholten Errungenschaften zum aktuellen Gebrauch eignen, ist freilich eine andere Frage (die meist nicht von der Archäologie entschieden wird).

I. Technik als Arbeitsmittel

1. – Im fünften Kapitel des ersten Bandes des *Kapital* gibt Marx eine ausführliche Darstellung des Arbeitsprozesses und benennt in diesem Zusammenhang dessen

„einfache Momente". Dabei handelt es sich (1) um die zweckmäßige Tätigkeit oder Arbeit selbst; (2) um den Arbeitsgegenstand; und (3) um das Arbeitsmittel.[1] Für unseren Zusammenhang ist das dritte Moment natürlich das entscheidende und Marx definiert es folgendermaßen: „Das Arbeitsmittel ist ein Ding oder ein Komplex von Dingen, die der Arbeiter zwischen sich und den Arbeitsgegenstand schiebt und die ihm als Leiter seiner Tätigkeit auf diesen Gegenstand dienen."[2] Es liegt auf der Hand, dass damit Werkzeuge beliebiger Komplexität angesprochen sind und damit das, was wir mit einem anderen Begriff als ‚Technik' bezeichnen.

Ich beginne meinen Beitrag mit dieser Passage, weil an ihr zwei Punkte deutlich werden. Einmal wird erkennbar, dass die ‚Technik' auf einer sehr basalen Ebene der Marxschen Theorie ins Spiel kommt: als Arbeitsmittel. Bekanntlich hat Marx der Arbeit schon in seinen frühen Schriften einen zentralen Ort eingeräumt. Einige seiner Interpreten haben die Ansicht vertreten, dass ‚Arbeit' die Grundkategorie seines Werkes sei. Wenn der Arbeitsprozess im *Kapital* erst vergleichsweise spät zur Sprache gebracht wird, so liegt das nicht an seiner konzeptionellen Nachrangigkeit, sondern ausschließlich an der besonderen Darstellungsweise, derer sich Marx in diesem Buch bedient, indem er hier von der Ware ausgeht. Da Arbeit für Marx werkzeugvermittelte Tätigkeit ist, schließt sie die Gestalt des Werkzeugs ‚Technik' von vorn herein auf ihrer elementarsten Ebene ein. Zweitens wird damit zugleich auch erkennbar, dass die Technik für Marx kein Gegenstand eines eigenständigen theoretischen Interesses ist. Interessant ist sie für ihn als ein „Moment" des Arbeitsprozesses. – Beide Punkte gehören offenbar zusammen: Die Technik ist als „Moment" des Arbeitsprozesses von vorn herein in die Marxsche Theorie eingebaut und aus eben diesem Grund kein separater Gegenstand dieser Theorie.

2. – Da Marx den Menschen als ein wesentlich aktives, tätiges, praktisches Wesen auffasst, und da die menschliche Aktivität, Tätigkeit, Praxis für ihn wesentlich materiell ist, kann man sagen, dass die Arbeit für ihn eine ‚anthropologische' Relevanz besitzt. Soweit es für Marx überhaupt ein ‚Wesen' des Menschen gibt, schließt es Arbeit in einem doppelten Sinne ein. Erstens ist der Mensch ein leibliches Wesen und als ein solches auf den ‚Stoffwechsel' mit der Natur angewiesen. Wie jede Pflanze und jedes Tier kann auch der Mensch nur leben, indem er Stoffe aus der Natur aufnimmt und in verwandelter Form wieder an sie abgibt. In diesem Sinne ist Arbeit die Produktion von Lebensmitteln in einem sehr weiten Sinne des Wortes. Zugleich ist sie zweitens auch Produktion von Werkzeugen oder von ‚Produktionsmitteln'. Darin liegt für Marx eine der Differenzen zum Tier, das zwar auch Stoffe aus der Natur aufnimmt, aber keine bzw. nur in sehr begrenztem Umfang Werkzeuge herstellt. Im *Kapital* zitiert Marx daher zustimmend die berühmte Franklinsche Definition des Menschen:

---

1 Marx, Karl, *Das Kapital. Kritik der politischen Ökonomie. Erster Band*, in: Karl Marx und Friedrich Engels, Werke, Berlin 1956ff (im Folgenden zitiert als „MEW") Bd. 23, S. 193.
2 Ibid., S. 194.

„Der Gebrauch und die Schöpfung von Arbeitsmitteln, obgleich im Keim schon gewissen Tierarten eigen, charakterisiert den spezifisch menschlichen Arbeitsprozess und Franklin definiert den Menschen als ‚a toolmaking animal‘, ein Werkzeuge fabrizierendes Tier."[3]

Obwohl er mit diesem Zitat keine umfassende Wesensbestimmung des Menschen geben wollte, deutet sich in ihm aber doch an, dass Marx der Technik eine ‚anthropologische‘ Dimension zuschrieb. Allerdings gilt auch hier: Diese Dimension kommt der Technik in ihrer Funktion als Arbeitsmittel zu, als ‚Moment‘ des praktischen Stoffwechsels des Menschen mit der Natur.

Schon in seinen *Ökonomisch-philosophischen Manuskripten* aus dem Jahre 1844 hatte Marx diese anthropologische Dimension der (werkzeugvermittelten) Arbeit stark akzentuiert. Arbeit reduziert sich für ihn nicht auf die Erzeugung von Lebensmitteln, sondern beruht auf einer praktischen Entfaltung der inneren ‚Wesenskräfte‘ des Menschen. Einerseits sichert er mit ihr seine materielle Lebensgrundlage; andererseits aber verwirklicht und materialisiert der Mensch in ihr seine inneren Potenzen. Dieser Gedanke war für Marx eine der entscheidenden Neuerungen seiner Theorie.

„Man sieht, wie die Geschichte der *Industrie* und das gewordene *gegenständliche* Dasein der Industrie das *aufgeschlagene* Buch der *menschlichen Wesenskräfte*, die sinnlich vorliegende menschliche *Psychologie* ist, die bisher nicht in ihrem Zusammenhang mit dem *Wesen* des Menschen, sondern immer nur in einer äußern Nützlichkeitsbeziehung gefasst wurde, weil man – innerhalb der Entfremdung sich bewegend – nur das allgemeine Dasein des Menschen, die Religion oder die Geschichte in ihrem abstrakt-allgemeinen Wesen als Politik, Kunst, Literatur etc., als Wirklichkeit der menschlichen Wesenskräfte und als *menschliche Gattungsakte* zu fassen wusste."[4]

Es sind also nicht nur ideelle Produkte, in denen der Mensch seine Fähigkeiten nach außen projiziert, sondern auch und gerade materielle Produkte, in denen dies geschieht. Die technischen Artefakte müssen als ‚Entäußerungen‘ innerer Potenzen des Menschen aufgefasst werden; als ein von innen nach außen verlagertes und dadurch vom biologischen Organismus abgetrenntes Stück der ‚menschlichen Natur‘. Technik *ist* (entäußerte) menschliche Natur.

3. – Dasselbe kann man natürlich auch von Artefakten sagen, die von Tieren produziert werden: Ein Vogelnest oder ein Termitenbau *sind* entäußerte Natur des Vogels bzw. der Termiten. Marx war sich der naturgeschichtlichen Wurzeln der menschlichen Technik durchaus bewusst, deutet sie zumindest gelegentlich[5] an; grundsätzlich lag es ihm fern, die Kontinuitäten zwischen Natur und Kultur zu leugnen. Eine befriedigende Deutung der Differenz zwischen der ‚Arbeit‘ von Tie-

---

3 *Das Kapital I*, S. 194.
4 Marx, Karl, *Ökonomisch-philosophische Manuskripte,* hrsg. u. komm. von Michael Quante, Frankfurt am Main 2009, S. 124.
5 *Das Kapital I*, S. 392 FN.

ren und der menschlichen Arbeit gibt Marx nicht. Heute würde man darauf verweisen, dass die Produktion von Artefakten bei Tieren zu ihrem genetisch verankerten Verhaltensrepertoire gehört. Zwar verfügen auch Tiere, vor allem natürlich Primaten, über Spielräume für umweltinduziertes Lernen und daraus resultierende Einwirkungen auf die Umwelt, doch bleiben diese Spielräume offenbar sehr eng. Vor allem sind das Lernen und die Umwelteinwirkung bei ihnen nicht kumulativ. – Das ist beim Menschen anders. Die Entäußerung seiner Wesenskräfte bleibt nicht statisch, sondern ist kumulativ und damit progressiv. Während eine bestimmte Vogelart über tausende Generationen hinweg immer dieselben Nester baut, können Menschen ihre Artefakte von Generation zu Generation verbessern (allerdings geschieht dies nicht in allen Gesellschaften).

Die Pointe besteht darin: Wenn der Mensch seine Wesenskräfte nicht nur entäußert, sondern auch *entwickelt*, so entwickelt er damit zugleich auch sein ‚Wesen‘, das ja nichts anderes ist als der Inbegriff seiner ‚Wesenskräfte‘. Das ‚menschliche Wesen‘ (oder die ‚menschliche Natur‘) ist also kein fixer Satz Eigenschaften; es ist auch nicht einfach veränderlich; es ist vielmehr etwas, das der Mensch selbst ständig fortentwickelt. In Anlehnung an eine berühmte Hegelsche Formulierung könnte man also sagen: Marx fasst das Wesen des Menschen nicht als Substanz, sondern *ebenso sehr* als Subjekt auf. Der Mensch erzeugt sein Wesen (oder seine Natur) zwar nicht selbst, aber er verändert es und entwickelt es weiter. Freilich nicht primär durch Denken, wie Hegel gemeint hatte, sondern durch Arbeit. Indem der Mensch „durch diese Bewegung auf die Natur außer ihm wirkt und sie verändert, verändert er zugleich seine eigene Natur. Er entwickelt die in ihr schlummernden Potenzen und unterwirft das Spiel ihrer Kräfte seiner eigenen Botmäßigkeit."[6] Ein wenig ausführlicher und mit einem anderen thematischen Akzent, in der Sache aber ähnlich wird später Friedrich Engels einen kleinen Text mit dem sprechenden Titel „Antheil der Arbeit an der Menschwerdung des Affen" schreiben, in dem er zu zeigen versucht, dass die Evolution des Menschen nicht als ein reiner Naturprozess verstanden werden sollte, sondern als ein Prozess, an dem der Mensch vermittels seiner werkzeugvermittelten Arbeit beteiligt war. Die Arbeit, schreibt Engels, „hat den Menschen selbst geschaffen"[7].

Da Marx und Engels die Arbeit als essentiell werkzeugvermittelte Tätigkeit auffassen, ist die Technik an der Selbsterzeugung oder Selbstveränderung des Menschen stets beteiligt. Sie ist eine notwendige Komponente dieses Selbstveränderungsprozesses. Ohne Technik gäbe es keine Menschen. Eine notwendige Bedingung ist aber keine hinreichende. Der Titel des kleinen Engels-Textes lässt, genau gelesen, keinen Zweifel daran, dass in ihm für drei Thesen argumentiert wird: (1) Der Mensch ist kein bloßes Naturprodukt, sondern ein Erzeugnis seiner selbst. (2) Erzeugt hat sich der Mensch durch Arbeit; also nicht durch Technik, sondern durch ihre Herstellung und ihren Gebrauch. (3) Erzeugt hat er sich nicht aus

---

6 *Das Kapital I*, S. 192.

7 Engels, Friedrich, *Dialektik der Natur (1873-1882)*, in: Karl Marx und Friedrich Engels, Gesamtausgabe (MEGA) Berlin 1985, S. 88.

nichts und nicht ‚freihändig'; Arbeit setzt Natur voraus und hat nur einen ‚Anteil' an der Menschwerdung des Affen.

II. Technik als Produktivkraft

4. – Bisher war von der Technik als einer zwischen Mensch und Natur vermittelnden Instanz die Rede: Das Werkzeug überträgt die menschlichen Intentionen auf die Natur und überträgt auch deren Rückwirkungen auf den arbeitenden Menschen. Die Arbeit erscheint als eine dreistellige Relation zwischen ‚Subjekt', ‚Werkzeug' und ‚Natur'. Diese Darstellung abstrahiert von der Tatsache, dass es in der Regel nicht isolierte Subjekte sind, die arbeiten. Arbeit ist ein kooperatives Unternehmen, an dem mehrere Individuen direkt oder indirekt beteiligt sind, so dass wir die dreistellige Relation um eine zusätzliche ‚Stelle' erweitern müssen. Die Arbeit erscheint damit als ein Prozess (a) zwischen Mensch und Natur und (b) zwischen verschiedenen Menschen. In beiden Dimensionen spielt die Technik eine vermittelnde Rolle. Für die erste haben wir dies eben skizziert; betrachten wir nun die Rolle der Arbeitsmittel für Dimension (b), für die soziale Dimension also. Die Art und Weise der Kooperation mehrerer Individuen hängt offensichtlich von dem jeweiligen Arbeitsmittel ab: Wenn Heizenergie durch ein Lagerfeuer produziert wird, arbeiten die Individuen offenbar auf andere Weise zusammen, als wenn sie durch ein Kohlekraftwerk produziert wird.

Neben der synchronen Vermittlung von Kooperation zwischen Individuen, vermittelt die Technik auch diachron zwischen ihnen. Von den Arbeitsprodukten, die der unmittelbaren Konsumtion dienen (Lebensmittel), unterscheiden sich die technischen Artefakte dadurch, dass sie zu dauerhaftem Gebrauch bestimmt sind. Jede Generation von Menschen findet bei ihrer Geburt die entäußerten Wesenskräfte der vorangegangenen Generation vor und eignet sie sich an. Auf diese Weise entsteht jener materielle Zusammenhang zwischen den Generationen, den Marx als ‚Geschichte' bezeichnet.

> „Die Geschichte ist nichts als die Aufeinanderfolge der einzelnen Generationen, von denen Jede die ihr von allen vorhergegangenen übermachten Materiale, Kapitalien, Produktionskräfte exploitirt, daher also einerseits unter ganz veränderten Umständen die überkommene Thätigkeit fortsetzt & andrerseits mit einer ganz veränderten Thätigkeit die alten Umstände modifizirt … "[8]

Die von den Menschen ausgeschwitzten technischen Artefakte sind für die Marxsche Theorie also nicht nur ‚anthropologisch' relevant, sondern auch grundlegend

---

8 Marx, Karl, Engels, Friedrich und Weydemeyer, Joseph, „Die Deutsche Ideologie. Artikel, Druckvorlagen, Entwürfe, Reinschriftfragmente und Notizen zu I. Feuerbach und II. Sankt Bruno", bearb. von Inge Taubert und Hans Pelger - Unter Mitwirkung von Margret Dietzen, Gerald Hubmann und Claudia Reichel, in: *Marx-Engels-Jahrbuch 2003*, Berlin: Akademie Verlag 2004. S. 23f.

für seine Geschichtstheorie. Sie sind Entäußerungen der menschlichen Wesens-kräfte und bilden zugleich das Rückgrat der Geschichte.

Marx spricht, wenn es um diese gesellschaftskonstitutive Funktion von Technik geht, von „Produktivkräften", ohne diesen Begriff allerdings mit wünschenswerter Deutlichkeit zu explizieren. Er spielt, wie angedeutet, eine zweifache Rolle in seiner Theorie. Erstens sind die Produktivkräfte ein konstitutiver Faktor für die Gestaltung der Beziehungen zwischen den Menschen; von den „Produktivkräften" hängen die „Produktionsverhältnisse" ab. Die ersteren bilden den ‚Inhalt', von dem die ‚Form' der Gesellschaft abhängt. Das bedeutet für Marx zweitens, dass *Veränderungen* der Produktivkräfte zu Veränderungen der Produktionsweise führen müssen. Die Produktivkräfte erklären also nicht nur, warum die Produktionsverhältnisse sich so und nicht anders gestalten; sie erklären auch, warum sie sich ändern. Und da wir bereits gesehen haben, dass Marx von der Voraussetzung ausgeht, dass die Produktivkräfte sich kumulativ fortentwickeln, ist für ihn die Geschichte ein dynamischer, nie endender Umwälzungsprozess.

Betrachtet man diese Doppelrolle der Produktivkräfte, so kann leicht der Eindruck entstehen, dass mit ihr ein direktes Determinationsverhältnis zwischen Technik und Gesellschaft behauptet werde. Mehr noch: ein direktes Verhältnis, in dem der Gesellschaft die Rolle einer abhängigen Variablen zukommt. Tatsächlich hat man gelegentlich einen technologischen Determinismus bei Marx diagnostizieren zu müssen geglaubt. In einigen Fällen ist diese Determinismus-Diagnose kritisch verstanden worden; in anderen Fällen ist sie Marx aber auch als Verdienst angerechnet worden. Ein sowjetischer Autor schreibt etwa:

> „So erweist sich die Technik in allen antagonistischen Formationen als der revolutio-näre Faktor, der die verschiedenen Seiten des gesellschaftlichen Lebens beeinflusst, die Gegensätze zwischen den Produktionsverhältnissen und den Produktivkräften verschärft und so den Klassenkampf und die sozialen Umwälzungen hervorruft."[9] War Marx also technologischer Determinist?

4. – Gestützt wird diese Diagnose durch bestimmte seiner Formulierungen, von denen ich zwei prominente näher betrachten möchte. In der 1846/47 verfassten Auseinandersetzung mit Proudhon schreibt Marx: „Die Handmühle ergibt eine Gesellschaft mit Feudalherren, die Dampfmühle eine Gesellschaft mit industriel-len Kapitalisten."[10] Und ein gutes Jahrzehnt später heißt es in dem berühmten Vorwort zur *Kritik der Politischen Ökonomie*:

> „Auf einer gewissen Stufe ihrer Entwicklung geraten die materiellen Produktivkräfte der Gesellschaft in Widerspruch mit den vorhandenen Produktionsverhältnissen oder, was nur ein juristischer Ausdruck dafür ist, mit den Eigentumsverhältnissen, innerhalb deren sie sich bisher bewegt hatten. Aus Entwicklungsformen der Produk-

---

9 Kuzin, Aleksandr A., *Karl Marx und Probleme der Technik*, Leipzig 1970, S. 23.
10 Marx, Karl, *Das Elend der Philosophie*, in MEW Bd. 4, S. 130.

tivkräfte schlagen diese Verhältnisse in Fesseln derselben um. Es tritt dann eine Epoche sozialer Revolution ein."[11]

Bei dem ersten Zitat haben wir es mit einem der nicht wenigen Beispiele für überpointierte Formulierungen zu tun, die aus ihrem polemischen Kontext heraus zu verstehen, aber nicht als präzise theoretische Aussagen zu lesen sind. Dies wird schon deutlich, wenn wir den anschließenden Satz hinzunehmen, der eine deutliche Akzentverschiebung vornimmt:

> „Die Handmühle ergibt eine Gesellschaft mit Feudalherren, die Dampfmühle eine Gesellschaft mit industriellen Kapitalisten. Aber dieselben Menschen, welche die sozialen Verhältnisse gemäß ihrer materiellen Produktivität gestalten…"

Der entscheidende Punkt, der durch den letzten Satz klargestellt wird, besteht darin, dass sich die genannten Gesellschaftsformationen *nicht direkt* aus den jeweiligen technischen Artefakten ergeben, sondern aus dem Handeln der Menschen. Wenn ihre „materielle Produktivität" eine bestimmte Entwicklungsstufe erreicht hat, sehen sich die Menschen dazu veranlasst, ihre wechselseitigen sozialen Verhältnisse auf eine bestimmte Art und Weise zu gestalten. *Die Menschen* sind also das Subjekt des Gestaltungsprozesses, den sie freilich nicht aus heiterem Himmel in Gang setzen, sondern in Reaktion auf die jeweils gegebenen – wie es später heißt – „Produktivkräfte".

Das zweite Zitat erwähnt die handelnden Menschen nicht und scheint damit den Produktivkräften eine direkte kausale Wirkung im Hinblick auf die Produktionsverhältnisse zuzuschreiben. Reduziert man nun erstens den Begriff ‚Produktivkräfte' auf den Begriff ‚Arbeits-' oder ‚Produktionsmittel' und zweitens ‚Arbeits-' oder ‚Produktionsmittel' auf ‚Technik', so bleibt keine Alternative zur Diagnose eines technologischen Determinismus. Ein solcher Kurzschluss von ‚Produktivkräfte' auf ‚Technik' entspricht aber nicht dem von Marx Gemeinten. Der Begriff ‚Produktivkaft' ist wesentlich umfangreicher und umfasst neben seinen ‚technischen' Elementen (den Arbeits- bzw. Produktionsmitteln) eine Reihe weiterer Faktoren, darunter den ‚Arbeitsgegenstand' (Rohstoffe, Halbfertigprodukte), die Arbeitsteilung und die Kooperation zwischen den Arbeitern, die Wissenschaft und vor allem die Arbeitskraft selbst. Wenn Marx also von einem bestimmten Entwicklungsstand der Produktivkräfte spricht, so hat er weit mehr im Sinn als ein bestimmtes Entwicklungsstadium der Technik; es handelt sich vielmehr um ein Ensemble von Faktoren, über die der Mensch in seiner Arbeit gebietet und die er zu Zwecken der Produktion einsetzen kann. Der Begriff ‚Produktivkraft' ist eher als eine Kurzformel für einen präziseren Ausdruck zu lesen, den Marx tatsächlich auch an etlichen Stellen benutzt: „Produktivkraft der Arbeit".[12] Was dieser Ausdruck deutlich werden lässt, ist Folgendes: Gemeint ist erstens mehr als Technik; und

---

11 Marx, Karl, *Zur Kritik der politischen Ökonomie*, in: MEW Bd. 13, S. 9.
12 So zum Beispiel *Das Kapital I*, S. 54, 391, 631.

zweitens Technik nicht im Sinne von Artefakten, sondern im Sinne von ‚Kräften‘, über die Menschen verfügen.

Marx selbst lässt an diesem dispositionellen Charakter des Begriffs ‚Produktivkraft‘ keine Zweifel. Ein technisches Artefakt *ist* für ihn nicht einfach ein Arbeitsmittel und/oder eine Produktivkraft, sondern *wird* dazu, indem es in den tatsächlichen Produktionsprozess eingegliedert wird:

> „Eine Maschine, die nicht im Arbeitsprozeß dient, ist nutzlos… Die lebendige Arbeit muss diese Dinge ergreifen, sie von den Toten erwecken, sie aus nur möglichen in wirkliche und wirkende Gebrauchswerte verwandeln. Vom Feuer der Arbeit beleckt, als Leiber derselben angeeignet, zu ihren begriffs- und berufsmäßigen Funktionen im Arbeitsprozeß begeistert, werden sie… als Bildungselemente neuer Gebrauchswerte, neuer Produkte, die fähig sind, als Lebensmittel in die individuelle Konsumtion oder als Produktionsmittel in neuen Arbeitsprozeß einzugehen."[13]

Wenn also die Technik für Marx nur in ihrer Funktion als Arbeits- und Produktivkraft von theoretischem Interesse ist, so impliziert das: Sie kommt von vorn herein als etwas in den Blick, dessen dispositionale produktive Eigenschaften tatsächlich realisiert sind, das also „vom Feuer der Arbeit beleckt" ist.

Die oben zitierte Stelle nimmt sich im Lichte dieser Überlegungen anders aus, als sie auf den ersten Blick erscheinen mag. Es ist nicht die Handmühle, die eine Feudalgesellschaft, und nicht die Dampfmühle, die den Kapitalismus „ergibt"; es sind vielmehr die mit diesen technischen Artefakten arbeitenden Menschen, die (unter Einschluss weiterer Faktoren) die jeweilige Gesellschaftsformation produzieren. Es gehört zu den basalen Irrtümern der von Marx kritisierten bürgerlichen Ökonomie, die materielle Produktion auf die Produktion von materiellen Gütern zu reduzieren. Für ihn ist die materielle Produktion demgegenüber in erster Linie die Produktion *der Gesellschaft* selbst:

> „Betrachten wir die bürgerliche Gesellschaft im großen und ganzen, so erscheint immer als letztes Resultat des gesellschaftlichen Produktionsprozesses die Gesellschaft selbst, d. h. der Mensch selbst in seinen gesellschaftlichen Beziehungen… Die Bedingungen und Vergegenständlichungen des Prozesses [unter ihnen auch die Technik - KB] sind selbst gleichmäßig Momente desselben, und als die Subjekte desselben erscheinen nur die Individuen, aber die Individuen in Beziehungen aufeinander, die sie ebenso reproduzieren, wie neuproduzieren."[14]

III. Technik als Kapital

5. – Die Analyse der drei „einfachen Momente" des Arbeitsprozesses, die Marx im fünften Kapitel des *Kapital* skizziert, bilden nur den Ausgangspunkt seiner Überle-

---

13 *Das Kapital I*, S. 198; cf. auch *Das Kapital II* (MEW Bd. 24), S. 42.
14 Marx, Karl, *Grundrisse der Kritik der politischen Ökonomie*, Frankfurt am Main: Europäische Verlagsanstalt o.J.: 600.

gungen. Mit ihnen wird der Arbeitsprozess, wie er später sagt, „zunächst abstrakt betrachtet, unabhängig von seinen geschichtlichen Formen"[15]. Letztlich zielt sein gesamtes theoretisches Unternehmen aber auf genau *die* „geschichtlichen Formen" der Arbeit, des Arbeitsgegenstandes und der Arbeitsmittel, von denen seine Darstellung „zunächst" abstrahiert hatte. Genauer gesagt: Sein Unternehmen zielt auf die Identifikation der „geschichtlichen Formen", die sie unter den Bedingungen des Kapitalismus annehmen. Dies gilt natürlich auch für das Arbeitsmittel, die Technik also. Das zentrale Erkenntnisinteresse besteht für Marx also darin, die Transformation des Arbeitsmittels in Kapital zu analysieren, bzw. in denjenigen Kapitalbestandteil, den er „konstantes Kapital" nennt. Marx versteht sich generell, insbesondere aber im *Kapital*, weniger als ‚Anthropologe' (Technik als Arbeitsmittel) oder als ‚Geschichtsphilosoph' (Technik als Produktivkraft), sondern als Theoretiker und Kritiker des Kapitalismus (Technik als Kapital).

Marx analysiert diese Verwandlung in den philosophischen Termini von ‚Form' und ‚Inhalt'. In seiner konkreten Gestalt als materielles Werkzeug wird das Arbeitsmittel auf die Seite des Inhalts oder Stoffs geschlagen; zu einem bestimmten historischen Zeitpunkt ändert sich jedoch seine „Formbestimmung", wie es in den *Grundrissen* heißt.[16] Obwohl dieser hegelianisierende Begriff der ‚Formbestimmung' in den späteren Schriften, vor allem im *Kapital*, weniger prominent ist, hält Marx die grundlegende Form-Inhalt-Dichotomie bei. Die verschiedenen Gesellschaftsformationen unterscheiden sich nicht dadurch voneinander, *was* produziert wird, sondern *wie* produziert wird. Die Form-Inhalt-Dichotomie ist für ihn aus zwei Gründen von Bedeutung. Auf einer *allgemeinen* Ebene dient sie dazu, die überhistorischen Elemente der Arbeit als ewige Naturnotwendigkeit des Stoffwechsels zwischen Mensch und Natur von ihren historisch veränderlichen, gesellschaftlich konstituierten Erscheinungsweisen zu unterscheiden. Der Inhalt ist das, was bleibt; die Form ist das, was historischen Veränderungen unterworfen ist. Auf einer zweiten, *spezielleren* Ebene dient sie dazu, die Veränderungen zu identifizieren, die der Produktionsprozess im Übergang vom Feudalismus zum Kapitalismus durchläuft, und insbesondere dazu, plausibel zu machen, dass die gegenwärtige ‚Form' der Produktion durch eine weitere Umwälzung auch wieder abgestreift werden kann. Im Hinblick auf die Technik soll also gezeigt werden, dass ihre gegenwärtige ‚Form' als Kapital überwunden werden kann. ‚Form' ist hier also nicht im Sinne einer bloß äußeren Erscheinung zu verstehen; die Kapital-‚Form' der Technik ist der eigentliche Gegenstand seiner Kritik.

Worin besteht diese Kapital-‚Form'? Eine technische Errungenschaft wird dann zu Kapital, wenn sie einer Person X von einer anderen Person Y zur Verfügung gestellt wird, damit X mit Hilfe des Artefakts für Y Arbeit (und vor allem Mehrarbeit) verrichtet. Die betreffende Errungenschaft übernimmt also eine bestimmte Funktion: Sie konstituiert ein gesellschaftliches Verhältnis zwischen X und Y (genauer: ein Produktionsverhältnis). Kapital ist für Marx also „nicht eine Sache…,

---

15 *Das Kapital I*, S. 531.
16 *Grundrisse*, S. 582ff.

sondern ein durch Sachen vermitteltes gesellschaftliches Verhältnis zwischen Personen"[17]. Wenn Marx daher Technik *als Kapital* analysiert, geht es ihm nicht um die ‚Technizität' der Technik, um die in ihr materialisierte Zweck-Mittel-Relation, sondern um ihre soziale Dimension als ein ‚Medium', das unterschiedliche Menschen auf eine bestimmte Weise miteinander in Beziehung bringt.

6. – Für das Thema dieses Beitrages ist diese Kapital-‚Form' auch insofern bedeutsam, als mit ihr der Zusammenhang von *Lebenswelt* und Technik angesprochen ist. Marx widmet diesem Thema einige Aufmerksamkeit, wobei es uns nicht überraschen sollte, dass ‚Lebenswelt' für ihn zunächst und in erster Linie (wenn auch nicht ausschließlich) Arbeitswelt ist. Ich beginne mit einem längeren Zitat aus den *Grundrissen*:

> „Solange das Arbeitsmittel im eigentlichen Sinne des Wortes Arbeitsmittel bleibt, so wie es unmittelbar, historisch vom Kapital in seinen Verwertungsprozeß hineingenommen ist, erleidet es nur eine formelle Veränderung dadurch, daß es jetzt nicht nur seiner stofflichen Seite nach als Mittel der Arbeit erscheint, sondern zugleich als eine durch den Gesamtprozeß des Kapitals bestimmte besondre Daseinsweise desselben, - als *capital fixe*. In den Produktionsprozeß des Kapitals aufgenommen, durchläuft das Arbeitsmittel aber verschiedne Metamorphosen, deren letzte die *Maschine* ist oder vielmehr ein *automatisches System der Maschinerie...*, in Bewegung gesetzt durch einen Automaten...; dieser Automat bestehend aus zahlreichen mechanischen und intellektuellen Organen, so daß die Arbeiter selbst nur als bewußte Glieder desselben bestimmt sind... Die Maschine erscheint in keiner Beziehung als Arbeitsmittel des einzelnen Arbeiters. Ihre differentia specifica ist keineswegs, wie beim Arbeitsmittel, die Tätigkeit des Arbeiters auf das Objekt zu vermitteln; sondern diese Tätigkeit ist vielmehr so gesetzt, daß sie nur noch die Arbeit der Maschine, ihre Aktion auf das Rohmaterial vermittelt – überwacht und sie vor Störungen bewahrt. Nicht wie beim Instrument, das der Arbeiter als Organ mit seinem eignen Geschick und Tätigkeit beseelt, und dessen Handhabung daher von seiner Virtuosität abhängt. Sondern die Maschine, die für den Arbeiter Geschick und Kraft besitzt, ist selbst der Virtuose, der seine eigne Seele besitzt in den in ihr wirkenden mechanischen Gesetzen und zu ihrer beständigen Selbstbewegung, wie der Arbeiter Nahrungsmittel, so Kohlen, Öl etc. konsumiert... Der Produktionsprozeß hat aufgehört Arbeitsprozeß in dem Sinn zu sein, daß die Arbeit als die ihn beherrschende Einheit über ihn übergriffe... In der Maschinerie tritt die vergegenständlichte Arbeit der lebendigen Arbeit im Arbeitsprozeß selbst als die sie beherrschende Macht gegenüber, die das Kapital als Aneignung der lebendigen Arbeit seiner Form nach ist."[18]

Ich habe dieses lange Zitat angeführt, weil es unschwer als eine Wiederaufnahme des in den *Pariser Manuskripten* formulierten Entfremdungskonzepts zu erkennen ist. Es ist also nicht zutreffend, dass Marx dieses Konzept in seinen Frühschriften entwickelt, dann aber – sei es, weil er seine humanistischen Anfänge verraten, oder sei es, weil seine Theorie ein Stadium wissenschaftlicher Reife erreicht habe – auf-

---

17 *Das Kapital I*, S. 793.
18 *Grundrisse*, S. 583-85.

gegeben habe. Immerhin anderthalb Jahrzehnte nach den *Pariser Manuskripten* nimmt dieses Konzept in den *Grundrissen* einen beträchtlichen Stellenwert ein und wird dann weitere anderthalb Jahrzehnte später im *Kapital* abermals aufgegriffen (im Übrigen durchaus auch unter Verwendung des Terminus, wenn auch nicht in substantivischer, sondern adjektivischer Form). Was sich allerdings geändert hat, ist die Fundierung des Entfremdungskonzepts in einer elaborierten ökonomischen Theorie und seine Einbettung in ein auch empirisch reichhaltigeres Bild der Technikanwendung unter den Bedingungen des zeitgenössischen Kapitalismus.

Im ersten Band des *Kapital* begnügt Marx sich nicht damit, die „technische Unterordnung des Arbeiters unter den gleichförmigen Gang des Arbeitsmittels"[19] allgemein zu beschreiben, sondern verfolgt ihre Konsequenzen bis in verschiedene ‚soziologische' Filiationen hinein. Zu den unmittelbaren Wirkungen der Verwandlung von Produktionsmitteln in Kapital gehören drei Tendenzen, die Marx sehr ausführlich auf der Basis zeitgenössischer Quellen darstellt: (1) Der Einsatz von Frauen und Kindern in der Produktion, der dadurch möglich wird, dass die avanciertere Technik die Notwendigkeit der Anwendung großer Körperkraft auf Seiten des Arbeiters verringert. (2) Die Verlängerung der täglichen Arbeitszeit zur besseren Auslastung der immer kostspieliger werdenden Maschinen. Und (3) die Tendenz zur Intensivierung der Arbeit, die in dem Moment einsetzt, in dem soziale Bewegungen gegen die Verlängerung der Arbeitszeit entstehen und der Normalarbeitstag gesetzlich eingeschränkt wird.

Die Auswirkungen der kapitalistischen Technikanwendung reduzieren sich aber nicht auf die Arbeitswelt, sondern greifen auch auf andere Bereiche der Lebenswelt über. Marx weist etwa darauf hin, dass die Ausbreitung der Fabrikarbeit nicht ohne Folgen für die Struktur der Familie und der Geschlechterbeziehungen bleiben kann. Die ökonomischen Grundlagen der alteuropäischen Familie verschwinden und damit diese selbst. Darauf hatten Marx und Engels bereits im *Manifest der Kommunistischen Partei* hingewiesen:

> „Die Bourgeoisie kann nicht existieren, ohne die Produktionsinstrumente, also die Produktionsverhältnisse, also sämtliche gesellschaftlichen Verhältnisse fortwährend zu revolutionieren. Unveränderte Beibehaltung der alten Produktionsweise war dagegen die erste Existenzbedingung aller früheren industriellen Klassen. Die fortwährende Umwälzung der Produktion, die ununterbrochene Erschütterung aller gesellschaftlichen Zustände, die ewige Unsicherheit und Bewegung zeichnet die Bourgeoisieepoche vor allen anderen aus. Alle festen eingerosteten Verhältnisse mit ihrem Gefolge von altehrwürdigen Vorstellungen und Anschauungen werden aufgelöst, alle neugebildeten veralten, ehe sie verknöchern können. Alles Ständische und Stehende verdampft, alles Heilige wird entweiht, und die Menschen sind endlich gezwungen, ihre Lebensstellung, ihre gegenseitigen Beziehungen mit nüchternen Augen anzusehen."[20]

---

19 *Das Kapital I*, S. 446.
20 Marx, Karl und Engels, Friedrich, *Manifest der Kommunistischen Partei*, in: MEW Bd. 4, S. 465.

Diese Passage skizziert nicht nur einen zentralen Aspekt des revolutionären Wandels der Lebenswelt unter dem Einfluss des Kapitals, sondern lässt auch erkennen, wen oder was Marx für die progressive, gesellschaftsverändernde Kraft der jüngeren Geschichte hält: nicht die Technik, sondern die Bourgeoisie; identifizierbare menschliche Subjekte also.

7. – Damit öffnet die Marxsche Theorie den Weg zur Zuschreibung von moralischer Verantwortung für die Folgen des Einsatzes der Technik. Die Technik erscheint in ihr nicht als selbständige Kraft. Ausdrücklich verwahrt sich Marx gegen die These, dass es die „Maschinerie" selbst sei, die Arbeitslosigkeit produziere: „Es ist eine unbezweifelbare Tatsache, dass die Maschinerie an sich nicht verantwortlich ist für die ‚Freisetzung' der Arbeiter von Lebensmitteln."[21] Zwischen der Technik und ihrer Verwendung durch konkrete Akteure unter konkreten Bedingungen ist also sorgfältig zu unterscheiden.

Doch Marx beschreitet diesen Weg zur moralischen Verantwortungszuschreibung nicht. Sein Interesse gilt nicht den konkreten *Akteuren*, sondern den konkreten *Bedingungen* der Technikverwendung. Das heißt natürlich: den durch die kapitalistische Gesellschaft gesetzten Bedingungen der Technikverwendung. Zwar sind diese Bedingungen nicht naturwüchsig, sondern das Produkt menschlichen Handelns; einmal ins Leben gebracht, bilden sie dann aber den Rahmen, innerhalb dessen das weitere Handeln der Individuen sich vollzieht. Die ökonomische Theorie von Marx ist auf genau dieses Handeln fokussiert: auf das den ökonomischen Gesetzen des Kapitalismus folgende Handeln der Individuen. Marx war dieser Punkt so wichtig, dass er ihn an einer berühmten Stelle im Vorwort zur ersten Auflage des *Kapitals* hervorhob:

„Die Gestalten von Kapitalist und Grundeigentümer zeichne ich keineswegs in rosigem Licht. Aber es handelt sich hier um die Personen nur, soweit sie die Personifikation ökonomischer Kategorien sind, Träger von bestimmten Klassenverhältnissen und Interessen. Weniger als jeder andere kann mein Standpunkt, der die Entwicklung der ökonomischen Gesellschaftsformation als einen naturgeschichtlichen Prozeß auffaßt, den einzelnen verantwortlich machen für Verhältnisse, deren Geschöpf er sozial bleibt, sosehr er sich auch subjektiv über sie erheben mag."[22]

---

21 *Das Kapital I*, S. 464. – An anderer Stelle besteht er darauf, dass unterschieden werden müsse „zwischen der größren Produktivkraft, die der Entwicklung des gesellschaftlichen Produktionsprozesses, und der größren Produktivkraft, die seiner kapitalistischen Ausbeutung geschuldet ist", Ibid., S. 445. – Bereits in dem bekannten Brief an Annenkow aus dem Jahre 1848 hatte Marx strikt zwischen der Maschine und ihrer Anwendung unterschieden. „Die gegenwärtige Verwendung der Maschinen gehört zu den Verhältnissen unseres gegenwärtigen Wirtschaftssystems, doch die Art, wie die Maschinen ausgenutzt werden, ist etwas völlig anderes als die Maschinen selbst.", in: Karl Marx und Friedrich Engels, *Ausgewählte Briefe*, Berlin 1953, S. 46.
22 Ibid., S. 16.

Wenn er zwischen der „Maschinerie" und ihrer „kapitalistischen Anwendung" strikt unterscheidet, geht es ihm also nicht um eine Zuschreibung moralischer Verantwortung an irgendwelche Individuen, sondern um die theoretische Destruktion des Scheins einer Identität von Technik und Kapital. Er will zeigen, dass die Kritik an der kapitalistischen Verwendung der Technik keine Technikkritik ist; und dass die Überwindung des Kapitalismus kein Rückfall auf eine vortechnische Stufe der Zivilisation sein wird. Im Gegenteil: Obwohl die Bourgeoisie die alteuropäische Gesellschaft vollständig umgewälzt hat und folglich die revolutionärste aller bisherigen Klassen ist und obwohl unter ihrer Ägide auch die Technik in einem vorher unvorstellbarem Maße weiterentwickelt wurde, stößt ihre Anwendung unter den Bedingungen des Kapitalismus schon zeitgenössisch auf Grenzen. Für Marx ist die Überwindung des Kapitalismus daher zugleich auch eine Befreiung der Technik: „In einer kommunistischen Gesellschaft hätte daher die Maschinerie einen ganz andren Spielraum als in der bürgerlichen Gesellschaft."[23]

IV. Zusammenfassung

1. Obwohl die Marxsche Theorie dem Thema ‚Technik' einige Aufmerksamkeit widmet, formuliert sie keine separate Theorie oder Philosophie der Technik. Das zeigt sich terminologisch schon daran, dass in ihr von ‚Technik' bzw. ‚Technologie' vergleichsweise selten die Rede ist; stattdessen in der Regel von ‚Arbeitsmittel', ‚Werkzeug', ‚Maschine' bzw. ‚Maschinerie', sowie von ‚Produktivkräften' und von ‚Kapital'.

2. Im Marxschen Theoriegebäude können drei Etagen unterschieden werden, auf denen ‚Technik' auf jeweils verschiedene Weise und in verschiedenen Funktionen analysiert wird. Zunächst eine anthropologische Ebene, die den Menschen als arbeitendes Wesen in den Blick nimmt, das sich bei seiner Auseinandersetzung mit der Natur jeweiliger Arbeitsmittel oder Werkzeuge bedient. Zweitens eine geschichts- und gesellschaftstheoretische Ebene, auf der es um das technikvermittelte soziale Handeln des Menschen geht; die Technik erscheint hier als ‚Produktivkraft'. Drittens schließlich auf der Ebene der Analyse des zeitgenössischen Kapitalismus; hier wird Technik als ‚Medium' einer spezifischen Form des sozialen Zusammenhangs unterschiedlicher Individuen zum Thema: als Kapital.

3. Auf allen diesen Ebenen wird Technik nicht für sich, sondern als Moment von Handlungszusammenhängen betrachtet. Obwohl die Technik nicht nur Mittel des Handelns, sondern eine das Handeln auch determinierende Kraft ist, gibt es bei Marx keinen ‚technologischen Determinismus'.

---

23 *Das Kapital I*, S. 414 FN.

4. Marx zeichnet ein prinzipiell technikfreundliches Bild. Technik ist für ihn nicht eo ipso Quelle der Entfremdung; das ist sie nur in ihrer kapitalistischen ‚Form'. Einmal aus dieser Form gelöst, traut Marx ihr eine freie und umfassende Anwendung im Dienste der Humanität zu. Wie dieser Funktionswandel erfolgen wird, bleibt allerdings im Dunklen.

Literatur

Engels, Friedrich, *Dialektik der Natur (1873-1882)*, in: Karl Marx u. Friedrich Engels, Gesamtausgabe (MEGA), Berlin 1985.

Kuzin, Aleksandr A., *Karl Marx und Probleme der Technik*, Leipzig 1970.

Marx, Karl, Engels, Friedrich u. Weydemeyer, Joseph, „Die Deutsche Ideologie. Artikel, Druckvorlagen, Entwürfe, Reinschriftfragmente und Notizen zu I. Feuerbach und II. Sankt Bruno", bearb. v. Inge Taubert u. Hans Pelger – Unter Mitwirkung v. Margret Dietzen, Gerald Hubmann u. Claudia Reichel, in: *Marx-Engels-Jahrbuch 2003*, Berlin: Akademie Verlag 2004.

Marx, Karl u. Engels, Friedrich, *Ausgewählte Briefe*, Berlin 1953.

- *Manifest der Kommunistischen Partei*, in: Karl Marx u. Friedrich Engels, Werke, Berlin 1956ff, Bd. 4.

Marx, Karl, *Das Elend der Philosophie*, in: Karl Marx u., Friedrich Engels, Werke, Berlin 1956ff, Bd.4.

- *Das Kapital. Kritik der politischen Ökonomie. Erster Band*, in: Karl Marx u. Friedrich Engels, Werke, Berlin 1956ff Bd. 23.

- *Das Kapital. Kritik der politischen Ökonomie. Zweiter Band*, in: Karl Marx u. Friedrich Engels, Werke, Berlin 1956ff Bd. 24.

- *Grundrisse der Kritik der politischen Ökonomie. (Rohentwurf) 1857-1858; Anhang 1850-1859*, Frankfurt: Europ. Verl.-Anstalt 1972.

- *Ökonomisch-philosophische Manuskripte*, hrsg. u. komm. v. Michael Quante, Frankfurt am Main 2009.

- *Zur Kritik der politischen Ökonomie*, in: Karl Marx u. Friedrich Engels, Werke, Berlin 1956ff, Bd. 13.

János Weiss

Die Theorie der Verdinglichung und das Taylor-System

(Annäherung an „*Geschichte und Klassenbewusstsein*")*

Georg Lukács hat in seinem frühen Hauptwerk, *Geschichte und Klassenbewusstsein*, den Begriff der *Verdinglichung* in das Zentrum seiner Analysen gestellt.

> „Der Begriff der ‚Verdinglichung' ist in den zwanziger […] Jahren des vergangenen Jahrhunderts ein Leitmotiv der Sozial- und Kulturkritik im deutschsprachigen Raum gewesen. Wie in einem Brennspiegel schienen sich in diesem Ausdruck oder benachbarten Begriffe die historischen Erfahrungen zu konzentrieren, die die Weimarer Republik unter dem Druck wachsender Arbeitslosigkeit und ökonomischer Krise prägten […]."[1]

Honneth suggeriert, dass die Karriere dieses Begriffs vor allem mit den Erfahrungen der Wirtschaftskrise und den schnell wachsenden Arbeitslosenzahlen zusammenhängt. Dieser Vorschlag eröffnet eine ganz neue Perspektive für die Interpretation des Buches: Es wird jetzt nicht als eine philosophische Begründung der kommunistischen Revolution verstanden, sondern als genialer Versuch, die Verhältnisse, Probleme und Kränkungen der frühen Weimarer Republik *zeitdiagnostisch* zu erfassen. – Die grundlegende Erfahrung dieser Zeit war eine extreme Unsicherheit, die vor allem aus zwei Komponenten bestand. (1) Nach dem Weltkrieg ist eine Hyperinflation aufgetreten, vor allem deswegen, weil die Geldmenge ins Unermessliche stieg; neben den Banknoten ist nämlich Notgeld der einzelnen Unternehmer in Verkehr gekommen. (Die Inflationsrate stand im Jahre 1922 bei mehr als dreitausend Prozent.) Die Inflation hat vor allem zwei Auswirkungen. Einerseits sind Vermögen verloren gegangen und andererseits ist der Zahlungsverkehr chaotisch und unsicher geworden. (2) Das zentrale Problem war aber die plötzlich hochgestiegene Arbeitslosigkeit, die nur zum Teil darauf zurückgeführt werden kann, dass die zurückkehrenden Soldaten in den Arbeitsmarkt integriert werden mussten.

> „Ein zentrales Problem für einen großen Teil der Bevölkerung war *die materielle Absicherung des täglichen Lebens*. Die Arbeitslosigkeit war weit verbreitet. Der Arbeits-

---

* Dieser Aufsatz entstand ursprünglich als Vortrag, der im Rahmen der deutsch-ungarischen Tagung über Technikphilosophie in Debrecen am 26. September 2009 gehalten wurde.

1 Axel Honneth, *Verdinglichung. Eine anerkennngstheoretische Studie*, Frankfurt a. M. 2005, S. 11.

markt des Deutschen Reiches wurde nach 1918 durch die Demobilmachung entscheidend beeinflusst."[2]

Die Statistik scheint aber zu zeigen, dass die Arbeitslosigkeit zwischen 1920 und dem Herbst 1923 relativ gering war. Im Sommer 1919 waren noch drei Millionen, im Herbst 1923 und in der ersten Hälfte 1924 waren vier Millionen, dazwischen aber (Ende 1922, Anfang 1923) nur 0,8 Millionen Leute arbeitslos.[3] Diese Zahlen sind aber trügerisch, es gab nämlich eine Kurzarbeitszeitregelung, auf die der größte Teil des Rückganges der Arbeitslosigkeit zurückzuführen war. Trotzdem behaupten einige Theoretiker, dass sich in dieser Zeit ein leichter, kaum bemerkbarer Aufschwung abgespielt hat.[4] – Es gab aber in dieser Zeit noch eine andere wichtige Erfahrung, die mit dem Stichwort *Amerikanismus* oder *Amerikanisierung* erfasst werden kann, sowohl in kultureller als auch in wirtschaftlicher Hinsicht.

> „Mehr als jedes andere europäische Land war Deutschland in den 20er Jahren der amerikanischen Massenkultur gegenüber offen; die Vier-Millionen-Stadt Berlin galt als das europäische Zentrum des amerikanischen Einflusses."[5]

Klaus Mann hat schon zu dieser Zeit darauf hingewiesen, dass das erhöhte Bedürfnis nach Vergnügen und Amüsement auf die Lebensunsicherheit zurückzuführen ist.[6] Lukács hat sich aber für dieses massive Eindringen der Massenkultur nicht besonders interessiert, man weiß nicht, ob er mit den Großstadt-Bohemen oder mit ihren Gegnern sympathisiert hätte.

> „Für die Großstadt-Boheme war die Nachahmung gewisser modischer Aspekte des amerikanischen ‚way of life' zunächst vor allem auch antibürgerliche Provokation, die sich gegen die deutsche Kultur der Innerlichkeit und die ästhetischen Normen der autonomen Kunst richtete."[7]

Soviel scheint aber sicher zu sein, dass sich Lukács für das wirtschaftliche Vorbild „Amerika" interessiert hat.

---

2 Friedrich-Wilhelm Henning, *Handbuch der Wirtschafts- und Sozialgeschichte Deutschlands*, Bd. 3/I, Paderborn, München, Wien, Zürich, 2003, S. 325.

3 Es gibt aber auch andere Einschätzungen: „Es ging [...] *nicht nur* um die *Wiedereingliederung der bisherigen Soldaten* an ihrem früheren Arbeitsplatz, sondern *auch* um die *Bewahrung der inzwischen während des Krieges auf diese Arbeitsplätze gerückten Erwerbstätigen.*" Ebd., S. 326.

4 Ebd., – Weil ich mich hier vor allem auf die soziale Welt konzentriere und weil ich vor allem die früheren zwanziger Jahre vor Augen habe, kann ich die Erfahrungen mit einer großen Epidemie – einer Grippewelle zwischen 1918 und 1920 – ausblenden. Angefangen hatte diese im Mittleren Westen der USA zuerst unter Schweinen, sich dann auf Menschen übertragen und sich dann weiter in einem Militärlager in Kansas im Frühjahr ausgebreitet. Amerikanische Soldaten haben diese Grippe nach Europa geschleppt. Ein Viertel der amerikanischen Bevölkerung hat die Grippe bekommen; in Deutschland sind im Jahre 1918 zweihunderttausend Leute daran gestorben. Ebd., S. 328-329.

5 Anton Kaes: „Weimarer Republik", in: *Walter Killy Literaturlexikon*, Sachteil, Bd. 14, S. 480.

6 Ebd., S. 479.

7 Ebd., S. 480.

„Die ungeheuere wirtschaftliche Dynamik dieses Landes, die dieser weltumspannenden Entwicklung zugrunde lag, musste natürlich all jene in ihren Bann ziehen, die einen Ausweg aus den Belastungen der eigenen ökonomischen Situation suchten. Wenn es für den Neuaufbau der Wirtschaft irgendwo in der Welt ein Objekt des Studiums gab, so waren dies die Vereinigten Staaten Nordamerikas."[8]

Als das Zentrum dieser prosperierenden Wirtschaft ist aber vor allem das Taylorsystem anzusehen. Honneths Interpretationsvorschlag läuft auf die These hinaus, dass der junge Theoretiker Georg Lukács sich mit diesen Erfahrungen und Herausforderungen konfrontiert gesehen hat. – Im ersten Teil meines Beitrages werde ich die gewöhnlich angenommenen theoretischen Wurzeln des Buches rekonstruieren, im zweiten Teil werde ich dann die Rolle und Bedeutung des Taylorsystems für eine verdinglichungstheoretische Zeitdiagnose darzustellen versuchen.

I.

(1. Die Marx-Rezeption von Lukács) Honneths Behauptung hat aber doch etwas Überraschendes; er hebt nämlich Lukács' Buch aus dem Kontext der Marx-Rezeption heraus. Im Buch selber hat Lukács die Theorie von Marx nicht nur als den einzig relevanten Kontext dargestellt, sondern seine Theorie als eine Marxexegese zu präsentieren versucht. In der zentralen Studie des Buches, die den Titel trägt, „Die Verdinglichung und das Bewusstsein des Proletariats", schreibt er bevor er das „Phänomen der Verdinglichung" darstellt:

> „Es ist keineswegs zufällig, dass beide großen und reifen Werke von Marx, die die Gesamtheit der kapitalistischen Gesellschaft darzustellen und ihren Grundcharakter aufzuzeigen unternehmen, mit der Analyse der Ware beginnen."[9]

Das erste Buch (*Zur Kritik der politischen Ökonomie,* 1859) beginnt mit der folgenden Behauptung:

> „Auf den ersten Blick erscheint der bürgerliche Reichtum als eine ungeheuere Warensammlung, die einzelne Ware als sein elementarisches Dasein. Jede Ware aber stellt sich dar unter dem doppelten Gesichtspunkt von *Gebrauchswert* und *Tauschwert*."[10]

Acht Jahre später im ersten Band des *Kapitals* verändert Marx diesen Auftakt nur leicht:

8 Christian Haußer, *Amerikanisierung der Arbeit? Deutsche Wirtschaftsführer und Gewerkschafter im Streit um Ford und Taylor (1919-1932)*, Stuttgart 2008, S. 23.
9 Georg Lukács, *Geschichte und Klassenbewusstsein*, Darmstadt 1988, S. 170.
10 Karl Marx, *Zur Kritik der politischen Ökonomie (MEGA*, Bd. II/2), Berlin (Ost) 1980, S. 107.

„Der Reichtum der Gesellschaften, in welchen kapitalistische Produktion herrscht, erscheint als eine ‚ungeheuere Warensammlung‘, die einzelne Ware als seine *Elementarform*. Unsere Untersuchung beginnt daher mit der Analyse der Ware."[11]

Diese Formulierungen haben für die Marx-Forschung ein ständiges Rätsel bedeutet. In welchem Kontext stehen diese postulatorischen Behauptungen? Es scheint, dass das erste Wort des *Kapitals* der „Reichtum der Gesellschaften" ist. Es ist leicht zu sehen, dass das eigentlich eine Übersetzung von Adam Smith' Ausdruck: the *Wealth of Nations* ist. Die Untersuchung der wealth of nations *ist* der Gegenstand der politischen Ökonomie. Von dieser Wissenschaft sagt Marx im Nachwort zur zweiten Auflage des *Kapitals*: „Die politische Ökonomie blieb in Deutschland bis zu dieser Stunde eine ausländische Wissenschaft."[12] Es geht also *eigentlich* darum, eine deutsche Variante der politischen Ökonomie zustande zu bringen. Marx verstrickt sich sofort in wissenschaftssoziologische Fragen.

> „In Deutschland kam also die kapitalistische Produktionsweise zur Reife, nachdem ihr antagonistischer Charakter sich in Frankreich und England schon durch geschichtliche Kämpfe geräuschvoll offenbart hatte […]. Sobald eine bürgerliche Wissenschaft der politischen Ökonomie hier möglich zu werden schien, war sie daher wieder unmöglich geworden."[13]

Die deutsche Variante der politischen Ökonomie wird so zur Kritik der politischen Ökonomie: „Die eigentümliche historische Entwicklung der deutschen Gesellschaft schloss hier also jede originelle Fortbildung der ‚bürgerlichen‘ Ökonomie aus, aber nicht deren – Kritik."[14] Die so entstehende Kritik der politischen Ökonomie soll aber keine provinzielle Variante dieser neuen Wissenschaft sein, sondern vielmehr deren Vollendung. Es wäre jetzt noch zu untersuchen, was Kritik in dem oben angedeuteten Kontext heißen kann. *Kritik* bedeutet hier die Reflexionsform der kapitalistischen Antagonismen. Marx meint aber, dass eine solche Reflexionsform der Antagonismen nicht vorstellbar ist, ohne einen sozialen Standpunkt dafür zu lokalisieren. So kommen wir zu der Lehre über das Proletariat;[15] das Proletariat ist etwas Seiendes, die reale Negation des Kapitalismus – es ist der Träger der Kritik. Daraus ergibt sich schon ein ganzes Vorfeld der Untersuchung der *wealth of nations*. (Diesen Ansatz könnte man auch transzendental nennen; es ist kaum ein Zufall, dass Marx mit dem Untertitel des *Kapitals* auf Kants *Kritik der reinen Vernunft* hindeutet.) Marx beginnt also eigentlich gar nicht am Anfang; am

---

11 Karl Marx, *Das Kapital. Kritik der politischen Ökonomie. Erster Band* (*MEGA*, Bd. II/8), Berlin (Ost) 1989, S. 63. (Die Hervorhebung nur in der ersten Auflage.)
12 Ebd., S. 49.
13 Ebd., S. 51.
14 Ebd.
15 „Nehmen wir England. Seine klassische politische Ökonomie fällt in die Periode des unentwickelten Klassenkampfes. Ihr letzter großer Repräsentant, Ricardo, macht endlich bewusst den Gegensatz der Klasseninteressen, des Arbeitslohns und des Profits […]." Ebd., S. 50.

Anfang steht vielmehr diese Umdeutung der politischen Ökonomie in eine *Kritik* der politischen Ökonomie. Es scheint die größte Herausforderung für Marx zu sein, wie man diese im Vorfeld der Untersuchungen lokalisierte kritische Einstellung mit der Warenwelt vermitteln kann. Meistens geschieht das so, dass innerhalb der Beschreibung der Warenwelt die Interessengegensätze der Teilnehmer hervorgehoben werden.

Ich meine, dass Lukács ganz genau weiß, dass das *nicht* der Anfang ist, womit er seine Analyse beginnt. Das scheint auch Marx zu ahnen, so heißt es im Nachwort der zweiten Auflage:

> „Allerdings muss sich die Darstellungsweise formell von der Forschungsweise unterscheiden. Die Forschung hat den Stoff sich im Detail anzueignen, seine verschiedenen Entwicklungsformen zu analysieren und deren inneres Band aufzuspüren. Erst nachdem diese Arbeit vollbracht ist, kann die wirkliche Bewegung entsprechend dargestellt werden."[16]

Ich bin der Auffassung, dass Lukács versucht, in dieser Angelegenheit klare Verhältnisse zu schaffen: Der Ausgangspunkt *soll* die Warenwelt sein und daraus soll dann das Bewusstsein des Proletariats erst abgeleitet werden. Ein solcher Aufbau wäre aber fast aussichtslos, da man zu der Unterstellung neigt, dass aus der Analyse der Warenwelt niemals deren Kritik abgeleitet werden kann. Letztendlich kann aus einem Sein niemals ein Sollen abgeleitet werden. Bei Marx gibt es aber einen Ausgangspunkt zu einer solchen Theoriekonstruktion und das ist eben die Theorie der *Verdinglichung*. Marx gebraucht diesen Ausdruck im ersten Band des *Kapital*s nicht.

> „Das Geheimnisvolle der Warenform besteht also einfach darin, dass sie den Menschen die gesellschaftlichen Charaktere ihrer eigenen Arbeit als gegenständliche Charaktere der Arbeitsprodukte selbst, als gesellschaftliche Natureigenschaften dieser Dinge zurückspiegelt, daher auch das gesellschaftliche Verhältnis der Produzenten zur Gesamtarbeit als ein außer ihnen existierendes gesellschaftliches Verhältnis von Gegenständen."[17]

Erst im dritten Band spricht er über die „Mystifikation der kapitalistischen Produktionsweise" und bezeichnet dies als „Verdinglichung der gesellschaftlichen Verhältnisse".[18] Lukács reformuliert diesen Gedanken so:

> „Das Wesen der Warenstruktur ist bereits oft hervorgehoben worden, es beruht darauf, dass ein Verhältnis, eine Beziehung zwischen Personen den Charakter einer Dinghaftigkeit und auf diese Weise eine ,gespenstige Gegenständlichkeit' erhält, die

---

16 Ebd., S. 55.
17 Ebd., S. 101.
18 Karl Marx, *Das Kapital*, Bd. III *(MEW*, Bd. 25), Berlin (Ost) 1973, S. 837.

in ihrer strengen, scheinbar völlig geschlossenen und rationellen Eigengesetzlichkeit jede Spur ihres Grundwesens, der Beziehung zwischen Menschen verdeckt."[19]

Es häufen sich die Ausdrücke ‚geheimnisvoll', ‚mystisch', ‚gespenstig'. Zunächst scheinen sie noch synonym verwendet zu werden. Lukács will alle diese Ausdrücke mit dem von Marx stammenden Begriff des *Fetischcharakters* zusammenfassen. In der ganzen Theoriearchitektonik von Marx spielt dieser Begriff in einer gewissen Hinsicht eine zentrale Rolle. Marx hat diesen Begriff nur in der zweiten Auflage eingeführt, in dem Kapitel, das den Titel trägt: „Der Fetischcharakter der Ware und sein Geheimnis".[20] Außerhalb dieses Kapitels hat Marx diesen Begriff nicht mehr verwendet.[21] Hieran sieht man, dass dieser Begriff von Anfang an mit einer gewissen Ungenauigkeit belastet war. Lukács scheint das stillschweigend wahrzunehmen, als er diesen Begriff durch die *Verdinglichung* zu ersetzen versucht. Eine Stelle im dritten Band des Kapitals scheint darauf hinzudeuten, dass Marx selbst diese Umbenennung vollzogen hat, als er über „die Mystifikation der kapitalistischen Produktionsweise, [über] die Verdinglichung der kapitalistischen Verhältnisse" spricht.[22] Abgesehen von der inhaltlichen Unbestimmtheit, ist der Begriff der Funktion nach jedoch eindeutig bestimmt. Dieser Begriff verkörpert ein internes kritisches Element in der Kritik der politischen Ökonomie. Anders formuliert: Verdinglichung ist deswegen ein zentraler Begriff, weil hier die politische Ökonomie und deren Kritik intern miteinander verbunden sind. Die Theorie der *Verdinglichung* liefert ein kritisches Modell, das durchaus ein Konkurrent der Klassentheorie hätte sein können. Wenn ich es richtig sehe, ist Lukács in die Nähe gekommen, diese Spaltung zu entdecken. Es gibt also bei Marx zwei kritische Maßstäbe, die Verdinglichung und das Bewusstsein des Proletariats. Lukács hätte auch ein „oder" zwischen sie setzen können. Marx hat dann letztlich die Klassentheorie gewählt, um der politischen Ökonomie so eine transzendentale Wende zu geben, damit verfehlt er aber die immanenten Forderungen nach einer Kritik. Lukács hätte die Theorie der Verdinglichung auch so herausarbeiten können, dass er dabei die marxistische Wende vermeidet.

(2. Lukács' Weber-Rezeption) Lukács selbst verdeckt, dass der Begriff der „Verdinglichung" auch einen Hinweis auf Max Weber beinhaltet. Nach einem Bedeutungsaspekt ist die Verdinglichung auf rationale Kalkulation zurückzuführen. Lukács führt ein langes Zitat von Weber an:

---

19 Georg Lukács, *Geschichte und Klassenbewusstsein*, a.a.O., S. 170-171. Der Ausdruck „gespenstige Gegenständlichkeit" stammt aus Marx: *Das Kapital*, Bd. I, a.a.O., S. 70.

20 Hier soll davon abgesehen werden, dass das „Geheimnis" eigentlich nicht auf den „Fetischcharakter", sondern auf die „Ware" bezogen werden müsste. Dann wäre aber der Titel eine identische Aussage.

21 Dies gilt mit Ausnahme von einem Rückverweis auf dieses Kapitel im Nachwort zur zweiten Auflage.

22 Karl Marx, *Das Kapital*, Bd. III, a.a.O., S. 838.

„Der moderne kapitalistische Betrieb ruht innerlich vor allem auf der Kalkulation. Er braucht für seine Existenz eine Justiz und Verwaltung, deren Funktionieren wenigstens im Prinzip ebenso an festen generellen Normen rational kalkuliert werden kann, wie man die voraussichtliche Leistung einer Maschine kalkuliert."[23]

Zunächst fällt auf, dass wir damit von der Analyse der Ware zu der Beschreibung des „modernen kapitalistischen Betriebes" übergegangen sind. Es gibt schon bei Marx einen Übergang, der von der Warenproduktion zu dem kapitalistischen Betrieb überführt.

„Der Boden der Warenproduktion kann die Produktion auf großer Stufenleiter nur in kapitalistischer Form tragen. Eine gewisse Akkumulation von Kapital in den Händen individueller Warenproduzenten bildet daher die Voraussetzung der spezifisch kapitalistischen Produktionsweise. Wir mussten sie deshalb unterstellen bei dem Übergang aus dem Handwerk in den kapitalistischen Betrieb."[24]

Dieser Übergang kann aber nicht als eine *begriffliche Transformation* aufgefasst werden; der Betrieb wird nur als natürlicher Rahmen einer kapitalistischen Warenproduktion aufgeführt. Weber nennt an einer Stelle die rationale Kalkulation die „Seele der kapitalistischen Wirtschaft"; man könnte vielleicht auch vom *Geist* der kapitalistischen Wirtschaft sprechen. Man kann gewissermaßen hinter die Ware oder hinter den kapitalistischen Betrieb zurückgehen und behaupten, dass die Ware bzw. der kapitalistische Betrieb als eine Art Verkörperung oder vielleicht auch als Ergebnis dieses Geistes aufzufassen sei. So kommen wir vor einem marxistischen Hintergrund zu einer paradoxen Einsicht. Betrachten wir jetzt eine andere Bestimmung des Warenfetischismus:

„Es ist nur das bestimmte gesellschaftliche Verhältnis der Menschen selbst, welches hier für sie die *phantasmagorische Form* eines Verhältnisses von Dingen annimmt. Um daher eine Analogie zu finden, müssen wir in die Nebelregion der religiösen Welt flüchten. Hier scheinen die Produkte des menschlichen Kopfes mit eigenem Leben begabte, untereinander und mit den Menschen in Verhältnis stehende selbständige Gestalten. So in der Warenwelt die Produkte der menschlichen Hand. Dies nenne ich den *Fetischismus* […]."[25]

Marx scheint hier nicht ganz konsequent zu sein, denn vorher hat er Verhältnisse mit Dingen konfrontiert, jetzt stehen aber auf beiden Seiten Verhältnisse. Wichtiger ist aber, dass Marx' Argumentation nicht in die Richtung des Betriebes, sondern in die Richtung der Religion weitergeht. Die Beschreibung stellt aber heraus, dass es sich eigentlich um einen Sprung handelt: Die gesellschaftlichen Verhältnis-

---

23 Max Weber, *Wirtschaft und Gesellschaft. Grundriss der verstehenden Soziologie*, Frankfurt a. M. 2005, S. 1048. – Lukács drückt diesen Grundgedanken so aus: „Für uns ist das *Prinzip*, das hierbei zur Geltung gelangt, am wichtigsten: das Prinzip der auf Kalkulation, auf *Kalkulierbarkeit* eingestellten Rationalisierung." Georg Lukács, *Geschichte und Klassenbewusstsein*, a.a.O., S. 177.
24 Karl Marx, *Das Kapital*, Bd. I, a.a.O., S. 587.
25 Ebd., S. 101. Hervorhebungen von mir, J.W.

se schlagen in eine *phantasmagorische Welt* der Dinge um. Man könnte auch sagen, etwas Rationales schlägt in etwas Irrationales um. In Webers Begriffen könnte man sagen, die *rationale Kalkulation* produziert Irrationalitäten.[26]
Die „rationale Kalkulation" ist die Grundform des kapitalistischen Handelns.

> „Von Wirtschaft wollen […] wir […] nur reden, wo […] nach der Schätzung des Handelnden, *knapper* Vorrat von Mitteln und möglichen Handlungen zu seiner Deckung gegenübersteht […]. Entscheidend ist dabei für zweckrationales Handeln selbstverständlich: dass diese Knappheit *subjektiv* vorausgesetzt und das Handeln daran orientiert ist."[27]

Laut Weber gibt es zwei Grundtypen des Wirtschaftens: (1) Einmal kann die wirtschaftliche Tätigkeit auf die Befriedigung der eigenen Bedürfnisse gerichtet sein. Meistens denkt man in diesem Zusammenhang an materielle Bedürfnisse, man muss aber auch die Umstände untersuchen, unter welchen z.B. die Kunst zur wirtschaftlichen Tätigkeit werden kann.[28] In diesem Zusammenhang spricht Weber von einer *Wirtschaftsgemeinschaft.* (2) Die wirtschaftliche Tätigkeit kann sich aber auch auf „anderweitige Erfolge", d.h. auf die Befriedigung der Bedürfnisse der Anderen, Marx würde sagen, auf den Tausch richten. In diesem Sinne spricht Weber von einer *wirtschaftenden Gemeinschaft.*[29] Weber setzt damit voraus, dass zwischen wirtschaftlichen Handlungen und Gemeinschaftsbildung ein gewisser Zusammenhang besteht. Das soll aber nicht heißen, dass die Gemeinschaft ausschließlich durch wirtschaftliche Tätigkeiten konstituiert würde.

> „Gemeinschaftshandeln, welches weder eine Wirtschaftsgemeinschaft noch eine wirtschaftende Gemeinschaft darstellt, ist nichts Ungewöhnliches. Jeder gemeinsame Spaziergang kann ein solches konstituieren. Gemeinschaften, die nicht ökonomisch relevant sind, sind ebenfalls recht häufig."[30]

Dieses Handlungnsmodell nennt Weber soziale Handlung. Es gibt aber auch noch einen Zwischenfall: Eine Gemeinschaft kann durch ökonomische Ursachen mitbestimmt sein.[31]

> „Gemeinschaften, die nicht irgendwie ökonomisch determiniert sind, sind […] höchst selten. Dagegen ist der Grad, in dem dies der Fall ist, sehr verschieden, und vor allem fehlt – entgegen der Annahme der sog. materialistischen Geschichtsauffassung – die Eindeutigkeit der ökonomischen Determiniertheit des Gemeinschaftshandelns durch ökonomische Momente."[32]

---

26 Das wird später der Grundgedanke der *Dialektik der Aufklärung.*
27 Max Weber, *Wirtschaft und Gesellschaft,* a.a.O., S. 257.
28 Ebd., S. 258. – „Das soziale Handeln kann nun zur Wirtschaft in verschiedenartige Beziehungen treten."
29 Ebd.
30 Ebd., 259.
31 Ebd., S. 258.
32 Ebd., S. 259. – „Auch die Formulierung: Dass ein ‚funktioneller' Zusammenhang der Wirtschaft mit den sozialen Gebilden bestehe, ist ein historisch nicht allgemein begründbares

Im marxschen Sinne könnte man behaupten, dass die kapitalistische Gesellschaft eine *wirtschaftende Gemeinschaft* ist. Diese Behauptung wäre aber verfehlt, denn es ist vorab unklar, ob Weber eine umfassende kapitalistische Gesellschaft vor Augen hat. Es scheint zunächst so zu sein, dass der Bedeutungshorizont von Gemeinschaft und Gesellschaft recht unterschiedlich ist.[33] Gemeinschaften sind Mikrogruppierungen innerhalb einer Gesellschaft. Eine „wirtschaftende Gemeinschaft" kann so nicht als eine umfassende Gesellschaft gedeutet werden. Eine „wirtschaftende Gemeinschaft" ist z. B. ein Betrieb. In dem Betrieb herrscht rationale Kalkulation. Weber sieht einen analytischen Zusammenhang zwischen Warenproduktion und rationaler Kalkulation. Lukács knüpft (Marx folgend) an die Ware unmittelbar die Verdinglichung; so kommt er dazu, die Verdinglichung und die Rationalisierung als aufeinander bezogene zeitdiagnostische Begriffe zu deuten. Es besteht also kein notwendiger Zusammenhang zwischen Wirtschaft und Gemeinschaft, es gibt aber wohl einen Zusammenhang zwischen wirtschaftlicher Organisation und Produkten der wirtschaftlichen Tätigkeit.

Die Frage ist nun, ob und wie man die rationale Kalkulation als ein gesamtgesellschaftliches Phänomen deuten kann. Marx hat der Verdinglichung noch durch die Basis-Überbau-Theorie eine gesamtgesellschaftliche Bedeutung zumessen können. Wie ist es also möglich, dass die rationale Kalkulation oder analoge Erscheinungen in der ganzen Gesellschaft anzutreffen sind? Aus einem vorherigen Zitat geht schon hervor,[34] dass die Einrichtung einer solchen wirtschaftlichen Einheit ein gewisses rationalistisches Rechtssystem, eine rationalistische Politik und einen rationalen Staat voraussetzt.

> „Das […], was dem modernen Kapitalismus im Gegensatz zu jenen uralten Formen kapitalistischen Erwerbs spezifisch ist: die streng rationale Organisation auf dem Boden rationaler Technik, ist nirgends innerhalb derartig irrational konstruierter Staatswesen entstanden und konnte dort auch nie entstehen. Denn dazu sind diese modernen Betriebsformen mit ihrem stehenden Kapital und ihrer exakten Kalkulation gegen Irrationalitäten des Rechts und der Verwaltung viel zu empfindlich."[35]

Vorurteil, wenn darunter eine eindeutige gegenseitige Bedingtheit verstanden wird. Denn die Strukturformen des Gemeinschaftshandelns haben […] ihre ‚Eigengesetzlichkeit' und können auch davon abgesehen im Einzelfall stets durch andere als wirtschaftliche Ursachen in ihrer Gestaltung mitbestimmt sein." Ebd.

33 Dies entspricht einem starken Protest gegen Tönnies' Konzeption, der die beiden Begriffe sowohl auf einer historischen als auch auf einer strukturellen Ebene miteinander konfrontiert hat. Vgl. Tönnies: *Gemeinschaft und Gesellschaft*, Darmstadt 2005.

34 „Der moderne kapitalistische Betrieb ruht innerlich vor allem auf der Kalkulation. Er braucht für seine Existenz eine Justiz und Verwaltung, deren Funktionieren wenigstens im Prinzip ebenso an festen generellen Normen rational kalkuliert werden kann, wie man die voraussichtliche Leistung einer Maschine kalkuliert." Max Weber, *Wirtschaft und Gesellschaft*, a.a.O., S. 1048.

35 Ebd., S. 1048-1049.

Die rationale Kalkulation der Wirtschaft ist also nicht so zu deuten, dass sie Rationalisierungsschübe in anderen Gemeinschaftshandlungen herauslösen würde, sondern umgekehrt, sie setzt schon eine gewisse rationale Struktur dieser Handlungen voraus. Zum Problem wird jetzt die Bestimmung dieser breiteren Kalkulation, die in außerwirtschaftlichen Gemeinschaftshandlungen aufzufinden ist. Es scheint zunächst sicher zu sein, dass die „wirtschaftliche Kalkulation" nicht direkt übertragbar ist. Die wirtschaftliche Kalkulation ist eine Form zweckrationalen Handelns. Zweckrationale Handlungen sind bei Weber immer an Erwartungen gerichtet, sie werden sogar durch Erwartungen bestimmt. Die Erwartungen treten immer als gewisse Zwecke auf, zu denen dann die angemessenen Mittel gefunden werden müssen. Diese allgemeine Form hilft aber nicht, wenn wir über die Rationalität des Rechts oder der Verwaltung sprechen wollen. Es scheint ratsamer zu sein, nach einer angemessenen, nicht zu verallgemeinernden Analogie zu suchen. Bei Weber *selbst* lässt sich (im obigen Zitat) eine bestimmte Verallgemeinerung finden: Die rationale Kalkulation ist eine auf die Wirtschaft spezifizierte Form der „streng rationalen Organisation auf dem Boden rationaler Technik".[36] An einer früheren Stelle hat Weber dieses Phänomen metaphorisch mit dem Begriff der Maschine oder der Maschinenhaftigkeit zu erfassen versucht.[37] Damit kommen wir jetzt zu dem Ergebnis, dass das Recht, die Politik und die Verwaltung streng rational organisiert werden müssen und wie eine *Maschine* zu funktionieren haben.

(3. Simmels Einfluss) Marx bindet die Verdinglichung zuerst an die Ware, da diese einen Tauschwert hat, später aber an das Kapital:

> „Im zinstragenden Kapital ist daher dieser automatische *Fetisch* rein herausgearbeitet, der sich selbst verwertende Wert, Geld heckendes Geld, und trägt es in dieser Form keine Narben seiner Entstehung mehr. Das gesellschaftliche Verhältnis ist vollendet als Verhältnis eines Dinges, des Geldes zu sich selbst."[38]

Zwischen Ware und Kapital steht aber das Geld; vielleicht könnte man eine Diagnose der modernen Gesellschaft herausarbeiten, indem man *nicht* die politische Ökonomie, sondern die *Philosophie* des Geldes als grundlegende Disziplin betrachtet. Diesen Schritt hat Georg Simmel unternommen, der sich aber weigert, alle soziologischen Formen, die durch das Geld bestimmt sind, in einem einzigen Begriff zusammenzufassen. Simmel könnte den folgenden Einwand formulieren: Marx hat die soziologische Bedeutung des Geldes nicht zu erfassen vermocht, weil er seine Perspektive a priori auf wirtschaftliche Beziehungen eingeengt hat.

> „Die herabstimmende Wirkung des Geldäquivalentes tritt unzweideutig hervor, sobald man mit einem schönen und eigenartigen, aber käuflichen Objekt ein an sich ungefähr gleich bedeutsames vergleicht, das aber für Geld nicht zu haben ist; dieses

---

36 Ebd., S. 1048-1049.
37 Max Weber, *Wirtschaft und Gesellschaft. Grundriss der verstehenden Soziologie*, a.a.O., S. 1048.
38 Karl Marx, *Das Kapital*, Bd. 3, a.a.O., 360. Die Beschreibung hebt wieder das zentrale Motiv der Verdinglichung hervor und zwar als Ergebnis der Auslöschung des Entstehungsprozesses.

hat von vornherein für unser Gefühl eine Reserve, ein Auf-sich-ruhen, ein Recht, nur an dem sachlichen Ideal seiner selbst gemessen zu werden, kurz: eine *Vornehmheit*, die dem anderen versagt bleibt."[39]

Hinter diesem Zitat steht eine komplette Theorie, die ich im Folgenden zu rekonstruieren versuchen möchte. Das Geld als universaler Gleichwert kann nicht auf alle Dinge bezogen werden; die, auf die es bezogen wird, bekommen einen bestimmten Wert. Eine der wichtigsten Fragen der politischen Ökonomie war: Was bestimmt den Wert, was wird eigentlich durch das Geld gemessen? Marx hat den Wert (wie bekannt) durch die verwendete Arbeit zu bestimmen versucht.[40] Simmel sagt jetzt, dass sich daraus eine unzulässige Einschränkung oder Deformierung des Wertbegriffes ergibt. Simmel kannte schon die Analysen der Wiener Grenznutzenschule, die den Wertbegriff so definiert hat, dass man sich nicht allzu weit vom Alltagsbegriff entfernte.[41] Der Grund der Bestimmung des Wertes ist die Wertschätzung. (Die spezielle Form, dass der Wert eines Gutes durch die Wertschätzung der jeweils letzten Einheit bestimmt wird, können wir hier ausklammern.) Auf jeden Fall haben jetzt nicht nur die als Waren hergestellten Güter einen Wert, sondern auch diejenigen, die außerhalb der Warenwelt stehen. Als Waren werden diejenigen Güter verstanden, die auf Geld bezogen werden können. Simmel bemerkt, dass in der Wertschätzung die Rarität eines Gutes eine zentrale Bedeutung bekommt. Wenn das aber so ist, dann übt Geld eine paradoxe Funktion aus. *Einerseits* macht das Geld alles zugänglich, alles ist erreichbar, Wünsche sind realisierbar; das Ferne kann zum Nahen gemacht werden, wenn man nur das nötige Geld hat. Und was für mich erreichbar ist, ist auch für alle anderen erreichbar. Das bedeutet, dass diese allgemeine Zugänglichkeit die Rarität der Güter beeinträchtigt. (Damit soll auch gesagt sein, dass dieses Phänomen nicht nur durch die Massenproduktion auftritt, oder anders formuliert: Die Massenproduktion ist eine Verwirklichung einer inneren Tendenz der Ware.) *Andererseits* könnte man also sagen, dass die Ware in einem analytischen Sinn auf die Massenproduktion hinweist. Und was durch Massenproduktion hergestellt wird, verliert an Wertschätzung: Diejenigen Güter, die außerhalb der Warenwelt stehen, nennt Simmel *vornehm*. Sie markieren eine Sphäre außerhalb der Warenproduktion und der Massengesellschaft. Von diesen Gütern erwarten wir, dass sie unserem Leben eine „richtige" Qualität geben. Nicht die Entfremdung der Waren, sondern ihre von uns vollzogene Abwertung ist der Ausgangspunkt der simmelschen Zeitdiagnose.

Warum entsteht aber eine solche Herabsetzung? Was ist der substantielle Grund dafür? Im folgenden Zitat scheint Simmel zunächst nur das bereits Gesagte zu wiederholen, dann spricht er aber doch einen Grund dafür aus:

---

39 Georg Simmel, *Philosophie des Geldes*, Köln 2009, S. 624.

40 Hier muss ich von Nuancierungen absehen, die aber für die hiesige Explikation auch nicht unbedingt notwendig sind.

41 Vgl. Carl Menger, *Grundsätze der Volkswirtschaftslehre*, Aalen 1968. Zuerst erschienen: 1871. (Also zwischen der ersten und der zweiten Auflage des marxschen *Kapital*s.)

„Denn so sehr das Geld, weil es für sich nichts ist, durch diese Möglichkeit ein unge-
heures Wertplus gewinnt, so erleiden umgekehrt unter sich gleichwertige, aber verschiedenartige Objekte durch ihre – wenn nicht mittelbare oder ideelle – Austauschbarkeit eine Herabsetzung der Bedeutung ihrer *Individualität*."[42]

Auf der Kehrseite der allgemeinen Zugänglichkeit (der tendenziellen Massenhaftigkeit) der Objekte steht ihre Individualität. Aber zur näheren Bestimmung der
Individualität braucht Simmel jetzt einen neuen Begriff, der die Massenhaftigkeit
ergänzt. Massenhaft sind nicht einfach diejenigen Dinge, die in Mehrzahl oder
Vielzahl auftreten, sondern sie müssen auch untereinander gleich, d.h. austausch-
bar sein. Simmel spricht im Allgemeinen über Güter:

„Manchmal mindestens kommt noch das *Austauschmoment* hinzu. Es nimmt gewissermaßen jeder an und gibt es wieder aus, ohne ein individuelles Interesse am Inhalt
– wie beim Gelde."[43]

Der Begriff „Austauschmoment" wäre aus dem Begriff der Nivellierung abzuleiten,
der schon in Simmels frühem Werk (*Über sociale Differenzierung*)[44] eine zentrale
Bedeutung zukommt. „Die Nivellierung erscheint als Ursache wie als Wirkung der
Austauschbarkeit der Dinge [...]."[45] Simmels große Leistung war, die Charakteris-
tika der Warenwelt so zu verallgemeinern, dass man damit die ganze Alltagswelt
abdecken kann. Lukács schreibt in *Geschichte und Klassenbewusstsein* immer wieder, dass wir in einem Zeitalter der sich ausbreitenden Warenwelt leben. „Und
diese Entwicklung der *Warenform* zur wirklichen *Herrschaftsform* der gesamten
Gesellschaft ist erst in dem modernen Kapitalismus entstanden."[46] Lukács erörtert
diese Aussage, wie folgt:

„Erst in diesem Zusammenhang gewinnt die durch das Warenverhältnis entstandene
Verdinglichung eine entscheidende Bedeutung sowohl für die objektive Entwicklung
der Gesellschaft wie für das Verhalten der Menschen zu ihr [...]."[47]

Diese Erörterung scheint aber einige wichtige Aspekte eher zu verdecken. Lukács
behauptet, dass wir in einer Zeit leben, in der die Warenform zur Herrschaftsform
wird, das bedeutet aber nicht, dass die Warenform durch eine Herrschaftsform
abgelöst wird, sondern die Warenform selbst wird jetzt bestimmend für die gesam-
te Gesellschaft. Damit stellt Lukács eine andere Entwicklungslinie für die Warenwelt dar, als Marx selber. Bei Marx läuft die Entwicklung von der Ware zum Kapi-

---

42 Georg Simmel, *Philosophie des Geldes*, a.a.O., S. 625. Hervorhebung von mir, J.W.
43 Ebd., – „Auch hat es jeder in der Tasche, in Vorrat, es bedarf keiner Umformung, um in jeder
    Situation seinen Dienst zu tun. Indem es, gegeben oder empfangen, zu dem Einzelnen in
    Beziehung tritt, erhält es doch keine individuelle Färbung oder Hinzufügung [...]."
44 Georg Simmel, *Über sociale Differenzierung*, Leipzig 1890.
45 Georg Simmel, *Philosophie des Geldes*, a.a.O., S. 625.
46 Georg Lukács, *Geschichte und Klassenbewusstsein*, a.a.O., S. 173. Hervorhebungen von mir,
    J.W.
47 Ebd., S. 174.

tal, bei Lukács zur gesellschaftsbestimmenden Rolle der Ware. Bei Simmel gibt es wiederum eine andere Entwicklungslinie: Er versucht die begrifflichen Mittel für eine Verallgemeinerung auszuarbeiten. D.h., dass es nicht so sehr um die Verbreitung der Ware, als vielmehr um die *Entfaltung des Geistes der Ware* geht. Diesen „Geist" der Ware kann man durch die Begriffe ‚Austauschmoment' und ‚Nivellierung' bzw. durch die Ausklammerung der ‚Individualität' erfassen. Manchmal scheint es so, dass Lukács ganz in die Nähe dieser Theorie kommt, so auch in der folgenden Passage:

> „Darum ist es nicht weiter verwunderlich, dass der Personalcharakter der ökonomischen Beziehungen noch zu Beginn der kapitalistischen Entwicklung manchmal relativ klar durchschaut wurde, dass aber je weiter die Entwicklung fortschritt, je komplizertere und vermitteltere Formen entstanden sind, ein Durchschauen dieser dinglichen Hülle immer seltener und schwerer geworden ist."[48]

Es fällt auf, dass Lukács in einem Zusammenhang über „Persönlichkeit" spricht, in dem Simmel noch über „Individualität" geredet hat. Dadurch entsteht zwischen Lukács und Simmel eine tiefer greifende Uneinigkeit: Simmel beklagt, dass die Momente der Einzelheit verloren gehen, Lukács behauptet hingegen, dass die Akteure immer unsichtbarer werden.

An diesem Punkt könnte man die Differenzen zwischen Lukács und Simmel noch weiter zuspitzen. Lukács unterstellt, dass dadurch, dass er „bewiesen hat", dass die Warenform sich als Herrschaftsform etabliert hat, die Warenanalyse zu einer umfassenden Sozialphilosophie geworden ist. Mit der möglichst genauen Darstellung der Struktur der Ware ist also schon eine Theorie begründet, die den „modernen Kapitalismus" treffend beschreiben kann. Simmel teilt diese Meinung nicht. Er meint, dass erst die Herausarbeitung der verallgemeinerten Kategorien der Warenwelt dazu führen kann, dass man von der zeitgenössischen Gesellschaft ein umfassendes Bild geben kann. Im Folgenden möchte ich einen flüchtigen Blick auf die Phänomene werfen, auf welche Simmel seine Analyse auszubreiten vermag.

> „Immerhin ist [die Herabsetzung der Bedeutung der Individualität] das tiefer gelegene Motiv, aus dem wir gewisse Dinge, etwas verächtlich, als ‚gangbare Münze' charakterisieren: Redensarten, Modi des Benehmens, musikalische Phrasen usw. Hierbei erscheint nun nicht die Gangbarkeit allein als der Vergleichungspunkt, der die Münze, das gangbare Objekt überhaupt, als seinen Ausdruck hervorruft. Manchmal mindestens kommt noch das *Austauschmoment* hinzu."[49]

Als ersten Schritt der Verallgemeinerung muss man sich den Sprachgebrauch anschauen; der Ausdruck „die gangbare Münze" zeigt eben, dass es auch in verschiedensten anderen Gebieten dem Geld analoge Phänomene gibt. Das folgende Ge-

---

48 Ebd., S. 173-174. – Marx spricht im *Kapital* auch über die Charaktermaske: „Die ökonomische Charaktermaske des Kapitalisten hängt nur dadurch an einem Menschen fest, dass sein Geld fortwährend als Kapital funktioniert." Karl Marx, *Das Kapital*, Bd. I. (*MEW*, Bd. 23), Berlin (Ost) 1983, S. 591.
49 Georg Simmel, *Philosophie des Geldes*, a.a.O., S. 625.

dicht stammt von Kaspar von Stieler: „den gold und silber kauf, / wie dernach rechten lauf / im lande gangbar ist, / weisz er *[der münzenmeister]* zu jeder frist".[50] Hier scheint sogar, dass „gangbar" der primäre Begriff war, der erst später mit der Münze verknüpft wurde. Wie es auch sein mag, „gangbare Münzen" gibt es laut Simmel in den verschiedensten Gebieten. Zuerst natürlich in der Sprache in Gestalt von Redensarten, die man in gewissen Situationen immer wieder unverändert verwendet. Man könnte sagen, dass Redensarten in der Alltagssprache Topoi sind, die uns helfen zurechtzukommen. Dann nennt Simmel die verschiedenen „Modi des Benehmens": Nicht nur im Sprachgebrauch, sondern auch im alltäglichen Leben gibt es gewisse standardisierte Formen, die zur Lösung komplexer Aufgaben hilfreich sind.[51] Das gemeinsame Moment dieser Phänomene ist die fehlende *Individualität*. Man könnte behaupten, dass gewisse Aufgaben dadurch gelöst werden können, dass von den Einzelheiten abgesehen wird.

II.

Durch diese drei Auseinandersetzungen – mit Marx, Weber und Simmel – können aber m.E. die Entstehungsmotive der Theorie der Verdinglichung noch nicht hinreichend charakterisiert werden. Es ist irreführend, die Theorie einfach als Marxismus zu charakterisieren. Daher würde ich es auch vermeiden, das Konzept der *Verdinglichung* als eine Etappe auf dem „Weg zu Marx" zu deuten. Webers Theorie konnte Lukács schon deswegen nicht übernehmen, weil bei ihm ein wichtiges Moment fehlt, nämlich die Ausklammerung der jeweiligen Entstehungsprozesse. Lukács hat auch der Theorie Simmels nicht ganz folgen können, weil er dessen Abgleiten in eine Analyse der Alltagskultur vermeiden wollte.[52] *Ich möchte behaupten, dass für Lukács' Zeitdiagnose die maßgeblichen Impulse aus der Industriesoziologie kamen; aus einer für diese Zeit typischen Form der Arbeitsorganisation, die man gewöhnlich als Taylorsystem oder als Taylorismus bezeichnet.* Lukács will diese Idee aber schon deswegen nicht betonen, weil er den Eindruck vermeiden will, dass er sich von Marx eventuell zu weit entfernt hat. (Meines Wissens wurde diese versteckte Tendenz des Buches innerhalb der sehr ausgedehnten Rezeption bisher noch nicht bemerkt.) Max Weber hat durchaus versucht, in *Wirtschaft und Gesellschaft* die Theorie des Taylor-Systems zu integrieren. Bevor wir aber die Form der Integration vergegenwärtigen, möchte ich einen kurzen Blick auf die Idee werfen, die Fre-

---

50 Jacob Grimm / Wilhelm Grimm, *Deutsches Wörterbuch*, Bd. 1, Leipzig 1878, Sp. 1237.

51 Von den „musikalischen Phrasen" möchte ich hier absehen. Insgesamt scheint klar zu sein, dass Simmel vor allem die „gangbare Münze" im Alltagsleben und in der Alltagssprache lokalisiert. Es wäre aber verfehlt, wenn man sie generell von der „Hochkultur" ausnehmen würde.

52 Diesen Impuls hat Lukács erst in seiner späten *Ästhetik* aufgenommen und versucht, eine „marxistische Theorie" des Alltagslebens herauszuarbeiten. Damit wollte er aber nicht mehr eine Zeitdiagnose des entwickelten Kapitalismus entwerfen, sondern einen Kontext für die Deutung der Ästhetik festlegen.

derick Winslow Taylor im Jahre 1911 als „scientific managmenet" entwickelt hat. Sein Buch beginnt mit der folgenden Behauptung:

> „Das Hauptaugenmerk einer Verwaltung [Management] sollte darauf gerichtet sein, gleichzeitig die größte Prosperität des Arbeitgebers und des Arbeitnehmers herbeizuführen und so beider Interessen zu vereinen."[53]

Diese Aussage beruht auf zwei wichtigen Prämissen. (1) Taylor unterstellt, dass zwischen den Arbeitern und den Kapitalisten eine Interessengemeinschaft besteht oder möglich ist. „Fast allgemein hört man die Ansicht vertreten, dass die grundlegenden Interessen des Arbeitgebers und Arbeitnehmers sich unvereinbar gegenüberstehen."[54] So eine fundamentale Gesellschaftskritik sei aber, so unterstellt Taylor, verfehlt.

> „Im Gegensatz hierzu liegt einer auf wissenschaftlicher Grundlage aufgebauten Verwaltung [Management] als Fundament die unumstößliche Überzeugung zugrunde, dass die wahren Interessen beider Parteien ganz in derselben Richtung liegen [...]."[55]

D.h., dass die Wissenschaft (the scientific management) geeignet ist, einen sozial unlösbaren Konflikt zu lösen. (2) Noch überraschender ist aber, dass die Lösung des Konflikts nicht als Kompromiss vorgestellt werden kann; es ist eine verfehlte Vorstellung, wenn man den „Klassenkampf" als ein Nullsummenspiel betrachtet. „Scientific management" garantiert zugleich, dass beide Parteien zu maximalen Ergebnissen kommen.

> „Es bedarf wohl keines besonderen Beweises, dass bei einem einzelnen, ohne fremde Hilfe arbeitenden Menschen, die ‚größte Prosperität' nur dann vorhanden sein kann, wenn er es zu größter und vollkommen ökonomischer Ausnutzung aller ihm zur Verfügung stehenden Kräfte gebracht hat, d. h. wenn seine tägliche Produktion ihr Maximum erreicht hat."[56]

Auf der Grundlage dieser beiden Prämissen beginnt sich das Programm Taylors abzuzeichnen: *Die wissenschaftliche Methode, die in der Lage ist Konflikte zu schlichten, muss als eine Form der Arbeitsorganisation auftreten.*[57]

Taylors größte Leistung war die Beschreibung dieser Arbeitsorganisation. Das Bedürfnis nach Arbeitsorganisation bedeutet, dass die Arbeit nicht mehr ohne wei-

---

53 Frederik Winslow Taylor, *Die Grundzüge wissenschaftlicher Betriebsführung*, Weinheim und Basel 1977, S. 7. („The principal object of management should be to secure the maximum prosperity for the employer, coupled with the maximum prosperity for each employé.")

54 Wie wir gesehen haben, war das auch die grundlegende Idee bei der Transformation der politischen Ökonomie in eine *Kritik* der politischen Ökonomie bei Marx.

55 Frederik Winslow Taylor, *Die Grundzüge wissenschaftlicher Betriebsführung*, a.a.O., S. 8.

56 Ebd., S. 9.

57 „Die größte Prosperität ist das Resultat einer möglichst ökonomischen Ausnutzung des Arbeiters und der Maschinen, d. h. Arbeiter und Maschine müssen ihre höchste Ergiebigkeit, ihren höchsten Nutzeffekt erreicht haben." Ebd., S. 10.

teres den Arbeitenden, und den von ihnen verwendeten Faustregeln, überlassen werden kann.

> „Bei dem alten Betriebssystem hängt der Erfolg fast ausschließlich davon ab, ob man die Initiative des Arbeiters für sich gewinnen kann, was tatsächlich nur sehr selten der Fall ist. Beim neuen System wird die Initiative des Arbeiters, d. h. angestrengtes Arbeiten, guter Wille und Findigkeit [...] in größerem Maße gewonnen, als es unter dem alten System überhaupt möglich ist [...]."[58]

An dieser Stelle scheinen sich die richtigen Motivationen der Theoriebildung herauszukristallisieren. Es tritt nicht so sehr die Lösung eines Konfliktes als Ziel auf, sondern vielmehr die Teilnahmebereitschaft der Arbeiter. Es gibt drei Motive, die man den Arbeitern zuschreiben muss und die unbedingt nötig sind zu einer Effizienzsteigerung: (a) die Fleißigkeit, (b) der gute Wille oder die Bereitschaft sich zu engagieren und (c) die Mobilisierung der innovativen Potentiale. Man könnte auch behaupten, dass Taylor vielleicht als Erster erkannt hat, dass die Tarifverträge nicht geeignet sind, um die Arbeiter hinreichend zu motivieren. Taylor hat erkannt, dass die Motivationskraft des Geldes (als Lohn) eingeschränkt ist und einer Ergänzung bedarf. Es gibt keine andere Möglichkeit als die durch das Geld unerfassten Motivationsquellen durch Erfindung gewisser Organisationsformen zu ergänzen. Wenn diese Interpretation zutreffen sollte, dann würde die betriebliche Organisation eine neue Stufe der Verdinglichung bedeuten. Durch die Steigerung der Effektivität der Arbeit sollen mehr Waren hergestellt werden – in diesem Sinne kann man von einer Ausbreitung der Warenproduktion sprechen. Der Beschreibung dieser Tendenz muss aber die Erkenntnis hinzugefügt werden, dass die Arbeit nicht nur eine Ware ist, sondern vielmehr noch anderer Motivationsquellen bedarf.[59] Man könnte versuchen, diese Motivation auf verschiedenen Wegen herzustellen, z.B. in Form von emotionaler Bindung. Taylor würde aber darauf antworten, dass diese die Produktion überschreiten würde. Die *einzige* produktionsimmanente Möglichkeit besteht in der Etablierung gewisser Organisationsformen. Natürlich wird dadurch das eigentliche Problem nur verschoben, denn was – so die sich hier ergebende Frage – könnte dazu motivieren, in diesen Organisationsformen mitzuwirken? Ich möchte jetzt den generell formulierten Einwand von Christoph Deutschmann konkretisieren:

> „Ein neuralgischer Punkt der klassischen Konzeption ist, dass [diese Methode] das Transformationsproblem nicht wirklich löst, sondern nur verschiebt. Mit den operativen Produktionstätigkeiten wird zwar ein Subsystem ausgegrenzt, das sich scheinbar leicht überwachen, steuern, kontrollieren lässt. Die Folge ist jedoch nur, dass das Transformationsproblem an anderer Stelle neu entsteht, nämlich in der immer tiefer

---

58 Ebd., S. 37-38.
59 Zu diesem Problem generell vgl. Johannes Berger, „Warum arbeiten die Arbeiter?", in: *Zeitschrift für Soziologie*, Jg. 24, Heft 6, 1995, S. 395-406.

gestaffelten Kontrolllinie des Managements und den ihr zugeordneten technischen Stäben."[60]

Nicht nur die Kontrolle muss weiter kontrolliert werden, sondern auch die Motivationen müssen immer weiter begründet werden. Auf jeden Fall könnte man die neue Gestalt der *Verdinglichung* durch Mobilisierung der Produktionsmotive der Arbeiter bestimmen.

Die Organisation der Transformation ist hauptsächlich die Aufgabe der Arbeitgeber, sie müssen die neue Verwendungsweise der Arbeitskräfte initiieren. Um die Arbeit zu organisieren (sie zu rationalisieren) ist eine Tätigkeit nötig, die aus vier Schritten besteht. (1) „Die Leiter [die Manager] entwickeln ein System, eine Wissenschaft für jedes einzelne Arbeitselement, die an die Stelle der alten Faustregel-Methode tritt."[61] Dieser Schritt beinhaltet drei weitere Prämissen. (a) Die Arbeit muss geteilt werden: Die Kontrolle der Produktion und die Ausführung sollen getrennt werden; die Ausführung ist die Aufgabe der Lohnarbeiter, die Organisation wird an Spezialisten des Managements übertragen, die mit wissenschaftlichen Methoden arbeiten. (b) Das Management muss präzise Anleitungen für jede kleine Einheit der Arbeit vorgeben, es ist dabei vorausgesetzt, dass es eine beste Methode bei der Ausführung der Arbeit gibt (one-best-way-Prinzip). (c) Die letzte Bedingung impliziert bereits, dass eine möglichst hohe Arbeitsteilung nötig ist, weil nur so die sehr kleinen Arbeitseinheiten geregelt werden können.[62]

> (2) „Aufgrund eines wissenschaftlichen Studiums wählen sie die passendsten Leute aus, schulen sie, lehren sie und bilden sie weiter, anstatt [...] den Arbeitern selbst die Wahl ihrer Tätigkeit und ihre Weiterbildung zu überlassen."[63]

Dieser Schritt verhält sich spiegelbildlich zum vorherigen. Der erste Schritt hat den Arbeitern die Spontaneität entzogen, er hat aber noch die Freiheit in der Wahl der Arbeitssorten zugelassen. Jetzt wird diese Freiheit weiter eingeschränkt, sogar vernichtet. Um Simmels Ausdruck zu gebrauchen, könnte man von einer totalen Entindividualisierung der Arbeit sprechen. Das Taylorsystem ist eine Form der Verdinglichung, die die Spontaneität und die menschliche Freiheit ausgelöscht hat.

> (3) „Sie [die Manager] arbeiten in herzlichem Einvernehmen mit den Arbeitern; so sie sicher sein, dass alle Arbeit nach den Grundsätzen der Wissenschaft, die sie aufgebaut haben, geschieht."[64]

Dieser Schritt ist etwas rätselhaft und wird von Taylor auch nicht näher begründet. Die Pointe besteht aber darin, dass die Regelung der kleinsten Arbeitseinheiten und die Ausklammerung der Spontaneität nicht notwendig zu Konflikten führen,

---

60 Christoph Deutschmann, *Postindustrielle Industriesoziologie. Theoretische Grundlagen, Arbeitsverhältnisse und soziale Identitäten*, Weinheim und München 2002, S. 112.
61 Fredrick Winslow Taylor, *Die Grundsätze wissenschaftlicher Betriebsführung*, a.a.O., S. 38.
62 Vgl. Taylorismus aus Wikipedia der freien Enzyklopädie.
63 Fredrick Winslow Taylor, *Die Grundsätze wissenschaftlicher Betriebsführung*, a.a.O., S. 38.
64 Ebd., S. 39.

sondern durchaus ein freundschaftliches Betriebsklima schaffen können. Taylor
meint, dass die fehlende Freiheit nicht unbedingt zur Unzufriedenheit führt, sondern im Gegenteil dazu, dass die Arbeiter sich selbst zufrieden gestellt fühlen. Nur
diese Zufriedenheit führt nämlich dazu, dass die Arbeiter die Regelungen der Arbeitseinheiten einhalten und sich aneignen.

> (4) „Arbeit und Verantwortung verteilen sich fast gleichmäßig auf Leitung [Manage-
> ment] und Arbeiter. Die Leitung nimmt alle Arbeit, für die sie sich besser eignet als
> der Arbeiter, auf ihre Schulter, während bisher fast die ganze Arbeit und der größte
> Teil der Verantwortung auf die Arbeiter gewälzt wurde."[65]

Man könnte diese Aussage auf den vorherigen Punkt beziehen; die Arbeiter sind
deswegen zufrieden, weil sie sehen, dass die Arbeit und die Verantwortung gerecht
verteilt sind. Taylor verwendet die beiden Begriffe fast im Sinne von Synonymen.
Darin steckt aber eine gewisse indirekte Kritik des Managements. Bisher haben wir
nur die Kritik der Arbeiter gesehen, die durch effektivere Tätigkeit diszipliniert
werden sollen, wobei ihre Freiheit streng eingegrenzt werden soll. Aber die Arbeiter
werden das nur hinnehmen (d.h. in einer gegeben Konstellation zufrieden sein und
an den Organisationsregeln nicht rütteln), wenn sie sehen, dass das Management
auch aktiv wird, teilnimmt an der Arbeit und Verantwortung übernimmt. (Obwohl es nicht ganz klar ist, ob Taylor hier an die Einführung einer neuen Manager-
schicht denkt oder nur an die Aktivierung der Betriebsleitung.) Worin aber besteht
diese Aktivität? Sie besteht in der konkreten Regelung und Planung des Arbeitsprozesses und der Arbeitseinheiten. Taylor meint (oder scheint zu unterstellen),
dass man an diesem Punkt in das Arbeitsgefüge eingreifen kann. Er hat mit seiner
Konzeption für eine solche Planung und Regelung die allgemeinen Prinzipien herauszuarbeiten versucht. Taylor revolutioniert nicht in dem Sinne die Arbeitswelt,
dass sich diese grundsätzlich verändern, sondern in dem Sinne, dass alles effektiver
werden soll, durch die Einschränkung der Freiheit der Arbeiter und durch die Aktivierung der Betriebsleitung.

Die Realisierung und die praktische Verbreitung des Taylorsystems sind bis
heute sehr umstritten. Es gibt eine weit verbreitete orthodoxe Auffassung, derzufol-
ge das Taylorsystem die adäquate Produktionsweise des Kapitalismus ist. Walter
Volpert schreibt in seinem Vorwort zu Taylors Buch:

> „Die andauernde Aktualität der taylorschen Gedanken hat ihren Grund darin, dass
> diese Gedanken die Realität kapitalistischer Produktion in einer Weise widerspiegeln,
> die [...] typisch ist [...]."[66]

Es gibt auch empirische Einzelstudien, die die Verbreitung des Taylor-Systems in
einem gewissen Land herausarbeiten. So hat Moriyuki Tajima einen sehr lehrrei-

---

65 Ebd.
66 Walter Volpert, Von der Aktualität des Taylorismus, in: Frederick Winslow Taylor, *Die
   Grundsätze wissenschaftlicher Betriebsführung*, a.a.O., S. XII.

chen Aufsatz darüber geschrieben, wie sich das Taylor-System in Japan ausgebreitet hat:

> „Scientific Management, das in den USA aufgrund der Forschungen und der Praxis
> Taylor entwickelt hatte, wurde schon zu Anfang des zweiten Jahrzehnts dieses Jahr-
> hunderts in Japan eingeführt. [Es wurde] als wichtigstes Mittel zu Rationalisierung
> der Produktion rasch eingeführt, die sich vor die dringende Aufgabe der Effizienzer-
> höhung gestellt sah.“[67]

Dann gibt es aber auch Skeptiker, die eine so allgemeine Bedeutung abstreiten. Zu
ihnen rechne ich vor allem den Industriesoziologen Christoph Deutschmann, dem
zufolge gilt: „Taylors Botschaft des scientific management hatte in der Praxis keineswegs […] Erfolg“.[68] Die Konzeption Taylors fand zunächst keine Resonanz bei
den Unternehmern, sondern vielmehr in akademischen Kreisen:

> „Von der Seite der Unternehmer und der Gewerkschaften dagegen gab es beträchtli-
> che Widerstände. Die Unternehmer scheuten den beträchtlichen Aufwand für die
> Reorganisation, die Aufblähung der technischen Stäbe und den drohenden Verlust
> der Macht der Führungskräfte; die amerikanischen Gewerkschaften leisteten massi-
> ven Widerstand gegen das Taylorsystem und die mit ihm verknüpfte Intensivierung
> der Arbeit.“[69]

Deutschmann zufolge hat sich dieses System erst nach dem Weltkrieg ausbreiten
können. „Erst Fords System der Fließbandproduktion verhalf freilich dem Mythos
der rationalisierten Massenproduktion in den USA endgültig zum Durchbruch
[…].“[70] In Europa ist aber diese Produktionsmethode nie herrschend geworden,
weswegen man dort nicht von einer vollkommenen Taylorisierung der Industrie
sprechen könne. Deutschmann behauptet, dass die Ölkrise Mitte der siebziger Jahre des letzten Jahrhunderts dem Taylorsystem ein Ende gesetzt hat.

> „Nach der Krise der in der Mitte der siebziger Jahre stellte sich die Frage nach Alter-
> nativen zu dem herrschenden Modell der Massenproduktion auch in der industriel-
> len Praxis immer dringlicher. Hinter dieser mit der beliebten Metapher ‚Ölschock‘
> titulierten Krise verbarg sich ja nichts anderes als das ‚Umkippen‘ des tayloristisch-
> fordistischen Mythos aufgrund der jahrzehntelangen Akkumulation seiner ungeplan-
> ten Folgeprobleme. […] Damit konnte auch die Industriesoziologie der Auseinan-
> dersetzung mit diesen Problemen nicht länger ausweichen.“[71]

Wenn man von diesem Resultat ausgeht, dann scheint aber doch schon vorausgesetzt zu sein, dass die Methode Taylors sich in den fünfzig-sechzig Jahren gewaltig

---

67 Moriyuki Tajima, „Scientific Management – Einfluss auf Theorie und Praxis des Management in Japan“, in: Eduard Gaugler u.a., *Vademecum zu dem Klassiker der wissenschaftlichen
   Betriebsführung*, Düsseldorf 1996, S. 92.
68 Christoph Deutschmann, *Postindustrielle Industriesoziologie*, a.a.O., S. 110.
69 Ebd., S. 111.
70 Ebd.
71 Ebd., S. 116.

ausgebreitet hat. Natürlich kann man sagen, dass einige Übertreibungen inzwischen korrigiert wurden, aber die Grundidee scheint bis heute die industrielle Massenproduktion der entwickelten Länder zu beherrschen. Angelika Ebbinghaus zieht das folgende Fazit:

> „Vieles, was Taylor gedacht und vorgeschlagen hat, ist Selbstverständlichkeit geworden. […] Diese Einschätzung wird nicht dadurch geschmälert, dass Teile des ‚Taylorsystems‘, wie die Stoppuhr oder das Differentiallohnsystem, effektiveren Methoden der Sozialkontrolle Platz gemacht haben oder die recht kruden taylorschen Auslese- und Anlernverfahren von späteren Sozialwissenschaftlern verfeinert und in den Rang von Wissenschaften gehoben wurden.“[72]

Hier soll nun aber nicht so sehr die praktische Verbreitung, als vielmehr die theoretische Rezeption des Taylorsystems von Weber bis Lukács von Interesse sein. In Webers *Wirtschaft und Gesellschaft* gibt es eine gewisse Rezeption und Kritik des Taylor-Systems. An einer Stelle schreibt Weber über *„rechnungsmäßige* Leistungsoptima der *ausführenden* Arbeit“.[73] Dieses Optimum besteht aus drei Komponenten: (1) Angepasstheit an die Leistung, die nur durch Probe festgestellt werden kann. Das Taylorsystem will diese Anpassung rational durchführen. (2) Die Arbeitsübung muss optimiert werden:

> „Arbeitsübung ist im Optimum nur durch rationale und kontinuierliche Spezialisierung erreichbar. Sie ist heute nur […] unter Kostenersparnis-Gesichtspunkten […] vorgenommene Leistungsspezialisierung. Rationale […] Spezialisierung liegt in den Anfängen (Taylorsystem).“[74]

(3) Die Bereitschaft zur Arbeit wird in Orientierung an verschiedenen Handlungsarten bestimmt. So gibt es affektbedingte, traditionelle und wertrationale Arbeitswilligkeit. – Zunächst ist zu fragen, was der Unterschied zwischen Punkt (1) und (3) ist. Punkt (1) kann mit dem abgedeckt werden, was Taylor die Auslese und die Einschulung der Arbeiter genannt hat, bei dem dritten Punkt handelt es sich um eine einfache Motivationsfrage. Hervorzuheben wäre der zweite Punkt, der als Kern der ganzen Rationalisierung angesehen werden kann. Die Punkte (1) und (3) scheinen damit nur die Voraussetzungen einer optimalen Arbeitsübung zu sein. Wenn dies aber so ist, dann ist diese Beschreibung der „rechnungsmäßigen Leistungsoptimierung“ im Grunde genommen identisch mit dem Taylorsystem. Eine solche Behauptung kann aber doch nicht ohne weiteres aufgestellt werden. Die Tatsache, dass Weber im Rahmen von Punkt (3) das Taylorsystem nicht nennt, scheint stattdessen vielmehr auf eine latente Kritik hinzuweisen. Das Taylorsystem kann nämlich die Motivationsfrage nicht lösen. Webers Klassifizierung scheint sogar zu suggerieren, dass die Motivationsfrage innerhalb des Gefüges der Arbeitsor-

---

72 Angelika Ebbinghaus, *Arbeiter und Arbeitswissenschaft. Zur Entstehung der „wissenschaftlichen Betriebsführung“*, Opladen 1984, S. 48.

73 Max Weber, *Wirtschaft und Gesellschaft*, a.a.O., S.112.

74 Ebd.

ganisation *nicht* integriert werden kann; sie muss in irgendeinem Sinne kulturell vorgegeben sein. Wenn Punkt (1) und (2) als äußere Bedingungen der optimalen Arbeitsübung anzusehen sind, dann gibt es auch eine innere Voraussetzung, die in der Arbeitsteilung oder in der Spezifizierung besteht. Man könnte jetzt vermuten, dass Weber damit die im Betrieb stattfindende rationale Kalkulation beschrieben hätte. Wenn diese Vermutung zuträfe, dann könnte man die „rechnungsmäßige Leistungsoptimierung" als Kern der weberschen Rationalisierungstheorie auffassen. Diesem Schritt aber könnte Weber nicht folgen; er würde einwenden, dass das Leben eines Betriebes viel komplexer ist, als die „ausführende Arbeit". Wenn im Zentrum des Betriebes auch die Produktion oder die ausführende Arbeit steht, sein Tätigkeitsfeld ist doch viel breiter. Damit kommen wir aber zu einem zweiten grundsätzlichen Einwand Webers gegen die Theorie des Taylor-Systems. Weber meint, dass das, was Taylor über die Aktivierung der Arbeitgeber geschrieben hat, nicht ernst genommen werden kann. Weber mag das Gefühl gehabt haben, dass Taylor *nur* einen Konflikt entschärfen will – darauf scheint aber nichts hinzudeuten. Ist aber die Planung der „ausführenden Arbeit" nicht ebenso wichtig, wenn die Produktion rational sein soll? Die Planung und Organisation der Arbeit würde Weber noch zu der „ausführenden Arbeit" rechnen. Außerhalb dieser gibt es aber noch Tätigkeitsweisen, die auch rational sein müssen. An welche Tätigkeiten wäre noch zu denken? Vor allem an die Verfolgung und Kontrollierung der Produktion, an Kauf und Verkauf und vielleicht noch an einige andere.

Lukács schreibt an einer Stelle, dass die Verdinglichung zur „Ausschaltung der qualitativen, menschlich-individuellen Eigenschaften des Arbeiters" führt.[75] Das scheint das Spiegelbild der so beschriebenen Verdinglichung zu sein:

> „Das Wesen der Warenstruktur ist bereits oft hervorgehoben worden, es beruht darauf, dass ein Verhältnis, eine Beziehung zwischen Personen den Charakter einer Dinghaftigkeit und auf diese Weise eine ‚gespenstige Gegenständlichkeit' erhält, die in ihrer strengen, scheinbar völlig geschlossenen und rationellen Eigengesetzlichkeit jede Spur ihres Grundwesens, der Beziehung zwischen Menschen verdeckt."[76]

An dieser Stelle können wir eine latente Marx-Kritik entdecken: Marx hat sich nur für die objektive Seite der Verdinglichung interessiert und hat so Lukács zufolge „die Ausschaltung der […] menschlich-individuellen Eigenschaften" nicht hinreichend berücksichtigt. Dieser Vorschlag geht aber nicht nur über Marx hinaus, sondern löst auch eine bei Marx bestehende Zweideutigkeit auf. Marx hat die Verdinglichung so bestimmt, dass in ihr ein gewisser Prozess ausgelöscht wird. Wie ist aber dieser Prozess zu bestimmen? Zunächst scheint Marx zu behaupten, dass man hier an gesellschaftliche Beziehungen denken muss. Die verdinglichten Formen

---

75 Georg Lukács, *Geschichte und Klassenbewusstsein*, a.a.O., S. 177.
76 Ebd., S. 170-171. Der Ausdruck „gespenstige Gegenständlichkeit" stammt aus Marx: *Das Kapital*, Bd. I, a.a.O., S. 70.

der Ware zerstören die sozialen Beziehungen.[77] An anderen Stellen neigt Marx eher dazu, das menschliche Leben als eine Kontrastfolie für die Verdinglichung aufzufassen.

> „Das Nachdenken über die Formen des menschlichen Lebens, also auch ihre wissenschaftliche Analyse, schlägt überhaupt einen der wirklichen Entwicklung entgegengesetzten Weg ein. Es beginnt post festum und daher mit den fertigen Resultaten des Entwicklungsprozesses."[78]

Diese Passage scheint zwar eher einen methodologischen Sinn zu haben, aber für uns ist jetzt nur wichtig, dass Marx von der Erforschung des *menschlichen Lebens* spricht. Nicht viel später korrigiert er dies aber und spricht vom „gesellschaftlichen Leben".[79] Die bürgerliche Ökonomie sieht nur die verdinglichten Resultate, die Aufgabe der *Kritik* der politischen Ökonomie ist die Rückkopplung dieser Resultate an ihren Entstehungsprozess. Der Begriff der Entfremdung ist im Begriff der Verdinglichung schon impliziert; die verdinglichten Resultate entfernen sich von den gesellschaftlichen Beziehungen, die zur Herstellung der Ware führen. Entfremdung bedeutet dann *Entfernung*, eine Ent-Fernung, die auch noch unsichtbar geworden ist. Was ist aber als der Bezugspunkt zu begreifen, von dem man sich entfernt? Die Rede von ‚gesellschaftlichen Verhältnissen' scheint zu allgemein zu sein. Vielmehr scheint hier nur ein Ausschnitt dieser Verhältnisse relevant zu sein. Als Bezugspunkt der Entfernung kann das menschliche Leben oder das menschliche Individuum angegeben werden. Das scheint aber wiederum zu eng begriffen zu sein, weil der Mensch selten alleine produziert. Auf jeden Fall schwankt Marx zwischen der allgemeinen Gesellschaftlichkeit und der menschlichen Individualität. Lukács scheint sich hier auf die individuelle Seite festzulegen: Es geht seiner Meinung nach vor allem um die „Ausschaltung der menschlich-individuellen Eigenschaften". Zugleich meine ich, dass das Taylorsystem in Lukács' Augen eine Lösung des obigen Problems darstellt. Die Verhältnisse, die bei der Herstellung einer Ware relevant sind, sind nicht die Gesamtverhältnisse einer Gesellschaft, sondern die Verhältnisse eines Betriebes. Die Betriebsverhältnisse werden aber durch die Rationalisierung geregelt. Die Entfernung ist dann nicht ausgehend von den Verhältnissen zu messen, stattdessen laufen die Verhältnisse auf die Ausklammerung der Individualität hinaus. Die Rezeption des Taylorsystems führt also bei Lukács zu einer Anthropologisierung oder Psychologisierung des Phänomens der Verdinglichung.

---

77 „Das Geheimnisvolle der Warenform besteht also einfach darin, dass sie den Menschen die gesellschaftlichen Charaktere ihrer eigenen Arbeit als gegenständliche Charaktere der Arbeitsprodukte selbst, als gesellschaftliche Natureigenschaften dieser Dinge zurückspiegelt, daher auch das gesellschaftliche Verhältnis der Produzenten zur Gesamtarbeit als ein außer ihnen existierendes gesellschaftliches Verhältnis von Gegenständen." Ebd., S. 101.

78 Ebd., S. 104.

79 Ebd.

Noch immer mag aber die folgende Passage, in der Lukács seine Theorie der Verdinglichung zusammenfasst, überraschen:

> „Mit der modernen, ‚psychologischen‘ Zerlegung des Arbeitsprozesses (*Taylorsystem*) ragt diese rationelle Mechanisierung bis in die ‚Seele‘ des Arbeiters hinein: Selbst seine psychologischen Eigenschaften werden von seiner Gesamtpersönlichkeit abgetrennt, ihr gegenüber objektiviert, um in rationelle Spezialsysteme eingefügt und hier auf den kalkulatorischen Begriff gebracht werden zu können."[80]

Lukács scheint aber eine solche Überraschung vermeiden zu wollen, da er gleich in der Fußnote hinzufügt: „Dieser ganze Prozess ist historisch und systematisch im ersten Band des *Kapitals* dargestellt."[81] Ich meine aber, dass sich im Gegenteil an diesem Punkt eher eine Fortsetzung oder Radikalisierung der marxschen Theorie ersehen lässt. Lukács scheint zu unterstellen, dass Marx mit seiner Theorie der Verdinglichung, indem er sie anthropologisch versteht, zwar recht gehabt hat, aber nicht alle Konsequenzen erkannt hat. Er hat nicht geahnt, dass die Verdinglichung eine weitere Quelle hat, denn selbst die Seele kann verdinglicht werden. Oder anders formuliert: An zahlreichen Stellen seines Buches weckt Lukács den Eindruck, dass das Zeitalter, das er beschreiben möchte, eigentlich identisch ist mit derjenigen Gesellschaft, die schon Marx vor Augen gehabt hat.

> „Bevor jedoch das Problem selbst behandelt werden könnte, müssen wir darüber ins Klare kommen, dass das Problem des Warenfetischismus ein *spezifisches* Problem unserer Epoche, des *modernen* Kapitalismus ist."[82]

Lukács deutet hier nur sehr vorsichtig an, dass sich seiner Meinung nach seit Marx' Zeit der Kapitalismus doch in einer entscheidender Hinsicht weiterentwickelt hat und zwar durch die Erfindung des Taylorsystems. Lukács verwischt aber die Spuren einer Abgrenzung von Marx; er scheint davon auszugehen, dass die Theorie von Marx auch in dieser Hinsicht verlängert werden kann. Das Taylorsystem organisiert nicht nur die Produktion, sondern sieht auch in der Ausklammerung der individuellen Eigenschaften eine Ressource. Nicht nur das Produkt der Arbeit ist als Verdinglichung zu verstehen, sondern die Preisgabe der individuellen Eigenschaften findet bereits da statt, wo der einzelne Arbeiter in die Organisation (d.h. in den Betrieb) eintritt. Diese Auslöschung der Individualität durch die Integration

---

80 Georg Lukács, *Geschichte und Klassenbewusstsein*, a.a.O., S. 177. Hervorhebung von mir, J.W. – Damit klingt wieder das Thema von Lukács' erstem Buch an: *Die Seele und die Formen*.

81 Ebd., Fußnote 7.

82 Ebd., S. 171. – Ganz im marxistischen Stil formuliert Lukács: „Warenverkehr und dem entsprechend subjektive und objektive Warenbeziehungen hat es bekanntlich schon auf sehr primitiven Entwicklungsstufen der Gesellschaft gegeben. Worauf es aber *hier* ankommt, ist: wieweit der Warenverkehr und seine struktiven Folgen das *ganze* äußere wie innere Leben der Gesellschaft zu beeinflussen fähig sind. Die Frage also, wieweit der Warenverkehr die herrschende Form des Stoffwechsels einer Gesellschaft ist, lässt sich nicht […] einfach als quantitative Frage behandeln." Ebd.

beeinträchtigt – laut Lukács – *nicht* das Klassenbewusstsein des Proletariats. Die Begründung dieser These ist schwierig, wenn nicht unmöglich, denn wie soll nach der Ausschaltung der Individualität das Klassenbewusstsein unverändert fortbestehen können?[83]

Lukács hat die geistige Situation am Anfang der zwanziger Jahre in Deutschland zu erfassen versucht. Seine Diagnose ist auch deswegen so wichtig geworden, weil aus der Perspektive der großen Wirtschaftskrise (die am Ende des Jahrzehntes eingetreten ist) die ganze Geschichte der Weimarer Republik als eine lang anhaltende Krise erscheint. Mit dem Begriff der *Verdinglichung* hat Lukács die totale Verunsicherung, die in dieser Phase herrschte, zu erfassen vermocht.

Literatur

Berger, Johannes. „Warum arbeiten die Arbeiter?", in: *Zeitschrift für Soziologie*, Jg. 24, Heft 6, 1995, S. 395-406.

Deutschmann, Christoph. *Postindustrielle Industriesoziologie. Theoretische Grundlagen, Arbeitsverhältnisse und soziale Identitäten*, Weinheim und München 2002.

Ebbinghaus, Angelika. *Arbeiter und Arbeitswissenschaft. Zur Entstehung der „wissenschaftlichen Betriebsführung"*, Opladen 1984.

Grimm, Jacob und Wilhelm. *Deutsches Wörterbuch*, Bd. 1, Leipzig 1878.

Haußer, Christian. *Amerikanisierung der Arbeit? Deutsche Wirtschaftsführer und Gewerkschafter im Streit um Ford und Taylor (1919-1932)*, Stuttgart 2008.

Henning, Friedrich-Wilhelm. *Handbuch der Wirtschafts- und Sozialgeschichte Deutschlands*, Bd. 3/I, Paderborn, München, Wien, Zürich 2003.

Honneth, Axel. *Verdinglichung. Eine anerkennngstheoretische Studie*, Frankfurt a. M. 2005.

Kaes, Anton. „Weimarer Republik", in: *Walter Killy Literaturlexikon*, Sachteil, Bd. 14, S. 480.

Lukács, Georg. *Geschichte und Klassenbewusstsein*, Darmstadt 1988.

Marx, Karl. *Das Kapital*, Bd. III (*MEW*, Bd. 25), Berlin (Ost) 1973.

– *Zur Kritik der politischen Ökonomie* (MEGA, Bd. II/2), Berlin (Ost) 1980.

– *Das Kapital. Kritik der politischen Ökonomie*. Erster Band (MEGA, Bd. II/8), Berlin (Ost) 1989.

Menger, Carl. *Grundsätze der Volkswirtschaftslehre*, Aalen 1968.

Simmel, Georg. *Über sociale Differenzierung*, Leipzig 1890.

– Philosophie des Geldes, Köln 2009.

Tajima, Moriyuki.„Scientific Management – Einfluss auf Theorie und Praxis des Management in Japan", in: Eduard Gaugler u.a., *Vademecum zu dem Klassiker der wissenschaftlichen Betriebsführung*, Düsseldorf 1996.

Taylor, Frederik Winslow. *Die Grundzüge wissenschaftlicher Betriebsführung*, Weinheim und Basel 1977.

---

83 Erst die Vertreter der ersten Generation der Frankfurter Schule haben den Mut gehabt, zu behaupten, dass unter solchen Umständen ein ausgeprägtes Klassenbewusstsein, das die Grundlage einer revolutionären Handlung sein könnte, gar nicht mehr möglich ist. Diesen Schritt hat aber Lukács – wenn man seine Verdinglichungstheorie in diesem emphatischen zeitdiagnostischen Sinne versteht – schon gut vorbereitet.

Tönnies, Ferdinand. *Gemeinschaft und Gesellschaft*, Darmstadt 2005.
Weber, Max. *Wirtschaft und Gesellschaft. Grundriss der verstehenden Soziologie*, Frankfurt a.
    M. 2005.

Michael Quante

Arbeit als Prinzip des gesellschaftlichen Seins

Prolegomena einer Philosophie der Technik beim späten Lukács

*Es gibt kein menschliches Problem, das
letzthin nicht von der realen Praxis des
gesellschaftlichen Lebens ausgelöst und
zutiefst bestimmt wäre.*

Georg Lukács

In seinem Spätwerk zur Sozialontologie, das unter dem Titel „Prolegomena. Zur Ontologie des gesellschaftlichen Seins" in der unvollendet gebliebenen Werkausgabe in den Bänden 13 und 14 erschienen ist, setzt Lukács die Arbeit als die für die Sozialphilosophie grundlegende Kategorie an und behandelt sie ausführlich als erstes Kapitel des Zweiten Teils, der den wichtigsten Problemkomplexen des gesellschaftlichen Seins gewidmet ist. Im ersten Teil setzt Lukács sich mit der gegenwärtigen Problemlage auseinander; hier findet sich neben seiner Kritik am Neopositivismus und am Existentialismus eine kritisch-konstruktive Anknüpfung an Nicolai Hartmann, dem Lukács einen Vorstoß zu einer echten Ontologie bescheinigt. Danach setzt Lukács sich mit Hegels falscher und echter Ontologie sowie mit den ontologischen Grundprinzipien von Marx auseinander.

Mit Hartmann, Hegel und Marx sind die philosophischen Autoren benannt, vor deren Hintergrund Lukács seine eigene Sozialontologie entfaltet und die seine eigene Theorie auf vielfältige Weise vorgeprägt haben. Mit Nicolai Hartmann sieht Lukács die Hauptaufgabe der Philosophie darin, die Grundkategorien des Seins bzw. der diversen Seins- oder Wirklichkeitsbereiche zu entfalten. Für seine Analyse des gesellschaftlichen Seins geht er dann von der Philosophie von Marx aus, der in der Arbeit die grundlegende Kategorie des Sozialen und des Menschseins überhaupt erblickt hat. Dabei folgt Lukács Marx auch in der für dessen Hegelinterpretation zentralen Annahme, dass Hegel mit seiner Dialektik das Wesen der menschlichen Arbeit erfasst habe. Ich kann an dieser Stelle nicht auf die komplexe Beziehung eingehen, die sich durch diese These von Marx ergibt. So werden zentrale Theoreme der Hegelschen Philosophie übernommen, zugleich aber auf komplizierte Weise transformiert, weil sie in der bei Hegel vorliegenden Form als Erscheinungsweisen und als undurchschauter Ausdruck objektiver Entfremdung anzusehen sind. Dies erzeugt in der Marxschen Philosophie grundlegende Spannungen, die sich auch in die Sozialontologie von Lukács weitervererbt haben (ich komme hierauf gleich noch zurück).

Liest man die Ausführungen von Lukács unter der Fragestellung, wie man sie für eine Technikphilosophie fruchtbar machen kann, so ist der Auftakt des Arbeitskapitels aus den *Prolegomena* verheißungsvoll:

> „Wenn man die spezifischen Kategorien des gesellschaftlichen Seins, ihr Herauswachsen aus den früheren Seinsformen, ihre Verbundenheit mit ihnen, ihre Fundiertheit auf sie, ihre Unterscheidung von ihnen, ontologisch darstellen will, muß dieser Versuch mit der Analyse der Arbeit beginnen. Natürlich darf nie vergessen werden, daß jede Seinsstufe, im Ganzen wie in den Details, Komplexcharakter hat, d. h. daß auch ihre zentralsten und ausschlaggebendsten Kategorien nur in und aus der Gesamtbeschaffenheit des betreffenden Seinsniveaus adäquat begriffen werden können. Und bereits der oberflächlichste Blick auf das gesellschaftliche Sein zeigt die unauflösbare Verschlungenheit seiner entscheidenden Kategorien wie Arbeit, Sprache, Kooperation und Arbeitsteilung, zeigt neue Beziehungen des Bewußtseins zur Wirklichkeit und darum zu sich selbst etc." (5)

Es liegt auf der Hand, dass eine philosophische Betrachtung der Technik in den hier von Lukács aufgespannten Rahmen gehört. Sein Hinweis auf die zu beachtende Spezifizität der jeweils zu untersuchenden Regionalontologie einerseits und seine Betonung der ebenfalls zu beachtenden Komplexität des Gegenstandsbereichs – Lukács spricht in hegelsch-marxscher Terminologie von realer und konkreter Totalität – andererseits lässt hoffen, dass wir bei ihm eine nicht-reduktionistische Analyse bzw. einen Kategorienapparat zur Interpretation der Technik finden können.

Vor allem die doppelte Kritik, die Lukács an Positivismus und Existenzialismus übt, verspricht dem mit der heutigen Technikphilosophie etwas vertrauten Leser einen bereichernden Blickwinkel. Direkt im Anschluss an die soeben zitierten Sätze schreibt Lukács:

> „Keine [der oben genannten entscheidenden Kategorien; M.Q.] kann in isolierter Betrachtung adäquat erfaßt werden; man denke etwa an die Fetischisierung der Technik, die vom Positivismus ,entdeckt', gewisse Marxisten (Bucharin) tief beeinflussend, noch heute eine nicht unbeträchtliche Rolle spielt, und zwar nicht nur bei den blinden Verherrlichern der gegenwärtig so einflußreichen Universalität der Manipulation, sondern auch bei ihren abstrakt-ethisch dogmatischen Widersachern". (5)

Lukács wendet sich hier gegen zwei – sich gegenseitig in schlechter Dialektik verstärkende – Grundhaltungen gegenüber der technisch handelnden Lebensform des Menschen. Die Verkürzungen eines bloß auf Effizienz basierenden und/oder ausgerichteten Positivismus, der jede ontologisch oder anthropologisch weitergehende Reflexion auf das Zusammenspiel von technischer Entwicklung und menschlicher Existenz als philosophischen Unsinn zurückweist, stehen dabei auf der einen Seite. Ihren Widerpart bildet auf der anderen Seite eine abstrakte Ethik, die sich weder auf die konkrete gesellschaftliche Situiertheit der zu bewertenden Technik und der damit einhergehenden Handlungsoptionen einlässt, noch bereit ist, ihre eigenen normativen Grundannahmen im Zusammenspiel mit der jeweiligen gesellschaftlichen Totalität zu betrachten. In diesem doppelten Sinne abstrakt kann eine solche

Ethik nur Grundsätzliches oder Kategorisches, aber nur in wenigen Fällen auch wirklich Hilfreiches zu einer Technikphilosophie beitragen, die für unsere gegenwärtige Gesellschaft eine Orientierungsfunktion zu übernehmen in der Lage wäre.

Wer die in Deutschland geführten Debatten um Humangenetik oder die Reproduktionsmedizin verfolgt, sieht sofort, dass diese Diagnose von Lukács etwas Zentrales und an unserer gegenwärtigen Diskussion zutiefst Unbefriedigendes trifft. All dies nährt die Hoffnung, bei Lukács etwas zu finden, was für eine gegenwärtige philosophische Reflexion auf Technik und ihre Rolle in der Lebenswelt systematisch relevant ist. Die Lektüre des Arbeitskapitels aus den *Prolegomena* enttäuscht diese Vorerwartung jedoch weitgehend, denn der Leser findet zwar gelegentlich Fundstücke, die sich als Bausteine einer Philosophie der Technik einfügen lassen. Aber eine zusammenhängende Analyse des Phänomens der Technik sucht man bei Lukács vergeblich.

Deshalb möchte ich im Folgenden so vorgehen, dass ich im ersten Teil kurz den philosophischen Rahmen skizziere, den Lukács in seiner Ontologie des gesellschaftlichen Seins aufspannt. Dann werde ich im zweiten Teil zusammentragen, was sich finden lässt, wenn man die Ontologie der Arbeit unter der Perspektive liest, was sie zu einer Philosophie der Technik beisteuern kann. Im abschließenden dritten Teil werde ich dann drei Thesen formulieren, die zum Ausdruck bringen, weshalb sich das philosophische Werk, wie es uns von Georg Lukács hinterlassen worden ist, nur bedingt zur Entwicklung einer Technikphilosophie eignet. Auch wenn dieser Beitrag damit im wesentlichen ein negatives Ergebnis hat, kann dieses doch für das Projekt einer kritischen Technikphilosophie eine wichtige Orientierungsfunktion übernehmen, weil sich aus dem Scheitern der Technikphilosophie von Lukács einiges über die Adäquatheitsbedingungen für eine angemessene Philosophie der Technik lernen lässt.

I. Arbeit als Prinzip des gesellschaftlichen Seins

1. Hegel und Marx als systematische Bezugspunkte

Neben Nicolai Hartmann, auf dessen prägenden Einfluss ich hier nicht eingehen kann, sind es vor allem Hegel und Marx, die Lukács entscheidende Bausteine für seine Ontologie des gesellschaftlichen Seins bereitstellen. Bevor ich kurz auf das handlungstheoretische Modell, welches Lukács von Marx qua Arbeitsbegriff und dieser von Hegel qua Handlungsbegriff übernimmt, eingehe, möchte ich einige Aspekte der Argumentation von Lukács benennen, die sich diesem philosophiehistorischen Erbe verdanken.

Auf der einen Seite gibt es immer wieder Theorieelemente oder auch argumentative Absicherungen und Nebenpfade, die sich der marxistisch-leninistischen Orthodoxie verdanken. Besonders auffällig sind die Hinweise von Lukács, dass das Bewusstsein des Menschen kein bloßes Epiphänomen, sondern eine kausal-explanatorisch relevante Größe darstellt (vgl. 34 oder 40). Im gleichen Zuge wehrt er sich dann auch gegen die Vorstellung, man könne die ökonomische Formation einer Gesellschaft als monokausalen Faktor zur Erklärung der konkreten Gesellschaft und ihrer Entwicklungen ansetzen; Lukács spricht sogar von einer „Fetischisierung der ökonomischen Ratio" (50). Gleichzeitig stützt Lukács sich jedoch durchgängig auf das erkenntnistheoretische Modell der „Widerspiegelung" (36), um einen antiidealistischen Zug in seine Gesamtkonzeption einzubauen.

Auf der anderen Seite gibt es in der Gesamtanlage der Konzeption von Lukács Züge, die sich direkt auf sein Hegel-Marx-Erbe zurückführen lassen. Ich nenne hier nur drei besonders auffällige Aspekte: Der Prinzipienmonismus (vgl. 43), den Lukács übernimmt, ohne ihn überhaupt auch nur als methodologische Vorannahme zu problematisieren; die Konzeption der Ontologie als Lehre der Kategorien des Seins *und* des Denkens sowie die Konzeption der Dialektik als einer begrifflichen *und* empirischen Beziehung zwischen diesen Kategorien. Wie schon in der Philosophie von Marx, dessen Hegelkritik Lukács hier folgt, erzeugt die Transformation dieser idealistischen (oder rationalistischen) Theoreme in einem materialistischen Rahmen (vgl. 47) Spannungen, die sich z. B. in einer unklaren Verbindung realistischer mit antirealistischen Annahmen sowie identitätsphilosophischen und dualistischen Konzeptionen des Verhältnisses von Begriff und Sein bemerkbar machen (vgl. 43).

Das *Vergegenständlichungsmodell des Handelns* übernehmen Marx und Lukács von Hegel, bei dem es selbst die philosophische Interpretation unseres alltäglichen Handlungsverständnisses ist. Eine Handlung ist die „Verwirklichung" (32) eines nach der Wahl und der Entscheidung eines Handlungssubjekts absichtlich gesetzten Handlungszwecks. „Setzen", so schreibt Lukács,

> „bedeutet deshalb in diesem Zusammenhang kein bloßes Ins-Bewußtsein-Heben, wie bei anderen Kategorien, vor allem bei der Kausalität; sondern das Bewußtsein initiiert mit dem Akt des Setzens einen realen Prozeß, eben den teleologischen. Das Setzen hat also hier einen unaufhebbar ontologischen Charakter." (15)

Die Verwirklichung wird dabei als Vergegenständlichung des gesetzten Zweckes, als „Entstehen einer neuen Gegenständlichkeit" (13) begriffen. Dieses Neue ergibt sich daraus, dass in jedem Handeln eine, wie Lukács sagt, „Alternative" (44 f.; vgl. auch 47, 50, 51, 54 und 134 f.) gegeben ist. Hiermit sind Wahlmöglichkeiten gemeint, die als reale Möglichkeiten durch einen Handlungsentschluss zur Wirklichkeit gebracht werden können (sofern der Handelnde die für seine Zielverwirklichung relevanten Kausalketten richtig erkennt).

Hieraus ergibt sich unmittelbar, dass das Bewusstsein des Handelnden kein Epiphänomen sein kann, sondern dass die „teleologische Setzung" einen „selbstgelenkten Akt" (34) darstellt. Wie auch Marx entwickelt Lukács, zumindest in der Ontologie des gesellschaftlichen Seins, keine allgemeine Handlungstheorie, sondern konzentriert sich auf den Begriff der Arbeit.

2. Arbeit

Den Arbeitsbegriff von Lukács, der in den Grundzügen der Marxschen Konzeption entspricht, möchte ich unter zwei Gesichtspunkten kurz beleuchten: (1.) Unter dem *methodologischen* Aspekt stellt die Arbeit für Lukács erstens das „Urphänomen" (9), *das* „Modell des gesellschaftlichen Seins" (ebd.) dar. Als Wechselbeziehung zwischen Mensch und Natur ist sie das Fundament des gesellschaftlichen Seins. Ihre interne Struktur, die sich durch das Zusammenspiel von Kausalität und Teleologie erfassen lässt, ist das in sich widersprüchliche Prinzip, aus dem sich die Gesellschaft heraus entfaltet. Auch dies ist eine Übernahme eines zentralen Gedankens von Marx, die er im *Kapital* und, gemeinsam mit Friedrich Engels, in der *Deutschen Ideologie* entwickelt hat.

Um diese Rolle in seiner Theorie erfüllen zu können, muss Lukács eine radikale Abstraktion (53 f.) vornehmen, wodurch die „Urform" (54) der Arbeit als „Organ des Stoffwechsels zwischen Mensch und Natur" (ebd.) hinter den konkreten gesellschaftlichen Formationen sichtbar wird. Diese „Urstruktur der Arbeit" (76) liegt, so muss man Lukács verstehen, allen konkreten Arbeitsvorgängen zugrunde.

(2.) Die beiden für meine Fragestellung zentralen *Bausteine* sind zweitens, worauf ich gleich im zweiten Teil meines Beitrags ausführlicher eingehen werde, die *ontologische* Unterscheidung des kausalen und des teleologischen Aspekts der Arbeit, die beide unverzichtbar zu ihr hinzugehören. Zweckverwirklichung ist eine teleologische Struktur, die durch eine gesetzte Kausalität möglich ist. Dieser Doppelaspekt des Handelns bzw. Arbeitens tritt, dies ist der zweite für mich relevante Baustein, in der Zweck-Mittel-Struktur des (herstellenden) Handelns qua Arbeiten auseinander und entwickelt sich, dies wird nun ebenfalls wichtig werden, auch in epistemologischer Hinsicht in unterschiedliche Richtungen.

II. Prolegomena einer Philosophie der Technik?

Damit komme ich zu meiner Frage: Stellt die Ontologie des gesellschaftlichen Seins von Lukács Grundlagen für eine systematisch bedeutsame Philosophie der Technik bereit?

Ich möchte diese Frage in zwei Schritten beantworten. Im ersten Schritt stelle ich die Dialektik von Kausalität und Teleologie anhand des Zweck-Mittel-Verhältnisses im Prinzip der Arbeit bei Lukács dar. Im zweiten Schritt nenne ich dann einzelne Einsichten, die sich bei Lukács für meine übergeordnete Fragestellung finden lassen.

Lukács kombiniert in seiner Handlungstheorie bzw. seinem Prinzip der Arbeit Kausalität auf der Ebene der konkreten materiellen Prozesse, durch die hindurch sich die Zwecksetzung verwirklicht, und Teleologie als Sinn- und Ordnungsdimension, die eine menschliche Tätigkeit als absichtliches Handeln auszeichnet. Damit muss er von der prinzipiellen Vereinbarkeit von Naturkausalität und Teleologie ausgehen. Wird

> „die Teleologie ausschließlich in der Arbeit als real wirksame Kategorie anerkannt, so
> folgt daraus unausbleiblich eine konkrete reale und notwendige Koexistenz von Kau-
> salität und Teleologie; sie bleiben zwar Gegensätze, aber nur innerhalb eines einheit-
> lichen Prozesses, dessen Bewegtheit auf die Wechselwirkung dieser Gegensätze ge-
> gründet ist, der, um diese Wechselwirkung als Realität hervorzubringen, die Kausali-
> tät, ohne ihr Wesen sonst anzutasten, in eine ebenfalls gesetzte verwandelt." (20)

Gesetzte Kausalität bedeutet, dass das erkennende Subjekt den Ausschnitt des Kau-
salgeflechts, der für seine Zwecksetzung relevant ist, erkennt und zur Realisierung
seines Zweckes ausnutzt (45 f.). Eine solche pragmatische Erkenntnis von Kausalität kann ausschnitthaft bleiben und sogar auf Irrtümern beruhen, solange diese
Irrtümer sich hinsichtlich der Zweckrealisierung nicht bemerkbar machen. Während eine als Erkenntnis fehlerhafte Setzung der Kausalität gar keine Setzung darstellt, kann eine gesetzte Kausalität im Rahmen einer Handlung durchaus eine
wirkmächtige Setzung sein, auch wenn sie auf einer falschen oder unvollständigen
Widerspiegelung der Kausalitätsverhältnisse beruht (24).

Lukács interpretiert nun das Setzen der Kausalität innerhalb eines teleologischen
Handlungs- bzw. Arbeitszusammenhangs als Mittel-Zweck-Verhältnis (22): Die
Ermittlung der Kausalverhältnisse ist ein notwendiges Mittel der Arbeit zur Verwirklichung der Zwecke (22). Zugleich, dies folgt aus der Beschränkung der Teleologie, gibt es eine „prinzipielle Heterogenität zwischen Zweck und Mittel" (26) –
ersteres ist Ergebnis einer bewussten Wahl und Realisierung einer Absicht, letzteres
ist das In-Rechnung-Stellen einer unverfügbaren Vorgabe der Natur.

Weil aber das Mittel, zumindest im pragmatisch abgesteckten Rahmen, unverzichtbar ist, liegt nach Lukács im Wesen der Arbeit, das er ontologisch als „Dop-
pelgesicht" (54) zwischen Kausalität und Teleologie charakterisiert, die Tendenz
zur systematischen „Erforschung der Mittel" (22) und die Möglichkeit, entwickelte Mittel auch auf „völlig Heterogenes" (30) anzuwenden. Damit entsteht nicht
nur die Eigenständigkeit der Anwendung von solchem Wissen, sondern auch eine
Emanzipation des erkennenden vom handelnden Aspekt:

> „Aus der ihr innewohnenden Tendenz zum Selbständigwerden der Erforschung des
> Mittels bei der Vorbereitung und Durchführung des Arbeitsprozesses erwächst also
> das wissenschaftlich gerichtete Denken und stammen später die verschiedenen Na-
> turwissenschaften." (31)

Später dann wird die

> „Selbständigkeit der Widerspiegelung der äußeren und inneren Welt im menschli-
> chen Bewußtsein (…) eine unabdingbare Voraussetzung des Entstehens und der Hö-
> herentwicklung der Arbeit. Die Wissenschaft, die Theorie als selbsttätig und eigen-
> ständig gewordene Gestalt von ursprünglich teleologisch-kausalen Setzungen in der
> Arbeit kann aber auch auf der Stufe ihrer Höchstentwicklung diese letzthinnige Ge-
> bundenheit an ihren Ursprung nie völlig ablegen." (67)

Zu fragen wäre an dieser Stelle, ob es eine anthropologisch fundamentale Neugier-
de gibt, oder ob man diese selbst noch als Konsequenz aus dem Doppelcharakter

der Arbeit ableiten kann. Lukács scheint mir für letzteres zu plädieren, gleichzeitig aber die Möglichkeit solchen rein theoretischen Wissens im Rahmen einer marxistisch-pragmatischen Technik- und Wissenschaftsphilosophie zu eröffnen.

Das praktische Interesse an der „Überprüfung und Vervollkommnung der Widerspiegelungsakte" einerseits sowie ihre – für späteren technischen Transfer brauchbare – „Verallgemeinerung" (66) andererseits erklärt nicht nur den praktischen Ursprung der Wissenschaften, sondern kann auch – in Abwehr eines verkürzten pragmatischen Effizienzdenkens – als Rechtfertigung für Grundlagenforschung dienen (149 f.). Lukács diagnostiziert jedenfalls die Gefahr einer verkürzt pragmatischen Wissenschaftskonzeption, die sich auch in heutiger Forschungsförderung durchaus manifestiert, treffend:

> „Vom Standpunkt unseres gegenwärtigen Problems ergibt sich daraus die paradoxe Lage, daß, während auf primitiver Stufe die Unentwickeltheit der Arbeit und des Wissens Hindernis für die echte ontologische Erforschung des Seins war, heute gerade das sich grenzenlos ausbreitende Beherrschen der Natur selbst erbaute Schranken vor eine seinsgemäße Vertiefung und Verallgemeinerung des Wissens errichtet, daß dieses nicht gegen Phantasmagorien, sondern gegen seine eigene Verengung auf Grundlage der eigenen praktischen Universalität sich wenden muß." (149)

Lukács wendet sich hiermit gegen zwei Ideologien gleichzeitig: Die der Illusion einer Wissenschaft, die eine „gesellschaftlich völlig unvoreingenommene Wiedergabe der hier herrschenden Kausalitätsketten und dadurch vermittelt auch der Naturkausalitäten erlangen" (73) könnte. Beredtes Beispiel hierfür ist heute vielleicht die Diskussion um Klimawandel und den Status von Klimaforschung im Lichte internationaler Politik und Abkommen. Lukács wendet sich aber auch gegen die Reduktion der Wissenschaft auf pragmatische Kontexte und Klasseninteressen, deren „vulgär-direkten Sinn" (73) er entschieden zurückweist. Es ist die Struktur der Arbeit selbst, und nicht etwa die Entfremdung des Kapitalismus oder verdeckte Verwertungsinteressen, die das Projekt der Wissenschaften mit ihrem Streben nach einer „desanthropomorphierenden Widerspiegelung der Wirklichkeit" (74) antreibt und nährt. Wer die heute häufig zu vernehmende, positiv oder negativ gewendete Einschätzung von Technikfolgenabschätzung als Ideologiekritik oder Akzeptanzbeschaffungsinstrument kennt, der wird der Position von Lukács eine gewisse Attraktivität nicht ganz absprechen wollen.

Sicher sind dies nur zarte Pflänzchen einer Technikphilosophie und außerdem von einer konkreten oder gar ‚angewandten' Philosophie der Technik weit entfernte Überlegungen. Es spricht aber für den zutiefst realistischen Sinn der Analyse von Lukács, dass er aus dem Zusammenspiel von Kausalität und Teleologie in der Arbeit sowie der Technik als einer ihrer Vergegenständlichungen, auch die Unverzichtbarkeit des menschlichen Faktors abzuleiten in der Lage ist. Weil es im Handeln auf die Zwecksetzung, auf die damit verbundene Auswahl und Gewichtung der Mittel sowie gegebenenfalls auch auf die Revision der Zwecksetzungen ankommt,

„sehen wir immer wieder, daß die modernen Versuche, die Unsicherheit mit Manipulationsmethoden zu beherrschen, sich in komplizierten Fällen als äußerst problematisch erweisen" (155).

Diese Einsicht ist nicht nur ein heilsames Korrektiv für den – z.B. bezüglich klimatischer Prozesse, Naturkatastrophen, möglicherweise aber auch Weltmarkt-Prozesse – schwer zu vermeidenden Impuls einer intervenierenden Kontrolle, deren Ausbleiben oder Fehlschlagen für den modernen Menschen so schwer erträglich ist und schnell in politischen Aktionismus umschlägt. Sie ist auch festzuhalten in Zeiten, wo mindestens eine der großen Fluggesellschaften auf unserem Globus das Heil der Flugsicherheit in der Elimination menschlicher Piloten sucht.

Es gibt sie also, diese Fundstücke, die sich in eine attraktive Philosophie der Technik einfügen lassen. Statt aber jetzt weitere solcher Bruchstücke zu präsentieren, möchte ich abschließend einige Thesen dazu formulieren, welche Aspekte der Philosophie von Lukács der Entwicklung einer solchen Technikphilosophie im Wege stehen könnten.

III. Fazit: Fundstücke, aber keine Theorie der Technik

Im zweiten Teil meines Beitrags habe ich unter der allerdings mit einem Fragezeichen versehenen Überschrift „Prolegomena einer Philosophie der Technik" die Resultate meiner Lektüre des Arbeitskapitels aus der Ontologie des gesellschaftlichen Seins von Lukács präsentiert. Dabei handelt es sich, wie man wird zugeben müssen, eher um einzelne Fundstücke als um eine ausgearbeitete Theorie oder auch nur um deren programmatischen Kern. Anstatt nun die Alternative zu ergreifen, aus diesen Fundstücken eine Technikphilosophie ‚in a broadly Lukácsian sense' zu entwickeln, möchte ich abschließend drei Gründe nennen, die meines Erachtens systematische Hindernisse dafür darstellen, die Sozialontologie von Lukács direkt für eine Philosophie der Technik fruchtbar zu machen.

1. Das generelle Methodenproblem: Übergeneralisierung

Lukács will mit seiner Sozialontologie die Grundkategorien des gesellschaftlichen Seins darstellen und zugleich zeigen, wie sie sich aus der Grundstruktur der Arbeit ergeben, wenn auch nicht mit logischer Notwendigkeit daraus ableiten lassen. Daher muss in seiner Untersuchung

> „von der Arbeit ausschließlich im engsten Sinne des Wortes, in ihrer Urform, als Organ des Stoffwechsels zwischen Mensch und Natur die Rede sein, denn nur so kann man jene Kategorien aufzeigen, die sich ontologisch notwendig aus dieser Urform ergeben, die deshalb aus der Arbeit ein Modell der gesellschaftlichen Praxis überhaupt machen." (54)

Zwar weist Lukács selbst darauf hin, dass man sich nur schwerlich konsequent auf diesem Abstraktionsniveau halten kann, wenn man reale soziale Verhältnisse philosophisch analysiert:

> „Es ist natürlich schwer möglich, dieses Niveau der Abstraktion im Sinne von Marx überall konsequent festzuhalten, ohne bei einzelnen Analysen Tatsachen heranzuziehen, die bereits konkretere, durch die jeweilige Gesellschaft bedingte Umstände voraussetzen." (53)

Dennoch hält er in seinem Buch an dem gewählten Abstraktionsniveau fest,

> „in der Arbeit das Modell einer jeden gesellschaftlichen Praxis, eines jeden aktiven gesellschaftlichen Verhaltens zu erblicken." (61)

Für einen Leser, der sich auf der Suche nach Grundlagen einer Technikphilosophie befindet, ist es zumindest kein optimistisch stimmendes Signal, wenn er bei Lukács liest, dass es für seine Theorie

> „einerlei (ist), ob es sich um die Herstellung einer Steinaxt oder um das Modell eines Autos handelt, das dann in hunderttausend Exemplaren produziert wird." (50 f.)

2. Eine grundlegende Spannung: Ahistorisches und Historisches

Zusätzlich zu den Hindernissen, die sich auf dem Weg einer Technikphilosophie durch das von Lukács gewählte Abstraktionsniveau ergeben, erbt er auch eine Spannung, die sich schon bei Marx beobachten lässt: die zwischen Ahistorischem und Historischem:

> „Was wir aufgrund der Ontologie des Arbeitsprozesses behaupten, ist nur jener schlichte Tatbestand, den wir beschrieben haben. Wenn er sich auf verschiedenen Entwicklungsstufen, in verschiedenen Klassenlagen sehr verschieden äußert, so folgen diese oft entgegengesetzten Differenzierungen des jeweiligen Inhalts aus der jeweiligen Struktur der jeweiligen sozialen Formation. Das schließt freilich keineswegs aus, daß die Grundlage bei diesen so verschieden gearteten Erscheinungen eben jener ontologische Tatbestand sei, der mit der Arbeit, in ihr objektiv notwendig entstehen mußte." (132)

Wenn man, wie Lukács mit Marx, die idealistische Geschichtsphilosophie Hegels nicht mehr als Rahmen zu übernehmen bereit ist, dann fällt dessen Auflösung der Spannung in einer Konvergenzbewegung weg. Und wenn man Hegels Diktum der Identität von Vernünftigem und Wirklichem nicht übernimmt, stellt sich die Frage, welche Rolle historisch kontingente Tatsachen und Entwicklungen in einer Fundamentalontologie spielen können, die Marx und Lukács vorschweben:

> „Denn wir haben (…) feststellen müssen, daß es keine ökonomischen Akte geben kann (…), denen nicht zugleich eine ihnen ontologisch immanente Intention auf das Menschwerden des Menschen im weitesten Sinne, also von der Genesis bis zur Entfaltung, zugrunde liegen würde." (106)

Es ist daher, gerade in Verbindung mit dem zuerst genannten Problem der Abstraktionsebene, auf der sich Lukács bewegt, zu fragen, wie invariant und statisch die Basis gedacht wird, die in unserer gesellschaftlichen Realität jeweils zur Erscheinung kommt:

> „Die Lösung des Problems von Theorie und Praxis erfordert das Zurückgreifen auf die Praxis in ihrer realen und materiellen Erscheinungsweise, wo ihre fundamentalen ontologischen Bestimmungen deutlich und eindeutig ablesbar zum Vorschein kommen". (69)

3. Der fehlende Baustein: Die Ethik

Neben diese beiden systematisch fundierten Schwierigkeiten tritt eine weitere, rein faktische hinzu: Lukács hat seine Ethik, die als wesentliches Element zu seiner Sozialphilosophie gehören sollte, nicht mehr ausgeführt. Gerade in ihr aber, so hat er selbst geschrieben, müsste spätestens der Übergang vom Abstrakten zum Konkreten sowie die Miteinbeziehung der jeweils historisch bedingten konkreten Totalität des gesellschaftlichen Seins geleistet werden:

> „Es wird die Aufgabe kommender Untersuchungen sein, größtenteils erst in der Ethik, jene Komplikationen, Beschränkungen etc. aufzuzeigen, die sich auf dem Boden einer immer stärker in ihrer entfalteten Totalität erfaßten Gesellschaft ergeben." (54)

Seine Beobachtung jedenfalls, dass

> „zuweilen offene Kämpfe zwischen wissenschaftlich objektiv fundierten und bloß im gesellschaftlichen Sein verankerten ontologischen Konzeptionen" (78)

entbrennen, ist nach wie vor aktuell, obwohl man gerne nachfragen möchte, was hier mit „bloß" gemeint ist. Auch seine Diagnose, dass in der Wissenschaftstheorie selbst der spürbare Konflikt zwischen lebensweltlicher oder auch religiös-theologischer Ontologie und dem wissenschaftlichen Weltbild umgangen und im Sinne der Dominanz von Verwertungsinteressen aufgelöst wird, ist zumindest diskussionswürdig:

> „Diese Tendenz erhält nun bei den Klassikern des Neopositivismus ihre entwickelteste Form, indem jeder Bezug auf das Sein im ontologischen Sinn als ‚Metaphysik' und darum als unwissenschaftlich abgelehnt wird und einzig und allein die gesteigerte praktische Anwendbarkeit als Kriterium für die wissenschaftliche Wahrheit gelten soll." (79)

Lukács hat diese geistige Lage nicht nur seiner Zeit als Beleg dafür gewertet, dass die Arbeit als das Grundprinzip des gesellschaftlichen Seins gelten muss:

> „Damit erhält der ontologische Gegensatz, der in jedem Arbeitsprozeß, in der ihn leitenden Bewußtheit steckt, nämlich der von echter Seinserkennntis durch wissen-

schaftliche Höherentwicklung der Kausalsetzung auf dem einen und von Beschränkung auf bloß praktische Manipulation konkret erkannter Kausalzusammenhänge auf dem anderen Pol, eine im gegenwärtigen gesellschaftlichen Sein tief verankerte Gestalt." (79)

Sein Hinweis, dass „die direkte, absolute, kritiklose Erklärung der Praxis zum Kriterium der Theorie nicht unproblematisch ist" (81), sollte in Zeiten der evidence based medicine oder auch von Förder- bzw. Verteilungskriterien in der Wissenschaftspolitik meines Erachtens nicht ungehört verhallen.

Auch wenn ich bezüglich eines generellen Vorrangs der ontologischen Betrachtung, wenn sie sich denn allein an den Naturwissenschaften und nicht etwa auch an der philosophischen Anthropologie orientiert, Zweifel anmelden möchte, stimme ich Lukács doch darin zu, dass

> „zumindest der theoretische Vorrang der ontologischen Betrachtung der gesellschaftlichen Praxis sowohl dem praktizistischen Empirismus wie dem abstrakten Moralisieren gegenüber hervorgehoben werden" (155)

muss. Lukács selbst hat die Alternative, von der er in dem Zitat, mit welchem ich schließen möchte, spricht, soweit ich weiß, nicht ausgeführt. Deshalb kann es nur als richtungweisender Ratschlag für eine ethisch ausgerichtete Technikphilosophie gelten:

> „Die Widerlegung beider falschen Extreme kann nur von einer Warte aus erfolgen, von wo aus die moralischen, ethischen etc. Beweggründe der Menschen als reale Momente des gesellschaftlichen Seins erscheinen, die stets innerhalb von widerspruchsvollen, aber in ihrer Widersprüchlichkeit einheitlichen sozialen Komplexen mehr oder weniger effektiv wirksam werden, die aber stets reale Bestandteile der gesellschaftlichen Praxis bilden, die infolge einer solchen Beschaffenheit eine entscheidende Rolle darin spielen, ob ein bestimmtes Mittel (eine bestimmte Beeinflussung des Menschen, so oder so ihre Alternative zu entscheiden) für die Verwirklichung eines Zieles geeignet oder ungeeignet, richtig oder verwerflich ist." (156)

Literatur

Adorno, Th.W. (1966): *Negative Dialektik*. Frankfurt am Main: Suhrkamp.
- (2002): *Ontologie und Dialektik*. Vorlesung aus dem Jahr 1960/61, herausgegeben von Rolf Tiedemann. Frankfurt am Main: Suhrkamp.
- (2010): *Einführung in die Dialektik*. Vorlesung aus dem Jahr 1958, herausgegeben von Christoph Ziermann. Frankfurt am Main: Suhrkamp.
Grunwald, A. (2008): *Auf dem Weg in eine nanotechnologische Zukunft*. Freiburg / München: Alber.
Hegel, G.W.F. (1999): *Wissenschaft der Logik. Die Lehre vom Wesen (1813)*. Hamburg: Meiner.
- (2009): *Grundlinien der Philosophie des Rechts*. Hamburg: Meiner.
Lukács, Georg (1973): *Ontologie – Arbeit*. Neuwied / Darmstadt: Luchterhand.

Marx, K. (1982): *Ökonomisch-philosophische Manuskripte*. In: Marx-Engels-Gesamtausgabe, erste Abteilung, Band 2, Berlin: Dietz, S. 187-322.

Quante, M. (1993): *Hegels Begriff der Handlung*. Stuttgart / Bad Cannstatt: Frommann holzboog.

– (2009): „Kommentar". In: Marx, K.: *Ökonomisch-philosophische Manuskripte*. Herausgegeben und kommentiert von Michael Quante. Frankfurt am Main: Suhrkamp.

– (2010): „Geschichtsbegriff und Geschichtsphilosophie. Ein analytischer Kommentar". In: Blum, H. (Hrsg.): *Karl Marx/Friedrich Engels. Die deutsche Ideologie*. Berlin: Akademie, S. 83-99.

– (2011): „Die Aufgabe der Philosophie in den Lebenswissenschaften". In: van Ackeren, M./ Kobusch, T./ Müller, Jörn (Hrsg.): *Warum noch Philosophie? Historische, Systematische und gesellschaftliche Positionen*. Berlin: De Gruyter, S. 171-186.

Wendling, A.E. (2009): *Karl Marx on Technology and Alienation*. Houndsmill: Palgrave Macmillan.

TEIL II

ANTHROPOLOGIE UND BIOETHIK

DIETER BIRNBACHER

Die ethische Ambivalenz des Enhancement

1. Einleitung

‚Enhancement' ist einer der Schlüsselbegriffe der modernen Biomedizin. Biomedizinische Mittel, Verfahren und Techniken werden zunehmend nicht mehr nur für die angestammten Aufgaben der Medizin: Heilung, Lebenserhaltung, Symptomlinderung und gesundheitliche Vorsorge eingesetzt, sondern auch zum Zweck der Steigerung von Fähigkeiten, zur Verbesserung von Lebensqualität und zur Gestaltung der äußeren Erscheinung bei Gesunden. Wachsende Bereiche der Medizin und der direkt oder indirekt in das Medizinsystem involvierten Aktivitäten (Pharmaforschung, Apotheken, Medizintechnik, Psychotherapie) widmen sich nicht mehr nur der Behandlung und Bekämpfung von Krankheiten und Störungen, sondern gleichberechtigt und in Einzelfällen sogar vorrangig der Steigerung der Leistungsfähigkeit über das Normalmaß hinaus (Sportmedizin), der Kompensation natürlicher Degenerationsprozesse (Anti-Aging), der Verschönerung des Körpers (ästhetische Chirurgie, Kieferorthopädie) oder der Verbesserung des Wohlbefindens (Psychopharmakologie, Psychotherapie). Gegenwärtig erleben wir in den wohlhabenden Ländern eine rapide Ausdehnung der Angebote im Bereich des Enhancement. Teils kommen dabei neu entwickelte Mittel, Verfahren und Techniken zum Einsatz, zum größeren Teil jedoch Verfahren, die zunächst zu gesundheitsbezogenen Zwecken entwickelt und genutzt worden sind, von denen aber – von Anfang an oder im späteren Verlauf – klar wurde, dass sie sich auch zu Zwecken außerhalb ihres ursprünglichen Anwendungsbereichs einsetzen lassen (und gelegentlich erst dadurch für ihre Hersteller wirtschaftlich profitabel wurden).

Die Dynamik dieser Entwicklung ist bemerkenswert, aber letztlich nicht ungewöhnlich. Die Medizin ist keine Wissenschaft, sondern eine unter besonders strengen Normen stehende Humantechnik. Wie alle Formen der technischen Veränderung des naturwüchsig Vorgegebenen lässt sie sich für alle Formen der Überwindung naturgegebener Begrenzungen nutzen und auf allen Stufen der Ausdifferenzierung und soziokulturellen Überformung menschlicher Bedürfnisse. Auch wenn eine Technik in der Menschheitsgeschichte zunächst zu Zwecken der Bewältigung von Not- und Zwangslagen entwickelt worden ist, ist zu erwarten, dass sie, steht sie einmal zur Verfügung, auch oder sogar überwiegend zu Zwecken genutzt wird, die von dem zum Überleben Notwendigen weit entfernt sind. Wie die Geschichte zeigt, führt die Entwicklung einer Technik nicht dazu, dass sie in der für die Menschheit als ganze förderlichsten Weise zum Einsatz kommt, sondern dazu, dass sie neben den elementaren Bedürfnissen einiger die Luxusbedürfnisse anderer befriedigt, und das, lange bevor die nur mithilfe dieser Technik zu befriedigenden elementaren Bedürfnisse aller befriedigt sind.

Dem Interesse an Selbstgestaltung und Ästhetisierung scheint dabei eine besondere entwicklungsgeschichtliche Rolle zuzukommen. Bereits die ältesten Zeugnisse der Hominisation geben Hinweise auf die Nutzung des Feuers zur Herstellung von Färbemitteln aus natürlichen Substanzen zu ornamentalen Zwecken. Wie paläoanthropologische Befunde nahelegen, gehörte die Bemalung der Haut mit Naturfarben zu den allerältesten Kulturtechniken, möglicherweise mit der evolutionären Funktion, die sozialen Rangunterschiede äußerlich deutlicher sichtbar zumachen und dadurch die selektive Reproduktion unter Höherrangigen zu befördern. Gerade von den Völkern, die bis vor kurzem noch unter Steinzeitverhältnissen gelebt haben, sind eine Fülle von kosmetischen Techniken bekannt: Feilen der Zähne, Verlängern des Halses, Vernarbungen der Haut. Viele dieser Techniken tragen Merkmale, die heute als besondere Probleme der nicht nur kosmetischen Selbstgestaltungspraktiken gelten: irreversible Veränderungen, Deformationen, Gesundheitsgefährdungen. Die Lehre daraus ist, dass ‚Enhancement‘ (zur genauen Definition dieses Begriffs vgl. Juengst 2009) eine neue Vokabel für etwas Uraltes ist. Enhancement charakterisiert den Menschen als Gattung nicht weniger als elaborierte Sprache und differenzierte Moral. Selbststeigerung und Selbstgestaltung mit ‚künstlichen‘ – selbst geschaffenen oder durch Bearbeitung von Natursubstanzen erzeugten – Mitteln ist für den Menschen etwas mehr oder weniger Natürliches.

Woher dann, so wird man fragen müssen, die besondere *Umstrittenheit* des Enhancement? Gehört es nicht zur Technik insgesamt, dass sie das ‚von Natur aus‘ Vorfindliche nach menschlichen Bedürfnissen umformt und umgestaltet, und zwar auch ohne dass dafür eine ‚Notwendigkeit‘, ein unmittelbar zwingender Bedarf besteht? Was ist bedenklich daran, dass dafür u.a. auch die Mittel der Biomedizin in Anspruch genommen werden? Muss es nicht erstaunlich anmuten, dass in der Mehrzahl der öffentlichen Debatten über Enhancement nicht demjenigen die Beweislast aufgebürdet wird, der die Freiheit zum Enhancement einschränken möchte, sondern demjenigen, der diese Freiheit verteidigt? Diese Beweislastverteilung findet man vor allem im Bereich des Neuro-Enhancement und insbesondere in der Diskussion um die Steigerung von mentalen Fähigkeiten und die Entlastung von psychischen Störfaktoren. Die Frage liegt nahe: Warum sollte der, der sich durch Enhancement-Techniken ermöglichte *shortcuts* zunutze macht, ein schlechtes Gewissen haben, wenn doch in nahezu allen anderen Bereichen der Technikanwendung technische *shortcuts* hochwillkommen sind?

Wie stark und verbreitet das Vorurteil gegen das Enhancement ist, zeigt sich an einem Detail: der selbst bei liberalen Autoren verbreiteten Neigung, die Verwendung eines primär zu medizinischen Zwecken entwickelten und genutzten Mittels oder Verfahrens als ‚Missbrauch‘ zu etikettieren, wenn es zu Zwecken des Enhancement genutzt wird, und zwar auch dann, wenn diese Verwendung nicht (was die Vorsilbe ‚Miss‘ rechtfertigen würde) ohne Erfolgsaussicht ist und keine Schäden oder unvertretbare Risiken hinterlässt. Gerade die *erfolgreiche* Nutzung der durch die Biomedizin eröffneten Möglichkeiten scheint die Bedenken auf sich zu ziehen und nicht ihr verfehlter oder vergeblicher Einsatz. Wogegen richtet sich die Kritik? Offensichtlich nicht gegen die Erfolglosigkeit der Mittel. Aber auch gegen die Mittel für sich genommen richtet sie sich nicht, da es sich weitgehend um Mittel und Techniken handelt, die, in therapeutischer Absicht eingesetzt, eher begrüßt als verdammt werden. Ebenso wenig richtet sie sich gegen die Zwecke des Enhancement als solche. Im Gegenteil: Würden die Zwecke – physische und kognitive Leistungsfähigkeit, Wohlbefinden, Schönheit – nicht mit biomedizinischen, sondern mit den Mitteln von Training und Disziplin angestrebt, würde die Kritik in den meisten Fällen verstummen. Ähnlich wie beim Doping im Sport sind weder die Zwecke noch die Mittel für sich genommen Gegenstand der Kritik, sondern der Einsatz *dieser* Mittel zu *diesen* Zwecken. Nicht von ungefähr orientieren sich die Autoren, die bisher vielleicht am nachdrücklichsten gegen das Enhancement Stellung bezogen haben, die Verfasser des Berichts *Beyond Therapy* des vom amerikanischen Präsidenten Bush eingesetzten *Council of Bioethics* am Doping als Leitmetapher – offenkundig in der Absicht, die vorwiegend negative Konnotation des Doping auf die weiteren Anwendungsbereiche des Enhancement ausstrahlen zu lassen. Demgegenüber lag den Vordenkern des wissenschaftlich-technischen Fortschritts der Gedanke, dass die Nutzung biomedizinischer Techniken zu Zwecken außerhalb der herkömmlichen Aufgaben der Medizin negativ bewertet werden könnte, noch gänzlich fern. Statt sie als ‚Zweckentfremdung‘ negativ zu konnotieren, haben die Hauptvertreter des ‚prometheischen‘ Denkens zu Beginn der Neuzeit mit dem verbessernden Gebrauch der Mittel der Medizin Hoffnungen, Erwartungen, ja sogar Forderungen verbunden. *Bacon* erhoffte sich von der Medizin u.a. eine Erleichterung des Sterbens, die nicht nur die damals selbstverständliche geistige Vorbereitung der Seele (*euthanasia interior*) beinhalten sollte, sondern auch eine palliative Erleichterung des Sterbens zusätzlich zu oder anstelle der Bekämpfung der Ursachen des Sterbens (*euthanasia exterior*) (Bacon 1966, 395). Ähnlich erwartete *Descartes* von der Zukunft der Medizin nicht nur bessere Therapien für Krankheiten, sondern auch die Behebung oder Linderung der Altersschwäche (Descartes 1960, 103).

2. Kompensatorisches versus erweiterndes Enhancement

Die von Bacon und Descartes genannten Zwecksetzungen des Enhancement lassen sich dem *kompensatorischen* Enhancement zurechnen. ‚Kompensatorisch‘ können diejenigen Anwendungen biomedizinischer Verfahren genannt werden, die, ohne Behandlungen zu sein, auf die Herstellung oder Wiederherstellung eines als ‚normal‘ definierten Funktionsniveaus zielen. Dazu gehören Verfahren wie Anti-Aging, Sterilitätsbehandlung, Linderung von Schmerzen bei Geburten und die Erleichterung des Sterbens. Auch die Psychotherapie gehört dazu, soweit sie nicht die Behandlung von psychischen Erkrankungen oder Störungen, sondern die Bewältigung von Verlusten, Krankheiten und anderen schicksalhaften Erschütterungen der Normalität zum Ziel hat. Jedes Mal geht es um die Aufrechterhaltung oder Wiedergewinnung eines als normal und angemessen beurteilten physischen oder psychischen Zustands, ohne dass das, was dieser Normalität im Wege steht, als krankheitswertig gelten kann. Auch wenn die zu bewältigenden Belastungen aus der Normalität der Lebensvollzüge herausfallen, lassen sie sich – zumindest in ihren milderen Formen – nicht als pathologisch einstufen. Im Gegenteil, in gewisser Weise handelt es sich bei diesen Belastungen um die basalsten und insofern aller'normalsten' Problemlagen, denen Menschen in ihrer Lebenszeit ausgesetzt sind.

Interessanterweise werden die gewöhnlich gegen das Enhancement insgesamt vorgebrachten Bedenken für den Fall des *kompensatorischen* Enhancements weitgehend suspendiert. Solange technisch-medizinische Eingriffe funktional auf die Kompensation von Einbrüchen in die Normalität der Lebensvollzüge bezogen sind, werden sie überwiegend gutgeheißen, ja sogar vielfach – zur Besiegelung dieser Billigung – der Kategorie der ‚Therapie' zugeschlagen. Auch wenn Geburtsschmerzen, Altersschwäche und die ab einem bestimmten Lebensalter einsetzende Unfruchtbarkeit oder Impotenz völlig ‚natürliche' Phänomene sind, wird der Einsatz künstlicher Mittel zu ihrer Behebung, Milderung oder zeitlichen Verzögerung als so weitgehend nachvollziehbar empfunden, dass sie nicht nur von dem Generalverdacht gegen das Enhancement ausgenommen werden, sondern teilweise als therapeutisch indiziert betrachtet und damit der privilegierten Kategorie der von der Solidargemeinschaft (mit)finanzierten Leistungen zugerechnet werden. Zusätzlich befördert wird diese Einordnung durch die soziale Interessenkonstellation. Sobald diese Verfahren für große Teile der Bevölkerung und nicht nur für eine kleine Minderheit interessant sind, haben nicht nur die Anbieter der betreffenden Mittel und Verfahren, sondern auch die Nachfrager ein Interesse daran, dass deren Kosten ganz oder teilweise von der Solidargemeinschaft übernommen werden. So ist zu erwarten, dass mit dem Anstieg des Alters, zu dem sich ein Kinderwunsch bemerkbar macht, nicht nur die Zahl der zur Erfüllung dieses Wunsches auf ‚künstliche' Verfahren angewiesenen Ehepaare ansteigt, sondern dass auch der Druck zunimmt, die Anwendung des Verfahrens aus Mitteln der Solidargemeinschaft zu finanzieren.

Den kompensatorischen stehen andere (hier ‚erweiternd' genannte) Formen des Enhancement gegenüber, die der Verbesserung und Steigerung von Fähigkeiten und Beschaffenheiten dienen, ohne dass der zu überwindende Zustand in derselben Weise als belastend und einschränkend gesehen wird. Von einem den Muskelaufbau durch die Einnahme von Anabolika unterstützenden Freizeitsportler, einem sein Lampenfieber durch die Einnahme von Betablockern mindernden Musiker oder einer ihre sexuelle Attraktivität durch Brustvergrößerung steigernden jungen Frau wird man nicht sagen wollen, dass sie in derselben Weise Heimsuchungen kompensieren wie der seine zunehmende Hörschwäche mithilfe eines Hörgeräts ausgleichende Siebzigjährige, die angesichts der Diagnose einer unheilbaren Erkrankung unter Depressionen leidende junge Frau oder das um Sterilitätsbehandlung nachsuchende Ehepaar. Anders als eine In-vitro-Fertilisation bei einem unter Kinderlosigkeit leidenden Ehepaar, die, wenn nicht sogar als Therapie, als eine Form des kompensatorischen Enhancement gelten muss, wird dasselbe Verfahren bei einem lesbischen Paar auch dann, wenn der Kinderwunsch nicht weniger intensiv ist, als erweiterndes Enhancement gelten müssen. Ein Trainingsverfahren, das einem Siebzigjährigen dazu verhilft, ohne Rückenschmerzen zu leben, wird man als kompensatorisches Enhancement ansprechen wollen, aber nicht ein ähnliches Verfahren, das demselben Siebzigjährigen dazu verhilft, die Prüfung für das goldene Sportabzeichen abzulegen.

Was können wir dieser Wertungsdifferenz entnehmen? Erstens, dass die Kritik am Enhancement nicht auf eine Art *normative Natürlichkeitsvorstellung* zurückgeführt werden kann. Es kann nicht sein, dass Enhancement deshalb als problematisch empfunden wird, weil es auf Verbesserungen der Leistungsfähigkeit, des Befindens und der äußeren Erscheinung *über das von der Natur vorgegebene Maß hinaus* zielt. Die Defizite und Belastungen, die das kompensatorische Enhancement zu überwinden hilft, sind nicht weniger naturgegeben als die Mehrzahl der Erkrankungen, die Gegenstand therapeutischer Eingriffe sind. Wie Krebserkrankungen sind auch Rückenbeschwerden ein mehr oder weniger zwangsläufiges Resultat unserer natürlichen physischen Verfasstheit. Dass das eine als Erkrankung, das andere als Befindlichkeitsstörung unterhalb der Schwelle zur Krankheit gilt, scheint ausschließlich an den unterschiedlich einschneidenden Folgen für Lebensdauer und Lebensführung zu liegen. Der für die Wertungsdifferenzierung relevante Begriff ist nicht Natürlichkeit, sondern *Normalität*. Was das kompensatorische Enhancement vom erweiternden Enhancement trennt, ist, dass der Wunsch nach dem ersten als Wunsch nach *Aufrechterhaltung* oder *Wiederherstellung* von Normalität, während der Wunsch nach dem zweiten als Wunsch nach *Überbietung* von Normalität gedeutet wird. Während der Wunsch nach Aufrechterhaltung oder Wiederherstellung von Normalität tendenziell als legitim gilt, wird der Wunsch nach Überbietung von Normalität als eher problematisch gesehen – als willkürlich, idiosynkratisch oder in anderer Weise ,aus der Reihe fallend'. Es gilt als normal, dass einer Frau bei der Geburt die Schmerzen gelindert werden. Es gilt als viel weniger normal, wenn eine Frau ihr Kind aus ausschließlich kosmetischen Gründen per Kaiserschnitt zur Welt bringt. Normalität ist dabei freilich nicht als statistischer, sondern als normativer Begriff zu verstehen. Die Normalität, die das kompensatorische Enhancement vom erweiternden unterscheidet, kann nicht mit dem Durchschnittsniveau der jeweiligen Referenzklasse des einzelnen Falls gleichgesetzt werden – etwa so, dass die Steigerung des Niveaus bis zum Mittelwert als kompensatorisches und die Steigerung darüber hinaus als erweiterndes Enhancement gilt (vgl. Synofzik 2009, 54 f.). Eine Schmerzmittelgabe bei Gebärenden ist auch dann kompensatorisch, wenn Schmerzen bei der Geburt statistisch normal sind. Gymnastik zur Bekämpfung von Rückenschmerzen bei Siebzigjährigen ist auch dann kompensatorisch, wenn der durchschnittliche Siebzigjährige unter Rückenschmerzen leidet.

Das heißt, dass die Normalität, die der Unterscheidung zwischen kompensatorischem und erweiterndem Enhancement zugrunde liegt, nicht nach dem Muster des „normal function model" zu verstehen ist, wie es von der objektivistischen Schulrichtung in der Gesundheitsdefinition für die Begriffe von Gesundheit und Krankheit vorgeschlagen worden ist (vgl. Boorse 1975) noch nach der Intensität der der Inanspruchnahme von Enhancement-Techniken zugrunde liegenden

Wünsche, sondern nach soziokulturellen Normen. So gilt der Kinderwunsch und die Inanspruchnahme ärztlich assistierter Reproduktion unabhängig von Häufigkeit und Intensität bei einem Ehepaar als normal, bei einem lesbischen Paar als unnormal, der Wunsch nach einem gesunden Rücken bei einem Siebzigjährigen als normal, der Wunsch nach sportlichen Erfolgen nicht. Normalität ist gesellschaftlich definiert und nicht individuell. Das Individuum mag seine Wünsche nach Steigerung durchaus für ‚normal‘ halten. Solange die Gesellschaft diesen Wünschen jedoch nicht dieselbe Legitimität zuschreibt, wird sie das entsprechende Enhancement nicht als kompensatorisch durchgehen lassen.

Aus der Tatsache, dass die Unterscheidung wesentlich gesellschaftlich bestimmt ist, folgt ihre historische und kulturelle Relativität. Die Trennlinie zwischen dem, was als Therapie, als kompensatorisches und als erweiterndes Enhancement gilt, ist weder in der zeitlichen noch in der räumlichen Dimension konstant. Normativ folgt daraus, dass die Festlegung darüber, welche biomedizinischen Verfahren als therapeutisch, welche als kompensatorisch und welche als erweiternd gelten, keine Sache von Experten, sondern eine Sache demokratischer Willensbildung ist – eine Konsequenz, die regelmäßig übersehen wird, wenn Expertengremien wie der Gemeinsame Bundesausschuss festlegen, welche reproduktionsmedizinischen Verfahren unter welchen Bedingungen von der Solidargemeinschaft statt von den Nachfragern finanziell zu tragen sind (vgl. Huster 2009, 1716).

3. Risikoargumente und das Risiko des Paternalismus

Wie weit lassen sich die Unterschiede in der verbreiteten Bewertung von kompensatorischem und erweiterndem Enhancement legitimieren? Haben diese Unterschiede ein *fundamentum in re*? Liegt ihnen – etwa im Sinne von Gigerenzers Theorie der Bauchgefühle (vgl. Gigerenzer 2007) – eine Art verborgene Rationalität zugrunde, die sich dem oberflächlichen Blick nicht so leicht erschließt, aber im Prinzip rekonstruiert werden kann?

Zunächst wird man sagen können, dass die Unterscheidung zumindest so weit normativ bedeutsam ist, als die Vermutung berechtigt ist, dass Wünsche nach Normalisierung – der Aufrechterhaltung und Wiederherstellung von Normalität – in der Regel *vordringlicher* sind als Wünsche nach Überbietung der Normalität. Dass der Wunsch nach Erfüllung des Normalmaßes ein höheres Maß an Legitimität bedingt, scheint bereits aus dem Begriff der Normalität selbst zu folgen. Wie es im Begriff der Krankheit selbst angelegt ist, dass Wünsche nach Behandlung von Zuständen mit Krankheitswert in der Regel vordringlicher sind als Wünsche nach Enhancement, scheint auch der Begriff der Normalität zu implizieren, dass Wünsche nach Enhancement, soweit sie der Normalisierung dienen, Vorrang verdienen vor Wünschen nach ‚übernormalen‘ Steigerungen. Wenn das so ist, müssen aber auch die Vorsichtsmaßnahmen, die im Falle erweiternden Enhancements zu treffen sind, weiter gehen als die Vorsichtsmaßnahmen beim kompensatorischen Enhancement. Je weniger der Wunsch nach Enhancement der Normalisierung dient, desto höher müssen in der Regel die Anforderungen an die Qualität und Detailliertheit der Aufklärung und an die Freiwilligkeit der Einwilligung in die betreffende Maßnahme sein. Desto eher scheinen darüber hinaus paternalistische Maßnahmen angebracht, die den Nachfragenden vor bekannten und potenziellen Risiken, Fehleinschätzungen und voreilig eingegangenen Irreversibilitäten schützen.

Diese Überlegung ist deshalb wichtig, weil es scheint, dass viele von denen, die zu Mitteln und Techniken des Enhancement greifen, Fehleinschätzungen unterliegen und sich zu viel von diesen Möglichkeiten versprechen. So scheinen die Wirkungen von Pharmaka zur Stimmungsaufhellung und Steigerung der Aufmerksamkeit nur in wenigen Fällen auf die eingenommenen Mittel selbst und im wesentlichen auf die mit ihnen verbundenen Erwartungen zurückzugehen, also auf einen Placebo-Effekt (Galert u. a. 2009, 45). Eher schädlich als nützlich scheinen auch die Mehrzahl der Strategien zur gezielten Gewichtsabnahme zu sein. Nach dem Urteil von Experten können etwa 95% aller Angebote als erfolglos ('Jojo-Effekt') oder sogar gesundheitsschädigend gelten (Deak 2006, 214). Zu fürchten als Folge des weiterhin grassierenden Schlankheitswahns ist vor allem die Magersüchtigkeit, die für immerhin 15% der Erkrankten den Tod bedeutet. Darüber hinaus sind die Kenntnisse über die Langfristrisiken dieser Verfahren, vor allem ihres wiederholten oder dauerhaften Einsatzes, noch lückenhaft, etwa – um ein weiteres Beispiel aus dem Bereich des Neuro-Enhancement anzuführen – bei der transkraniellen Magnetstimulation (TMS), bei der magnetische Impulse ohne Beeinträchtigungen und Schmerzen für den Behandelten von außen an das Gehirn geleitet werden. Es ist nicht auszuschließen, dass die einseitige Steigerung partieller Bewusstseinsfunktion mit der Schwächung anderer Funktionen bezahlt werden muss, ähnlich wie einseitige Steigerung der körperlichen Leistungsfähigkeit im Leistungssport mit funktionellen Dauerschäden. Andererseits kann die von gesteigerter Funktionsfähigkeit ausgehende Faszination ähnlich wie im Sport dazu führen, dass diese Gefahren unterschätzt werden.

Warnungen vor noch nicht ausgetesteten Enhancement-Verfahren scheinen insofern im Ansatz berechtigt. Dies gilt um so mehr, je *invasiver* die Verfahren sind und je höher das Risiko *irreversibler* Schäden zu veranschlagen ist. Invasive Verfahren wie der Einbau elektronischer Komponenten ('Chips') in den Organismus, etwa ein direkt ins Ohr eingebautes Handy, sind in der Regel risikoreicher als nicht-invasive Verfahren wie die gegenwärtig zur Therapie schwerer Depressionen eingesetzte transkranielle Magnetstimulation. Und ein Mittel, das sich absetzen lässt, ohne Spuren zu hinterlassen, oder ein Chip im Gehirn, der sich abschalten lässt, ist sowohl aus der Sicht des Nachfragers (unter prudentiellen Aspekten), als auch aus der Sicht des Anbieters (unter Aspekten der Nicht-Schädigung) weniger problematisch als Eingriffe, bei denen irreversible Veränderungen nicht zu vermeiden sind.

Damit sind die bei der Nutzung von Enhancement zu berücksichtigenden Risiken nicht erschöpft. Eine weitere Überlegung ist, dass man sich durch künstliche Eingriffe bestimmter Fähigkeiten berauben, seine Freiheit einschränken oder sich Chancen befriedigender Tätigkeiten entgehen lassen kann. So kann die erweiterte

Verfügbarkeit von technischen Mitteln und Verfahren zur Steigerung der Erlebnis-
fähigkeit Freiheiten erweitern, aber auch einengen, etwa indem infolge der leichte-
ren Verfügbarkeit künstlich induzierter Befriedigungen aufwendigere und anstren-
gendere, dafür aber möglicherweise tiefere und dauerhaftere Quellen von Lebens-
zufriedenheit verschlossen bleiben. Insofern ist die Befürchtung des *President's
Council* ernst zu nehmen, dass die jederzeitige Verfügbarkeit technischer Hilfsmit-
tel – etwa zur Herstellung einer zufriedenen, heiteren, angenehmen Stimmungsla-
ge auch unter widrigen Lebensumständen – dazu führen kann, dass die von der
Umwelt gestellten Herausforderungen gar nicht mehr als solche wahrgenommen
und die zu ihrer Bewältigung verfügbaren Energien nicht mehr mobilisiert werden
(President's Council 2004, Kap. 5). Befriedigung würde tendenziell nicht mehr aus
der Auseinandersetzung mit realen Widerständen und der Bearbeitung realer Konflikte bezogen, sondern ohne lästigen und beschwerlichen Umweg aus einer
‚Glückspille‘.

Dies alles sind Gründe für einen umsichtigen Umgang mit den Möglichkeiten
des Enhancement auf der Seite der Nachfrager, für relativ strenge Sicherheitsnor-
men auf der Seite der Produzenten und für anspruchsvolle Anforderungen an die
Aufklärung über bekannte und potenzielle Haupt- und Nebenwirkungen auf der
Seite der Anbieter. Kontroverser ist, ob dies auch Gründe für Verbote und anderweitige direkte und indirekte Zugangsbeschränkungen sind. Viele werden antworten, dass es um so legitimer ist, Menschen vor sich selbst – vor eigenem Leichtsinn,
eigener Kurzsichtigkeit und eigenen Irrtümern – zu schützen, je erheblicher die
Gefahren sind, in die sie sich irrationalerweise begeben. Sie werden darüber hinaus
argumentieren, dass *indirekt* paternalistische Eingriffe in die Freiheit der Nachfrager, sich das betreffende Enhancement zu beschaffen, insgesamt eher gerechtfertigt
sind als *direkte* paternalistische Eingriffe. Beim indirekten Paternalismus (vgl. Kleinig 1983, 11) verhindert eine übergeordnete Instanz, etwa der Staat, ein selbstge-
fährdendes Verhalten des (potenziellen) Nachfragers, indem er den (potenziellen)
Anbieter dazu bestimmt, dem Nachfrager die entsprechende Möglichkeit vorzu-
enthalten. Anders als beim direkten Paternalismus wird Zwang primär auf den
Anbieter ausgeübt und nicht auf den Nachfrager selbst.

Lässt sich die intuitive Einschätzung, dass der indirekte Paternalismus eher zu
rechtfertigen ist als der direkte, begründen? Ich meine ja, und zwar damit, dass der
indirekte kein ‚reiner‘ Paternalismus ist, da er anders als der ‚reine‘ (direkte) Paternalismus nicht nur mithilfe eines Fürsorgeprinzips, sondern auch mit dem Prinzip
der Unzulässigkeit der Fremdschädigung begründet werden kann. Beim *direkten*
Paternalismus werden Verletzungen des Prinzips der Selbstbestimmung ausschließlich mit Berufung auf das Fürsorgeprinzip gerechtfertigt: Der sich selbst Gefähr-
dende wird ‚zu seinem Glück‘ gezwungen. Beim *indirekten* Paternalismus werden
Verletzungen der individuellen Selbstbestimmung sowohl mit Berufung auf das
Prinzip der Fürsorge als auch mit Berufung auf das Prinzip der Nicht-Schädigung
gerechtfertigt. Nicht nur wird derjenige, dem die Fürsorge gilt, an einem *selbstschä-
digenden* oder *-gefährdenden* Verhalten gehindert, sondern zugleich ein Dritter an
einem *fremdschädigenden* oder *fremdgefährdenden* Verhalten. Schließlich gefährdet

der Anbieter bereits dadurch, dass er dem Nachfragenden die Möglichkeit der Selbstschädigung oder -gefährdung eröffnet, dessen Wohl. Er trägt zumindest eine Mitverantwortung für diese Selbstgefährdung. Natürlich ist damit der Wertkonflikt zwischen den Prinzipien der Fürsorge, der Nichtschädigung und der Selbstbestimmung nicht gelöst. Das Resultat der erforderten Abwägung hängt jeweils von der konkreten Gewichtung der drei beteiligten Prinzipien ab. Indirekt paternalistische Eingriffe bedürfen insofern einer ebenso sorgfältigen und fundierten Begründung wie direkte, insbesondere dann, wenn sie (wie etwa beim Verbot der Leihmutterschaft oder bei der Nichtzulassung neu entwickelter Medikamente aus Sicherheitsgründen) die individuellen Optionen sehr viel wirksamer beschränken als direkt paternalistische Eingriffe. Die *strukturelle* Differenz zwischen direktem und indirektem Paternalismus bleibt dadurch unberührt. Wie immer die Wertabwägung im einzelnen aussieht, zur Rechtfertigung indirekt paternalistischer Eingriffe stehen strukturell mehr Möglichkeiten zur Verfügung als zur Rechtfertigung direkt paternalistischer Eingriffe.

Es fragt sich allerdings, ob diese Überlegungen geeignet sind, zwischen kompensatorischem und erweiterndem Enhancement eine so klare normative Abstufung zu begründen, wie sie die populären Einschätzungen vorauszusetzen scheinen. Eindeutig kompensatorische Eingriffe wie die Behandlung von Adipositas oder Mikromastie (einer zu kleinen weiblichen Brust) sind nicht *eo ipso* weniger risikoträchtig als eindeutig nicht-kompensatorische, etwa die Implantation eines Chips in die Nerven am Handgelenk, um Handbewegungen von außen steuern zu können (vgl. Vogel 2002, 1020). Selbst Faltenbehandlungen, wie sie in der ästhetischen Chirurgie gang und gäbe sind, haben möglicherweise stärker irreversible Nachwirkungen als Versuche, den Menschen mit zusätzlichen Sinnesmodalitäten auszustatten, etwa einem magnetischen Sinn. Ebenso wenig sind sie geeignet zu zeigen, dass die *neu* verfügbaren Verfahren des Enhancement risikoreicher sind als diejenigen, an die wir uns gewöhnt haben. Was die Risiken betrifft, so sind die aus dem Alltag bestens bekannten Substanzen zur Steigerung der punktuellen Aufmerksamkeit, Nikotin und Koffein, nicht nur nachweislich ebenso wirksam oder sogar wirksamer als die neuen Mittel, sondern nach allem, was wir wissen, mindestens ebenso risikoreich. (Beide Stoffe sind interessanterweise ursprünglich zur Behandlung von Krankheiten entwickelt worden.) Auch die Unterscheidung zwischen „radikalen" und „moderaten" Verfahren des Enhancement (Gesang 2009), nach der „radikal" solche Verfahren sind, die Wirkungen anstreben, die mit den Mitteln von Erziehung, Training und Psychotherapie allein nicht erreichbar sind, entspricht nicht der zwischen risikoreicheren und risikoärmeren Verfahren. Gen-Doping, Gedächtnis-Chips und „kosmetische Psychopharmakologie" (Kramer 1995, 16) bergen hohe Risiken, auch wenn sie Wirkungen anstreben, die im Prinzip auch mit nicht-technischen Verfahren zu erreichen sind. Es ist sogar gänzlich unklar, ob überhaupt ‚künstliche‘, die Mittel der hochentwickelten Biomedizin nutzenden Verfahren im Schnitt höhere Risiken mit sich bringen als gänzlich nicht-technische Verfahren, mit denen nur selten Horrorprognosen assoziiert werden, etwa Lernen, Training und Übung. Obwohl das heute im Leistungssport übliche Intensivtraining noch als ‚natürliche‘ Form der Ausreizung der physischen Leistungsfähigkeit gilt, birgt es insgesamt doch höhere gesundheitliche Risiken als viele eindeutig als Enhancement zu charakterisierende biomedizinische Verfahren, etwa die Einnahme von Gingko zur Kompensation von Altersvergesslichkeit. Im übrigen sind einseitige Gehirnakrobatik, wie viele Intellektuelle wissen, für Gesundheit und Charakter mindestens ebenso schädlich wie die Einnahme von Stimmungsaufhellern. Dass sich ein dem Gedächtnis aufhelfender Chip (im Alter oder für besondere Belastungssituationen) möglicherweise sehr viel wirksamer erweist als jedes rein mentale Gedächtnistraining, heißt nicht, dass er bereits dadurch mit höheren Risiken verbunden ist.

Viele gegen Enhancement-Techniken vorgetragene Risikoargumente erscheinen heillos überzogen. Zum Teil beschwören sie mehr oder weniger spekulative Gefahren herauf, von denen in keiner Weise absehbar ist, dass sie eine Chance haben, Wirklichkeit werden. Das gilt etwa für viele ‚Horrorszenarien‘ im Zusammenhang mit Techniken, auf die von vornherein ein moralischer Anfangsverdacht fällt, etwa der Reproduktionsmedizin oder der Gentechnik. Ich halte es etwa für gänzlich unwahrscheinlich, dass die in Zukunft zur Verfügung stehenden erweiterten Möglichkeiten zur gezielten Selektion von Nachkommen nach qualitativen Merkmalen (etwa aufgrund einer erweiterten Präimplantationsdiagnostik) dazu führen könnten, dass eine große Anzahl Eltern die Beschaffenheit ihrer Kinder ‚nach Katalog‘ aussuchen wird oder in anderer Weise ‚designte‘ Babys statt nach dem Zufallsprinzip zustandegekommene Kinder haben wollen. Wahrscheinlich ist, dass mehr Eltern als heute Kinder haben wollen, die bestimmte der von den Eltern geerbten Merkmale aufweisen oder nicht aufweisen, solange dies ohne überproportionalen Aufwand möglich ist. Sie würden aber sicher weiterhin wollen, dass ihre Nachkommen ihnen selbst in den Grundzügen ähnlich sind und dass sie sich und ihre Potenziale (aber auch möglicherweise ihre nicht ausgelebten Anteile) ein Stück weit in ihren Kindern wiederfinden. Auch wenn das ‚corriger la fortune‘ in der Reproduktion üblicher würde als heute, liefe es wahrscheinlich auf lediglich kleinere Korrekturen hinaus und nicht auf eine totale Ersetzung des Zufalls durch Planung. Die Folgen wären sehr viel weniger dramatisch als die sich gegenwärtig aufgrund der Verfügbarkeit der entsprechenden Techniken in vielen Ländern entwickelnde Ungleichverteilung der Geschlechter.

Auch die Gefahr, dass sich die Menschheit infolge genetischer Manipulationen in eine Vielheit von genetisch bedingten Kasten oder Subpopulationen aufspalten könnte und damit nicht nur die Idee eines allen Menschen gemeinsamen „common body" (vgl. Caysa 2004, 160), sondern auch die einer im wesentlichen mit denselben Grundfähigkeiten begabten und mit denselben Grundbedürfnissen ausgestatteten Menschheit als Grundlage von Menschenrechten und Menschenpflichten hinfällig werden lassen könnte, erscheint reichlich spekulativ. Die zunehmenden Globalisierungs- und Durchmischungstendenzen sprechen eher dafür, dass die Menschheit als biologische Gattung eher homogener als heterogener wird und dass für die Zukunft statt der Abspaltung einer eigenen Untergattung wie Lee Silvers „GenRich" (Silver 1998, 329 ff.) eher die Nivellierung der bisher bestehenden zu einem Durchschnittstyp zu erwarten ist. Relevanter scheint der Einwand, dass eine stärkere körperbasierte Differenzierung der Menschheit die Grundlagen der menschlichen Kommunikation untergraben könnte. So fragt Ludwig Siep: „Wie kommuniziert man mit einem Menschen, der körperlich über erheblich größere Fähigkeiten der Speicherung und Verarbeitung von Information verfügen mag?" (Siep 2005, 168) Dieses Problem kommt freilich nicht erst durch das am Körper ansetzende Enhancement in die Welt, sondern bereits durch die sich mit konventionellen Mitteln vollziehende Differenzierung der Bildungs- und Informationsniveaus. Auch ohne biomedizinische Nachhilfe ist bereits heute die Kommunikation zwischen Fachleuten aus verschiedenen Kulturkreisen vielfach leichter als die zwischen Fachleuten und Unterschichtangehörigen des je eigenen Kulturkreises.

Irritierend an den von den Enhancement-Skeptikern aus der gegenwärtigen Entwicklung abgeleiteten ‚Horrorszenarien' ist nicht nur die spekulative Natur vieler der befürchteten Gefahren, sondern auch die Sicherheit, mit der von der Unvernünftigkeit des Wunsches nach Fähigkeitserweiterung, insbesondere im Bereich des erweiterten Enhancement, ausgegangen wird. Wie vernünftig oder unvernünftig die Inanspruchnahme dieser Möglichkeiten ist, hängt jedoch von individuellen Dispositionen und Wertpräferenzen ab und lässt sich kaum verallgemeinern. Was klug und was unklug ist, lässt sich nicht intersubjektiv verbindlich angeben. In Großbritannien tragen heute alle Hunde einen unter der Haut implantierten Chip, der sich extern abfragen lässt, so dass die Identität des Tiers anhand eines landesweiten Registers festgestellt werden kann. Das ist praktisch gedacht. Warum sollte es sich nicht eines Tages als praktisch erweisen, einen Chip eingebaut zu tragen, der es erlaubt, die Bewegung eines Mauszeigers über einen Bildschirm durch bloße Gedankenanstrengung zu steuern, ein Verfahren, das sich bei schwer Körperbehinderten bewährt hat (vgl. Brooks 2002, 236 ff.)? Die Erfahrung zeigt jedenfalls, dass die ‚künstliche' Steigerung von Fähigkeiten, etwa mit pharmazeutischen Mitteln, von denen, die sich auf sie eingelassen haben, keineswegs durchgängig oder überwiegend als Fehlentscheidung bedauert wird. Auch von Sportlern, die mit Doping gearbeitet haben, ist nicht bekannt, dass sie dies nachträglich überwiegend bedauern.

Selbst wenn die Nutzung von Enhancement-Techniken selbstgefährdend wäre und weder fremdgefährdende noch – wie das Doping im Leistungssport – mit den Sinngehalten der jeweiligen sozialen Sphäre unvereinbare Auswirkungen hätte, wäre das für sich genommen nicht in jedem Fall zur Legitimierung von Zugangsbeschränkungen hinreichend. Auch wenn ein indirekter Paternalismus besser begründbar scheint als ein direkter Paternalismus, ist der Konflikt zwischen den Prinzipien der Achtung von Selbstbestimmung und dem Prinzip der Fürsorge nicht aus der Welt. Nicht nur die direkte Zwangsanwendung beim Nachfrager, auch die Zwangsanwendung beim Anbieter kann die Freiheit des Nachfragers gravierend einschränken. Möglicherweise ist die Zwangsanwendung beim Anbieter sogar sehr viel effektiver. Entsprechend stärker eingeschränkt wäre dann die Beschränkung von dessen Freiheit, aus von ihm als positiv erlebten Aspekten der selbstgefährdenden Angebote Nutzen zu ziehen.

Neben den Risiken dürfte eine weitere unweigerliche Konsequenz von Enhancement-Techniken für die verbreiteten Ablehnungshaltungen ausschlaggebend sein:
die damit einhergehende *Entwertung* von Kompetenzen und Anstrengungen. In dieser Hinsicht trifft die verbreitete Redeweise von ,Hirndoping' mit Bezug auf einige
Formen des Neuro-Enhancement ins Schwarze. Wie das Doping im Sport, solange
es nur von einigen genutzt wird, größere Erfolgsaussichten bei denselben oder sogar
geringeren Trainingsanstrengungen verspricht, machen viele Formen des Enhancement die ansonsten aufzubietenden Bemühungen überflüssig, damit aber auch die
diesen Bemühungen zugrunde liegenden Kompetenzen und Motivationen. Stünde
eines Tages eine Pille zur Verfügung, die es erlaubte, eine Fremdsprache ,über Nacht'
zu erwerben, oder ein am Kopf angebrachter Schalter, der das im Gehirn von einem
elektronischen Datenträger heruntergeladene und gespeicherte Modul für die entsprechende Fremdsprache nach Wunsch und wortwörtlich ,im Handumdrehen' ak-
tiviert, wären Sprachlehrer, -kurse und -schulen überflüssig – was nicht heißen müsste, dass sämtliche Anstrengungen entfielen. Einmal entlastet vom Vokabel- und
Grammatikpauken könnten sich die intellektuellen Energien nunmehr auf die Fein-
heiten richten: Stilistik, Rhetorik, Argumentation – so wie sie sich mit dem hypothe-
tischen Wegfall des jahrelangen Erlernens der Instrumentenbeherrschung in der
Musik auf die eigentlich kreativen Aspekte richten könnten: Ausdruck, Gestaltung,
Interpretation (vgl. Birnbacher 2006, 124). Aber wie immer bedauernswert: Die
Entwertung von Kompetenzen und Motivationen ist eine zwangsläufige Nebenwir-
kung des technischen Fortschritts. Wie die Elektrolokomotive den Heizer, könnte
demnächst auch der mithilfe der Biomedizin erleichterte Fremdsprachenerwerb die
Fremdsprachendidaktik und alles, was daran hängt, zu einem Ding der Vergangen-
heit machen. Es gibt allerdings wenige, die sich den Heizer zurückwünschen. Dafür
sind die Vorzüge des elektrischen Antriebs auch im Bahnverkehr zu unübersehbar.
Im Bereich des Enhancement ist sehr viel weniger eindeutig, was als Fortschritt und
was als Rückschritt gelten kann. Entsprechend unsicher und kontrovers werden die
Abwägungen ausfallen, welche technischen Neuerungen es wert sind, auf Kosten der
Obsoleszenz älterer Kompetenzen etabliert zu werden. Ein prinzipielles Argument
gegen das Enhancement ist darin aber nicht zu sehen. Solange Enhancement-Techniken nicht als Kollektivgüter für alle verbindlich gemacht werden und jeder einzelne die verfügbaren Möglichkeiten nach eigenen Präferenzen nutzen kann, könnte es
noch auf lange Sicht eine friedliche Koexistenz von Altem und Neuem, Gewohntem
und Gewöhnungsbedürftigem geben.

4. Die andere Seite der Ambivalenz: *Complicity* mit gesellschaftlichen Fehlentwicklungen

Offenkundig gilt dies Letztere nicht mehr, sobald das Enhancement in durch Wett-
bewerbsstrukturen bestimmten gesellschaftlichen Bereichen zum Zuge kommt,
etwa im Leistungssport, in großen Bereichen des Breitensports, in der Privatwirt-
schaft, der Wissenschaft, den *performing arts* und auf dem Arbeitsmarkt. Überall da,

wo Wettbewerb herrscht, verändert die Verfügbarkeit von relevanten Enhancement-Techniken die Grundlagen der Konkurrenz und treibt die Maßstäbe, an denen sich die Konkurrenzen messen lassen müssen, nach oben. Sobald einige Musiker beim Vorspielen ihre Chancen durch die Einnahme von Betablockern verbessern, haben auch alle anderen ein Motiv, dasselbe zu tun. Je mehr körperliche Schönheit bei Bewerbungen im Dienstleistungsbereich den Erfolg einer Bewerbung mitbestimmt, desto größer wird der Druck, mit künstlichen Mitteln nachzuhelfen. Die Folgen eines solchen ‚Wettrüstens' mit Mitteln des Enhancement sind ambivalent. In der Wirtschaft werden die Menschen in der Rolle der Konsumenten stärker von den unter dem Konkurrenzdruck der Leistungsfähigkeit und -bereitschaft erwirtschafteten Gütern und Leistungen profitieren als in der Rolle der Arbeitnehmer, die den Arbeitsstress nur unter Zuhilfenahme von Psychopharmaka aushalten. Im Sport profitieren die Zuschauer von den durch Doping möglich gewordenen Spitzenleistungen, weniger die ehrlichen Teilnehmer, die regelmäßig das Nachsehen haben. Insgesamt muss die Entwicklung zu stets höheren Leistungsnormen allerdings als hochbedenkliche Fehlentwicklung gelten: Wer sich auf den *rat race* einlässt, riskiert gesundheitliche und Befindlichkeitsstörungen durch chronische Überforderung. Wer sich nicht auf ihn einlässt, aus dem Rennen genommen oder von vornherein disqualifiziert wird, riskiert dieselben Störungen durch chronische Unterforderung. Sofern Verfahren des Enhancement auf Leistungssteigerung zielen, haben sie an dieser Perversion der Verhältnisse auch dann Anteil, wenn sie nicht direkt für sie verantwortlich zu machen sind. Auch wenn sie keine direkte ursächliche Rolle spielen, stehen sie zu ihnen doch in jenem indirekten Bezug, der in der neueren bioethischen Diskussion mit dem Ausdruck *complicity* bezeichnet wird (vgl. Singer 1994, 214, Friele 2000).

Complicity bedeutet eine schwache Form der Teilnahme an einem moralisch unzulässigen Verhalten anderer unterhalb der Schwelle der direkten aktiven Mitwirkung. Obwohl sie im allgemeinen nicht mir derselben Schärfe verurteilt wird wie das moralisch problematische Verhalten, an denen sie partizipiert, erscheint das Verhalten des ‚Komplizen' aufgrund der Verbindung mit dem unzulässigen Verhalten des Haupttäters doch als in gewissem Maße moralisch kontaminiert. Im Fall des leistungssteigernden Enhancement geht es freilich weniger um das Verhalten einiger ‚Haupttäter' als um gesellschaftliche Strukturen, die ein kompetitives Verhalten nahelegen oder erzwingen. Zwecke und Mittel stehen vielfach in einem interaktiven, sich wechselseitig unterstützenden Verhältnis zueinander. Mit den Zwängen und Motivationen zur Überbietung anderer im Leistungswettbewerb wächst die Attraktivität von Enhancement. Aber mit der Verfügbarkeit von Enhancement wächst umgekehrt auch die Bereitschaft, *nolens volens* mitzuspielen, statt die dem Spiel zugrunde liegenden Erwartungshaltungen und Vorteilsstrukturen in Frage zu stellen. Angesichts der erweiterten Möglichkeiten, sich den Erwartungshaltungen anzupassen, wird es für den Einzelnen noch schwieriger, sich der *complicity* mit der Vorherrschaft der entsprechenden Normen zu entziehen, als es angesichts des auch in freien Gesellschaften virulenten Konformitätsdrucks ohnehin schon ist.

Im Bereich der Erwartungen an die Attraktivität des weiblichen Körpers haben in den letzten Jahren vor allem Carl Elliott und Margret Little auf die fatalen Konsequenzen der um sich greifenden Wettbewerbsorientierung hingewiesen (vgl. Elliott 2003, Little 2009): Verlust der Individualität, Konformismus, fortwährende Aufmerksamkeit auf den eigenen Körper, Versagensängste und – bei den Erfolglosen – Minderwertigkeitsgefühle. Indem die eigene körperliche Beschaffenheit stets aufs neue an dem von den Medien und Idolen gesetzten Ideal gemessen wird, kommt es zu einer überwiegend negativen Fixierung auf den eigenen Körper, ähnlich der, die sich in vielen asketischen Religionen ausgeprägt hat. Diätübungen treten an die Stelle von Selbstgeißelungen und Naschhaftigkeit an die Stelle von Gefräßigkeit, Wollust und Trunksucht. Viele der Eingriffe, die heute junge Frauen an sich vornehmen lassen, entspringen dem Hass gegen die eigene körperliche Kontingenz. Dabei wird die Messlatte häufig so unrealistisch hoch angelegt, dass zur Erreichung des Ideals „aktive und dauerhafte Arbeit am eigenen Körper" notwendig wird (Deak 2006, 222). Die paradoxe Folge ist eine Rekapitulation der überwunden geglaubten Doktrin der Erbsünde. Angesichts der überzogenen Maßstäbe fühlen sich viele Frauen zwangsläufig sündig. Ähnliche Mechanismen zeigen sich seit längerem auch in anderen gesellschaftlichen Bereichen, etwa bei Leistungsträgern in Wissenschaft und Wirtschaft. Auch wenn es verfehlt wäre, dafür die zunehmende Verfügbarkeit von leistungssteigerndem Enhancement verantwortlich zu machen, scheint sie für diese Entwicklung doch immerhin eine Ermöglichungsbedingung zu sein. Soweit die Vorbehalte gegen Enhancement in dem Unbehagen über diese Tendenz wurzeln, haben sie das Recht klarerweise auf ihrer Seite.

Literatur

Bacon, Francis, *Über die Würde und den Fortgang der Wissenschaften*, Darmstadt, 1966.

Birnbacher, Dieter, *Natürlichkeit*, Berlin/New York, 2006.

Boorse, Christopher, „On the distinction between disease and illness", in: *Philosophy of Public Affairs 5*, 1975, S. 49–68.

Brooks, Rodney, *Menschmaschinen, Wie uns die Zukunftstechnologien neu erschaffen*, Frankfurt am Main/New York, 2002.

Caysa, Volker, „Was ist ein fairer Umgang mit dem Körper?", in: *Claudia Pawlenka (Hrsg.), Sportethik. Regeln – Fairneß – Doping*, Paderborn, 2004, S. 149-162.

Deak, Alexandra, „Schöner Hungern. Über den Zusammenhang von Diät und Wahn", in: Johann S. Ach/Arnd Pollmann (Hrsg.): *Nobody is perfect. Baumaßnahmen am menschlichen Körper – bioethische und ästhetische Aufrisse*, Bielefeld, 2006, S. 207-224.

Descartes, René, *Discours de la méthode/Von der Methode*, Hamburg, 1960.

Elliott, Carl, *Better than well. American medicine meets the American dream*, New York, 2003.

Friele, Minou Bernadette, „Moralische Komplizität in der medizinischen Forschung und Praxis", in: *Urban Wiesing/ Alfred Simon/ Dietrich von Engelhardt (Hrsg.): Ethik in der medizinischen Forschung*, Stuttgart, 2000, S. 126-136.

Galert, Thorsten u. a., „Das optimierte Gehirn", in: *Geist und Gehirn 11/2009*, S. 40-48.

Gesang, Bernward, „Moderates und radikales Enhancement – Die sozialen Folgen", in: Bettina Schöne Seifert/Davinia Talbot/ Uwe Opolka/Johann S. Ach (Hrsg.): *Neuro-Enhancement. Ethik vor neuen Herausforderungen*, Paderborn, 2009, S. 221-246.

Gigerenzer, Gerd, *Bauchentscheidungen, Die Intelligenz des Unbewussten und die Macht der Intuition*, München, 2007.

Huster, Stefan, „Die Leistungspflicht der GKV für Maßnahmen der künstlichen Befruchtung und der Krankheitsbegriff", *Neue Juristische Wochenschrift 24*, 2009, S. 1713-1716.

Juengst, Eric T., „Was bedeutet Enhancement?", in: Bettina Schöne Seifert/Davinia Talbot (Hrsg.): Enhancement. Die ethische Debatte, Paderborn, 2009, S. 25-46.

Kleinig, John, *Paternalism*, Manchester, 1983.

Kramer, Peter D., *Glück auf Rezept. Der unheimliche Erfolg der Glückspille Fluctin*, München, 1995.

Little, Margret Olivia, „Schönheitschirurgie, fragwürdige Normen und die Ethik der Komplizenschaft", in: Bettina Schöne-Seifert/Davinia Talbot (Hrsg.): *Enhancement. Die ethische Debatte*, Paderborn, 2009, S. 127-144.

President's Council on Bioethics. *Beyond therapy: Biotechnology and the pursuit of happiness*, Chicago, 2004.

Siep, Ludwig, „Normative Aspekte des menschlichen Körpers". In: Kurt Bayertz (Hrsg.): *Die menschliche Natur. Welchen und wie viel Wert hat sie?* Paderborn, 2005, S. 157-173.

Silver, Lee M., *Das geklonte Paradies*, München, 1998.

Singer, Peter, *Praktische Ethik*, Neuausgabe, Stuttgart, 1994.

Synofzik, Matthis, „Psychopharmakologisches Enhancement: Ethische Kriterien jenseits der Treatment-Enhancement-Unterscheidung". In: Bettina Schöne Seifert/Davinia Talbot/ Uwe Opolka/Johann S. Ach (Hrsg.): *Neuro-Enhancement. Ethik vor neuen Herausforderungen*, Paderborn, 2009, S. 49-68,.

Vogel, Gretchen, „Part man, part computer: Researcher tests the limits", *Science 295*, 2002, S. 1020.

VOLKER GERHARDT

Der Mensch als Teil der Natur

Eine Reflexion über den systematischen Ort der Bioethik

Die Bioethik ist in wenigen Jahrzehnten zu einer eigenständigen Disziplin der Philosophie geworden. Sie ist so stark gewachsen, wie kein anderes philosophisches Teilgebiet. Ihr Beitrag zur interdisziplinären Verflechtung der Philosophie dürfte höher sein als der von Wissenschaftstheorie, Natur-, Kultur- oder Religionsphilosophie. Ihre Einbindung in die Forschungsdynamik von Biologie und Medizin ist offenkundig. Von daher kommt es bereits einer Unterschätzung gleich, die Bioethik lediglich zu den ‚angewandten Ethiken‘ zu rechnen. Abgesehen davon, dass der Begriff der ‚angewandten Ethik‘ (nicht anders als der der *applied ethics*) redundant und somit unglücklich ist, gibt er nichts von dem innovativen Forschungspotential zu erkennen, das in der Bioethik freigesetzt wird – vorausgesetzt, man lässt sich wirklich auf die neuen natur- und sozialwissenschaftlichen Erkenntnisse ein und fragt vorbehaltlos, wie sie sich zum Selbstbegriff des Menschen und zu seiner historisch gewordenen gesellschaftlichen Praxis verhalten.

Für ein angemessenes Verständnis der Bioethik dürfte es allerdings entscheidend sein, wie man den Menschen versteht, um dessen Handeln es in ihr geht. Hier gibt es bekanntlich mehr als eine Möglichkeit. Der Selbstbegriff des Menschen ist historischen und kulturellen Wandlungen unterworfen. Er passt sich den Methoden an, mit denen man ihn zu erfassen sucht, und er ist gewiss nicht unabhängig von den theoretischen und praktischen Interessen derjenigen, die sich auf ihn beziehen. Deshalb hat es als eine vorrangige Aufgabe der Bioethik zu gelten, selbst einen Beitrag zu einem philosophisch angemessenen Selbstbegriff des Menschen zu leisten. Mit diesem Theorieanspruch stößt sie ins Zentrum des philosophischen Fragens vor.

Die Offenheit im Ergebnis bei der Entwicklung eines solchen Begriffs vom Menschen schließt nicht aus, von klaren Voraussetzungen auszugehen. Zu diesen Voraussetzungen gehört, dass der Mensch ein Naturwesen ist. Andernfalls könnte er gar kein Gegenstand einer Disziplin sein, die mit dem Begriff des *Lebens* den der *Natur* im Titel trägt. Da ich gleichwohl den Eindruck habe, dass die Prämisse einer alternativlosen Naturzugehörigkeit des Menschen auch bei Bioethikern immer wieder in Frage steht, gebe ich im Folgenden eine skizzenhafte Beschreibung des Menschen als eines *Teils der Natur*. Dabei wird mitnichten ausgeschlossen, dass dieses Naturwesen durch die Besonderheiten seiner Lebensweise ein kulturelles Dasein führt. Auch an dem einzigartigen Titel eines geistigen Wesens ändert sich nichts. Wie anders sollten wir die Eigenart seiner sozialen und personalen Selbstreferenz begreifen?

Die nachfolgende Skizze soll kenntlich machen, dass die geistige Dimension der menschlichen Konstitution nur bei einem zur Natur gehörenden Lebewesen von

Bedeutung sein kann. Auf drei allgemeine Bemerkungen zur Natur des Menschen folgen einundzwanzig äußerst knapp gehaltene Punkte, die verdeutlichen sollen, warum der Mensch, wie alle anderen Wesen auch, nur *als Natur in Natur* beschrieben werden kann. Seine Besonderheit als intelligibles und moralisches Wesen hat er allein unter der Voraussetzung seiner vollständigen Zugehörigkeit zur Natur.

A. *Stellung oder Befindlichkeit.* Die Formel ‚Natur in der Natur‘ ist als eine Kurzbeschreibung des Menschen zu verstehen. Sie soll zum Ausdruck bringen, dass der Mensch nicht nur zur Natur gehört, sondern ein *Teil* von ihr ist, der selbst gar nichts anderes als *Natur* sein kann. Er befindet sich in der Natur und ist nichts anderes als sie. Er ist so sehr Teil von ihr, dass es problematisch erscheinen könnte, von einer gesonderten ‚Stellung‘ des Menschen in ihr sprechen. Denn das könnte ihm den *Status eines Anderen* oder gar eines *Fremden* geben, der sich in der von ihr unterschiedenen Natur möglicherweise *querstellt*, der meint, *in Opposition* zu ihr treten zu können, um unter Umständen in ganz andere Verhältnisse zu wechseln.

‚Stellung‘ lässt sich auch als *Status* eines gleichsam von außen verfügenden Herrn verstehen, zumindest als *Position*, in der einer alles andere überragt. Doch so sehr der Mensch über einige ihm zu Gebote stehende Momente der Natur verfügen können mag, so wenig ragt er dadurch über die Natur hinaus. Deshalb legt nicht nur ‚Stellung‘, sondern auch ‚Status‘ oder ‚Position‘ Missverständnisse nahe, die man vermeiden sollte, wenn deutlich werden soll, dass der Mensch keineswegs in der Natur so lebt, wie der Fisch im Meer. Er ist *durch und durch* Natur – und bleibt es auch in dem, was er mit sich und aus sich macht, was er von sich hält und woran er glaubt.

Um also kein Missverständnis aufkommen zu lassen, habe ich im Untertitel meines Vortrags auf den Terminus der ‚Stellung‘ verzichtet und einen Ausdruck gewählt, der die Zugehörigkeit des Menschen von vornherein außer Zweifel stellt. ‚Befindlichkeit‘ zeigt an, dass da etwas auch in seiner Selbsteinschätzung zur Natur gehört. Es befindet sich nicht nur in seiner räumlichen Lage ganz und gar in ihr, sondern gehört ihr auch in seiner *Selbstwahrnehmung* und *Selbsteinschätzung* zu, auch wenn er sich die vermutlich einzigartige Fähigkeit zuschreibt, sich Alternativen zu ihr denken zu können, in die er sich – je nach Stimmung und gedanklicher Konsequenz – gelegentlich selbst versetzen möchte. Doch auch in dieser Fähigkeit, ‚nein‘ zur Natur zu sagen, liegt nur ein *Spezifikum* der Natur, die er ist und in der er sich befindet.

Doch wenn ich es recht bedenke, ist mein Vorbehalt gegen den Begriff der ‚Stellung‘ nicht wirklich überzeugend. Die Rede von einer ‚Stellung‘ kann sich auf die Relation beschränken, die etwas zu etwas anderem hat, von dem es nicht prinzipiell unterschieden sein muss. ‚Stellung‘ kann überdies auch das *Verhältnis* anzeigen, dass der Mensch *zu sich selber findet*, kann die *Haltung* bezeichnen, die er wahrt. So kann sie – in direkter und in metaphorischer Rede – den *aufrechten Gang* einbeziehen, an dem auf unüberbietbare Weise kenntlich wird, dass *physis* und *ethos* auch dort zusammenspielen, wo sich der Mensch entscheiden kann, sich gegen seine physische Existenz zu behaupten.

Also lasse ich bis zum Abschluss meiner Überlegungen, an deren Anfang ich mit den im Folgenden vorgetragenen Thesen stehe, offen, ob von der ‚Befindlichkeit‘ oder von der ‚Stellung‘ des Menschen in der Natur die Rede sein soll. Für ‚Stellung‘, so viel ist sicher, findet sich leichter ein englisches Äquivalent.

B. *Die Natur unterscheidet sich in sich selbst.* Wann immer etwas innerhalb der Welt von der Natur unterschieden wird, wird das Ganze der Natur als das *Gegebene* begriffen, von dem sich das daraus *Gemachte* abhebt. Das gilt für die Unterscheidung zwischen Natur und *Technik*, Natur und *Kunst* oder Natur und *Kultur*. Es ist offenkundig, dass es in einer bestimmten Handlungslage zu einem gravierenden Unterschied führen kann, ob ein Gegenstand am Baum gewachsen oder künstlich hergestellt worden ist. Wir wissen, welche essenzielle Differenz damit verbunden ist, ob einer eines *natürlichen Todes* stirbt oder durch *gewaltsame Einwirkung* getötet wird. Desgleichen ist es von Bedeutung, ob eine Höhlung im Erdreich vom Grundwasser ausgewaschen oder aber als Stollen oder Tunnel von Menschen gegraben worden ist.

In der bewussten Leistung von Menschen wirken *geschichtliche und gesellschaftliche Kräfte* zusammen, in sie gehen *bewusste Wahrnehmungen* und *geistige Ziele* ein, die man ihrerseits von zufälligen oder mechanisch berechenbaren Wirkungen unterscheiden können muss.

Nicht weniger wichtig kann es sein, in bestimmten Lagen, zwischen *Willkür* und natürlicher Abfolge zu unterscheiden. Auch von *Freiheit* kann man nicht sprechen, wenn sie sich nicht vom naturgegebenen Gang der Dinge abheben lässt. Schließlich haben Menschen, auch und gerade wenn sie politisch handeln wollen, den Wunsch, zwischen dem *Unabänderlichen* auf der einen und den ihrem *Einfluss* unterliegenden Momenten ihres Daseins auf der anderen Seite zu differenzieren. Politik und Ethik, aber auch Technik und Kultur hängen an dieser Abgrenzung zwischen dem (von Natur aus) Gegebenen und dem (von Menschen) Gemachten.[1]

In allen diesen, hier nur rhapsodisch herausgegriffenen Fällen zeigt sich der Nutzen einer Differenzierung zwischen der *Natur, die uns umgibt,* und den *Dingen* und *Ereignissen, die wir daraus machen.* Damit ist eine lebensweltliche Unterscheidung getroffen, die uns hilft, kurzfristige geschichtliche Abgrenzungen vorzunehmen, durch die wir *unseren eigenen Anteil* an den Vorgängen markieren. Tatsächlich wird dadurch aber nichts benannt, was aus der Natur heraus fällt. Alle Differenzierungen vollziehen sich *innerhalb* des umfassenden Ganzen, das wir nicht anders als eben: *Natur* nennen müssen. Wir mögen noch so entschieden zwischen dem *Natürlichen* und dem *Künstlichen* trennen, mögen die gentechnisch veränderten Früchte beargwöhnen und auf biologischen Anbau setzen, mögen es schätzen,

---

1 Siehe dazu: Volker Gerhardt, „Geworden oder Gemacht? Über die Grenzen der Menschenwürde", in: Mathias Kettner (Hg.): *Biomedizin und Menschenwürde*, Suhrkamp Verlag Frankfurt/ M. 2004, S. 272-291; wieder unter dem Titel „Geworden oder Gemacht? Jürgen Habermas und die Gentechnologie" in: V. Gerhardt: *Die angeborene Würde des Menschen. Aufsätze zur Biopolitik*, Berlin, 2004, S. 61–82.

wenn einer sich natürlich geben kann und alles Gekünstelte vermeidet... Am Ende haben wir zuzugeben, dass selbst die Perversionen der Natur zur Natur gehören.

Wenn Politiker keinen Frieden halten können, ist ein Ereignis die Folge, das allein durch das Ausmaß der Zerstörung, zur Natur gehört. Wenn jemand sich moralisch vorbildlich verhält und verfolgten Personen hilft, kann er Leben retten. Die Moral, zu der man mit den Mitteln der Natur erzogen werden muss und die zur zweiten Natur werden sollte, hat ihren Wert nur, wenn sie *in* der Natur auch etwas erreicht. Wer eine neue Form der Energiegewinnung durch restlose Abfallverwertung erfindet, schont, wie man sagt, die Natur – verbleibt also auch damit gänzlich *in ihr*, obgleich er ihre Teile durch eine Reihe höchst artifizieller Prozesse dem ursprünglichen Zustand immer mehr entfremdet. Jede begriffliche und jede technische Unterscheidung ist selbst wie eine Mutation, die in der Evolution nicht mehr erreicht, als die Vielfalt der Natur zu vergrößern.

Das Gleiche ließe sich am Beispiel der *Freiheit* demonstrieren, die gemeinhin als exemplarischer Widerpart der Naturgesetzlichkeit angesehen wird. Dies aber kann nicht zutreffend sein, weil *erstens* nichts so sehr auf die Kausalität der Natur angewiesen ist, wie gerade der Gebrauch der Freiheit, weil *zweitens* schwerlich zu leugnen ist, dass die Freiheit zur Natur des natürlich entwickelten, kulturell entfalteten Menschen gehört, und weil sich *drittens* zeigen lässt, dass die Freiheit eine bis in die Anfänge des Lebens zurückreichende Vorgeschichte in der Evolution des Menschen hat.[2]

Also haben wir allen Grund, gerade auch dann, wenn nach einer Differenzierung gefragt wird, von der Natur als der *bleibenden Kondition* unseres Daseins zu sprechen. Wer klären will, was das *Politische* ist, worin die *Kultur* besteht, was die *Künste* leisten, was das *Gesellschaftliche* ausmacht und worin die *Freiheit* des Menschen eigentlich besteht, der kann von der Natur nicht schweigen.

Das gilt auch für jene, die genauer erfassen wollen, worin die Funktionen der *Sprache* oder die des *Bewusstseins* bestehen. Und wenn denn überhaupt etwas von ihm begriffen werden kann, muss selbst der *Geist* als eine Formation der Natur begriffen werden.

C. *Das Problem der Ordnung.* Es gibt Theoretiker, die meinen, sie müssten sich allein deshalb außerhalb der Natur befinden, weil es ihnen möglich ist, Natur zu *begreifen* und zu *verstehen*. Lassen wir offen, ob es ihnen tatsächlich gelingt, sie zu begreifen. Aber *dass* sie etwas in Begriffe fassen, mit deren Hilfe sie etwas verstehen, ist unbestreitbar. Denn es zu bestreiten, heißt bereits, etwas zu begreifen. Also ist die Frage, ob wir durch unsere Fähigkeit, Begriffe zu bilden und Zusammenhänge

---

2 Vgl. dazu: Volker Gerhardt, „Leben ist das größere Problem. Philosophische Annäherung an eine Naturgeschichte der Freiheit", in: Berlin-Brandenburgische Akademie der Wissenschaften (Hrsg.), *Berichte und Abhandlungen*, Band 13, Berlin 2007, S. 195-216; überarbeitete Fassung in: J.-Chr. Heilinger (Hrsg.), *Naturgeschichte der Freiheit*, Humanprojekt 1, Berlin/ New York 2007, S. 457-479.

zu verstehen, zu exterritorialen Wesen werden, die – zumindest sofern sie geistig tätig sind – *nicht* zur Natur gehören.

Die einfachste Antwort hierauf besteht in der Gegenfrage: Warum sollte denn die Natur *nicht* in der Lage sein, Leistungen zu erbringen, die sich in der Fähigkeit des Begreifens äußern?

Wenn die Natur fähig ist, Augen zu schaffen, die Bilder erstellen, welche von Nerven weitergeleitet werden, um in Gehirnarealen Dispositionen zu Verhaltensweisen zu schaffen, die ihren Ausdruck auch in Begriffen finden können, ist schwer einzusehen, warum die Natur nicht auch das Begreifen selbst ermöglichen sollte.

Gewiss, wenn es der Natur *nicht* möglich wäre, etwas Lebendiges zu synthetisieren, das sich *als Ganzes* auf seine Umwelt und auf sich selbst bezieht, könnte man bei der Antwort nicht sicher sein. Auch dann, wenn es der Natur nicht möglich wäre, aus den sich *ganzheitlich auf sich selbst beziehenden* Wesen *gesellschaftliche Ganzheiten* aufzubauen, in denen sich die Individuen mit ihresgleichen über Chancen und Risiken verständigen, die nicht nur für das Überleben, sondern auch für das Erleben ihrer Gemeinschaft von *Bedeutung* sind, gäbe es begründete Zweifel, ob Begreifen, Verstehen und Sich-Verständigen als Naturprozesse angesehen werden können.

Wenn schließlich jemand sagen könnte, der Natur ist es nicht möglich, etwas zu erzeugen, was für die einzelnen Lebewesen wie auch für ihre Gemeinschaften eine *Verhalten steuernde Bedeutung* hat, dann hätte man Grund zu der Vermutung, dass die ebenfalls nur in ihrer *Reaktion auf Lebenslagen* hervortretende Verhaltenswirksamkeit *begrifflicher Bedeutung* nicht durch die Natur hervorgebracht sein kann. *Denn Begriffe sind Steuerungselemente in Verhaltensprogrammen sozial vernetzter Individuen, die ein hohes Maß an Eigenständigkeit mit einem hohen Maß an sachlich kontrolliertem Umweltbezug verbinden.* Gäbe es in der Natur keine an Kriterien orientierten Verhaltensprogramme, dann und nur dann könnte man zweifeln, ob es in der Natur etwas *Geistiges* geben kann.

Doch die Annahme, dass die Natur diese und ähnliche Leistungen nicht aus eigenen Mitteln zur Verfügung stellen kann, ist gänzlich abwegig. *Einheit, Ganzheit, Selbstbezug, Steuerung,* Bedeutung generierende *Präferenz* oder *Programm*[3] – kennen wir nur aus der Natur. *Also fallen wir selbst dadurch, dass wir die Natur begreifen können, nicht aus ihr heraus.*

D. *Einundzwanzig Thesen zur Stellung des Menschen in der Natur.* Nach der Vergewisserung der generellen Zugehörigkeit des Menschen zur Natur kann man seine besondere Stellung in ihr konkret beschreiben. Dies geschieht in einundzwanzig Thesen, deren erste noch einmal bekräftigt, dass alles, was wir über uns sagen können, auf unserer *Selbstbeschreibung* als Naturwesen beruht.

---

3 Wenn ich von „Programm" spreche, verberge ich mir die Tatsache nicht, dass hier nur ein verfahrenstechnisch ausgelegter Begriff für das verwendet wird, was man früher ‚Teleologie‘ nannte und was durch ‚Teleonomie‘ nicht besser ausgedrückt worden ist.

1. Der Mensch ist durch und durch ein Wesen der Natur. Will man seine Stellung in ihr beschreiben, so braucht man nur zu sagen: Er gehört ihr vollkommen zu und steht, selbst wenn er zu ihren erdgeschichtlich späten Vorkommnissen gehört, nicht etwa an ihrem *Rand* oder an ihrem *Ende*. Er ragt auch nicht aus ihr heraus, sondern er gehört ihr mit Haut und Haaren, mit Herz und Verstand, somit auch mit seinem Geist und seiner Freiheit zu.

2. Will man die Besonderheit des Menschen in der Natur erfassen, kann man Vieles nennen, denn alles, was immer sich im Kontext der Natur aufweisen lässt, hat seine Besonderheit, weil es anders gar nicht auffallen würde. Die Schmetterlinge sind so einzigartig wie die Blüten, zwischen denen sie pendeln; die Pinguine sind so bewundernswert wie die Landschaft, in der sie leben. Und wer einmal eine Teppichmilbe im Elektonenrastermikroskop gesehen hat, hat gute Gründe, nie wieder Staub zu saugen. Auch in seiner Einzigartigkeit ist der Mensch ein Teil der Natur.

3. Wenn der Mensch sich selbst beschreibt, findet er schon seit ältesten Zeiten Leistungen bemerkenswert, die er bei vergleichbaren Lebewesen zwar vermuten kann, aber nicht mit der gleichen Gewissheit wie bei sich selber findet: Hierbei handelt es sich vor allem um die Fähigkeit des artikulierten Sprechens und die des begrifflichen Denkens. Wir wissen, dass auch Tiere über ausgefeilte Sprachsysteme und über begriffsanaloge Ordnungs- und Orientierungsleistungen verfügen. Ein Alleinstellungsmerkmal wird aus Sprechen und Denken erst dann, wenn wir beides zusammenziehen und sagen, dass der Mensch über begriffliche Leistungen verfügt, in denen er sich mit seinesgleichen über etwas verständigen kann, das *alle* Beteiligten *als Sachverhalt* und somit als ein und denselben *Gegenstand* erfassen.

4. Mit der Leistung des gegenständlichen Begreifens von etwas als *Sachverhalt*, der stets als etwas verstanden wird, was jedem anderen in der gleichen Weise zugänglich ist, schafft der Mensch eine *Distanz* zu sich und den begriffenen Dingen. Diese *Distanz* ist so bewundernswert wie die Haut, mit der sich jedes Lebewesen von seiner Umgebung abgrenzt, um sich auf seine Weise mit ihr zu verbinden. *Distanz ist die Haut des Geistes, in der er sein Eigenes wahrt, das aber wesentlich in der Beziehung liegt, die er aus dem für ihn erforderlichen Abstand zu den Dingen pflegt.*
Über die in der begrifflichen Distanz aufgebaute Welt der Dinge und Ereignisse ist jeder mit seinesgleichen so verbunden, dass er sich mit ihnen über *exakt die gleichen Gegen-stände* verständigen kann. Das macht es möglich, mit den Dingen *technisch* umzugehen, wozu nicht nur der handwerkliche Gebrauch von Instrumenten, sondern auch das Sprechen und Denken gehören. Darin ist jeder mit anderen sachlich verbunden, kann aber über die dazu erforderliche intellektuelle Distanz auch seine Einzigartigkeit als Individuum zu einem sachlich verselbständigten Ausdruck bringen. Im Begreifen der Sachverhalte kann er *sich selbst* als Sachverhalt begreifen, der von anderen Individuen verschieden ist, und dennoch Dinge und Verhältnisse genauso begreifen kann wie sie.

5. Die exzeptionelle *innere* Verbindung der Menschen miteinander basiert darauf, dass sie sich (jeder für sich und dennoch in exakt derselben Weise) auf *äußere* Dinge beziehen. Der Mensch muss sich (in sachlich feststellender Weise) auf anderes seiner selbst beziehen, um in der Einheit seines Bewusstseins ursprünglich mit den Anderen verbunden zu sein. Es ist somit das *ausdrucksfähige Bewusstsein* von Dingen und Ereignissen, das es dem Menschen erlaubt, mit seinesgleichen in einer Weise einig zu sein, wie man es von keinem anderen Naturwesen kennt – nämlich *in der Sache*, und das kann auch ein Gefühl wie die Liebe sein.

Indem die Menschen sich einen *Begriff* von ihrer Befindlichkeit im Weltzusammenhang machen, stellen sie sich selbst der Welt als eine begreifende Einheit gegenüber, die alle individuellen Unterschiede der Größe, des Alters, des Geschlechts oder der Hautfarbe zu Nebensächlichkeiten macht.

6. Durch die Leistung sachhaltigen Erkennens werden Gruppen von Menschen, die sich über Sachverhalte verständigen, zu einer Wahrnehmungs- und Handlungseinheit gegenüber den Dingen, wie wir sie von pflanzlichen und tierischen Populationen nicht kennen. Nur dem Menschen scheint es möglich, mit den Dingen der Welt in bewusster Absprache auf ein und dieselbe Weise umzugehen. Dabei ist er nicht auf die historisch gewachsenen Stämme und Gruppen eingeschränkt, sondern seine sachbezogene Wahrnehmungs- und Handlungsfähigkeit bezieht sich auf alle, die seinesgleichen sind. Auch dafür hat er einen Begriff, nämlich den des *Menschen*.

Auf diese Weise wird die Menschheit als ganze zu einem einzigen Handlungssubjekt, das einer Welt in *einem* Bewusstsein gegenübersteht. Das alle Menschen in ihrem äußeren Bezug auf Sachverhalte gleichsam von innen verbindende Bewusstsein nennen wir *Wissen*. Die das Wissen fördernde, ja sie ermöglichende Sphäre, ist die *Öffentlichkeit*.

Diese in der Öffentlichkeit sich über sich selbst verständigende Einheit nennt sich *Menschheit* und verlangt für jedes ihrer Glieder den unbedingten Schutz der *Person*, weil jede *Person* ein *Beispiel* für die *Menschheit* ist. Darauf beruht die *Würde* eines jeden Einzelnen.

7. Zu den Voraussetzungen dieser Beschreibung gehört, dass Bewusstsein nicht ‚subjektiv‘, sondern ‚objektiv‘ ist. Damit wird nicht etwa bestritten, dass jeder etwas *für sich behalten* und sich seine *eigenen Gedanken* machen kann. Im Gegenteil: Der Geist beruht auf der Trennung, in der jedes Lebewesen für sich besteht. Er nimmt die Bewegung auf, die in der organischen und psychischen Eigendynamik eines jeden Lebewesens besteht.

Nur weil jeder Mensch *seine* Bedürfnisse und *seine* Empfindung hat, nur weil er *sich selbst erhalten* kann und schließlich auch *selbst bestimmen* muss, also nur weil er ein *selbstbezügliches Individuum* ist, entwickelt er die Fähigkeit zu sprechen, die seine Teilnahme am gesellschaftlichen Geschehen zum Ausdruck bringt. Im Wort ist der *Gedanke* wesentlich, denn er ist es, der darin zum Ausdruck kommt. Ein Gedanke aber ist etwas, das jeder immer auch selber, das heißt: *für sich selber* haben muss. Jeder Gedanke ist notwendig mit einem Ich verbunden, das dabei seine Verständlichkeit durch Andere unterstellt. Darauf beruht die implizite Öffentlichkeit des Denkens.[4]

Deshalb wird das Denken auch ,subjektiv' genannt. Damit ist aber nur gemeint, dass es sich nicht *vor* oder *auf* der Stirn, sondern *hinter* ihr vollzieht. Jeder denkt *seine* Gedanken, und nur sofern es jeder tut, kommt auch einer Menge von Menschen eine *Einsicht* zu. Selbst Wissensgesellschaften, Universitäten oder Akademien eingeschlossen, denken nicht. Denken ist immer nur eine Sache des einzelnen Menschen. Denken ist an die *Tätigkeit des Individuums* gebunden und damit uneinholbar *individuell*. Und da es sich in der Distanz zu anderem und Anderen vollzieht, kann man es auch als *innerlich* bezeichnen.

Diese Innerlichkeit ist vielen Theoretikern verdächtig. Wenn man zu sich selbst kein Vertrauen hat, ist es in der Tat nicht leicht, von ihr zu sprechen. Man kann sie nicht wie einen *äußeren Gegenstand* beschreiben. Und da sie stets das *ganze Verhalten* eines Menschen betrifft, kann man sie nicht auf eine Stufe mit den inneren Organen setzen. Das Denken ist nicht derart innerlich, wie wir das vom Blutkreislauf behaupten können.

Seine Innerlichkeit vollzieht sich in der Distanz des Geistes, die nach Analogie der Haut zu denken ist. In ihr bezieht sich der Mensch als ein Ganzes auf sich, so wie das schon in der *Empfindung* geschieht, die dem Körper als Ganzem einen Eindruck vermittelt, auf die er als Ganzer zu reagieren hat. Gedanken beruhen auf der Fähigkeit des Organismus, als Ganzer einen Eindruck zu haben, der sich aber selbst auf eine begrifflich gefasste Ganzheit bezieht, die für eine Ganzheit von Individuen derart Bedeutung hat, dass sie darauf einheitlich reagieren könnten.

Das *Innere* hat seine Bedeutung darin, dass es der *Äußerung* voraus zu liegen scheint. Natürlich ist es *im* Individuum, weil es auf der Tätigkeit der im Inneren des Körpers lokalisierten Organe beruht. Sofern es sich auf das Empfinden, Wahrnehmen und Denken bezieht, ist es mit einer nicht von außen sichtbaren Aktivität des Nervensystems verbunden.

Mit dem Binnenbezug ist in der Regel aber nicht die Tatsache gemeint, dass man das Denken nicht von außen sehen kann. Gemeint ist, dass es ein sicheres Bewusstsein des Gedachten nur bei dem geben kann, der es denkt. Und darin liegt die Bedeutung des Bezugs auf sich selbst: Das Denken hat eine unaufhebbare Nähe zum *Selbst* des Bewusstseins. In seinem einheitlichen Bezug auf äußere Einheiten, die zum Gegenstand eines selbst als einheitlich begriffenen Handelns werden können, hat es seine innere Einheit, die nur in der Distanz des individuellen Selbstbezugs gegenwärtig werden kann.

Handeln, um wenigstens diese Erläuterung noch zu geben, ist nicht der körperliche Vollzug einer Bewegung, sondern das, was bereits unter der Regie eines Gedankens, als individueller Beitrag eines Einzelnen zum insgesamt als bedeutungsvoll erachteten gesellschaftlichen Geschehen verstanden werden kann. Darin ist

---

4 Dazu: Volker Gerhardt, *Öffentlichkeit. Die politische Form des Bewusstseins*, München 2012.

jeder Gedanke ‚objektiv' verfasst. Deshalb ist es ein Missverständnis, ihn ‚subjektiv' zu nennen.

Will man seine unaufhebbare Zugehörigkeit zum ‚Subjekt', d.h. zum Träger des jeweiligen Denkens und Handelns benennen, sollte man ihn als ‚individuell' bezeichnen. Dann ist sein natürlicher Ort bezeichnet, und es steht nicht länger in Frage, dass er als Gedanke bereits objektiven Charakter hat, in dessen Zeichen es Individuen möglich ist, im Bewusstsein einheitlich begriffener Sachverhalte als Natur in der Natur tätig zu sein.

8. Die Natur ist ein komplexes Gebilde von Ursachen und Wirkungen, das sich unter den Bedingungen der Organisation des Lebens auch in der Form von Mitteln und Zwecken darstellen lässt. Alles kann Ursache sein, aber auch Wirkung, die selbst wieder zur Ursache wird. So lässt sich das Lebendige als ein kunstvoller Zusammenhang von Mitteln und Zwecken beschreiben. Das aber muss nicht heißen, dass die Natur insgesamt auf einen Zweck bezogen ist, oder dass die Zwecke, nach denen der Mensch die Natur versteht, den Status von real wirkenden Ursachen haben müssen. Es heißt lediglich, dass wir die Zusammenhänge der Natur, genauso wie die Vorgänge in, an und mit uns selbst als zweck- oder unzweckmäßig verstehen. Die Natur erschließt sich uns nur als ein Zusammenhang von Funktionen, in denen das eine in Abhängigkeit vom anderen geschieht.

In diesem Kontext ist der Mensch vollkommen eingebunden. Das Kind, das sich zwei Menschen wünschen, kann das Mittel sein, das ihrer Liebe zum Ausdruck verhilft. Kaum ist es da, wird es zum Zweck, dem sich beide Eltern, wie wir hoffen, in Liebe verpflichtet fühlen. Jedes menschliche Individuum bezeichnen wir als Zweck an sich selbst. Aber zu dem wird es nur dadurch, dass Natur und Gesellschaft es immer auch als Mittel verwenden. Deshalb heißt es in einer Formulierung von Kants *kategorischem Imperativ*: Eine Person möge ihresgleichen „niemals bloß als Mittel, sondern immer auch als Zweck" ansehen.

9. Was wir als kunstvollen Kontext des Lebens bewundern, kann auch nüchtern als *technischer Zusammenhang* beschrieben werden. Die Natur ist, spätestens mit dem ersten Auftritt des Lebens, eine unablässig sich auf sich selbst anwendende Technik: Der lebendige Organismus bildet arbeitsteilige Organe aus, die im Ganzen die Funktion der Selbstentwicklung, Selbstausbesserung und Selbsterhaltung wahrnehmen. Sie erlauben dem einzelnen Organismus im Zusammenspiel seiner Gattung selbst wieder nach Art eines Organs zum Einsatz zu gelangen. Das geschieht im (immer auch technischen) Prozess der Fortpflanzung. Folglich lassen sich alle Prozesse des Lebens nach der Art *selbstregulativer Techniken* beschreiben.

10. Die im Kontext der Evolution offenbar einzigartige Leistung des Menschen besteht nun darin, dass er in der Ausbildung seiner exakten Verständigung über die Welt, die ihm erlaubt, als Gattung in sachlicher Eindeutigkeit zu handeln, sich selbst zum bewussten *Inaugurator der Technik* machen kann. Natürlich verwenden auch Pflanzen und Tiere körperfremde Materialien, um ihre Lebenszwecke zu er-

reichen. Geier werfen Steine, um Straußeneier aufzubrechen; Affen setzen Stöck-
chen ein, um Termiten aus Baumhöhlen zu fischen; Amazonasdelphine schwenken
Bündel mit Treibholz, um sich vor dem umworbenen Geschlechtspartner wichtig
zu machen.

Der Mensch aber bringt Kontinuität in die Verwendung körperfremder Stoffe
und macht sie zu sachlich adäquat erfassten Gegenständen Generationen übergrei-
fender Lernprozesse. Sein Einsatz von Steinen und Stöcken gelangt zur Perfektion,
weil er sie ihrer Funktion entsprechend einschätzen, sachlich verbessern und zum
Gegenstand individueller und kollektiver Selbstdisziplinierung machen kann.

Die Menschwerdung des Menschen ist an die Ausbildung von Techniken ge-
knüpft. Dabei darf man annehmen, dass sich seine kommunikativen und kognitiven Fähigkeiten in Verbindung mit der Verbesserung seines Umgangs mit sachlich
adäquat eingeschätzten technischen Mitteln entwickelt haben. Wie früh die Leistung zur kollektiven Objektivität in der Einschätzung von Vorgängen nach Art
eines Sachverhalts ausgebildet gewesen sein muss, zeigt die Domestikation des Feuers, die schon vor mehr als anderthalb Millionen Jahren stattgefunden haben muss.
Was musste man nicht alles in kommunikativer Einschätzung der Eigenart des
Feuers beherrschen, um es dauerhaft einsetzen und ohne permanente Gefahr für
das eigene Leben zweckmäßig – also technisch – gebrauchen zu können!

11. Die Verfügung über die Technik konnte nur dadurch gelingen, dass der
Mensch sich immer auch selbst zum *Mittel* der von ihm entwickelten technischen
Möglichkeiten machte. Sollte das Feuer an einer begrenzten Stelle weiter brennen,
musste er sich selbst zum Sammler der Materialien machen, die das Feuer benötigt.
Alle sachgerechte Bedienung von Geräten setzt voraus, dass sich der Mensch zu
deren Gebrauch instrumentalisiert. Das gilt vor allem für den Umgang mit den
nach technischem Vorbild eingesetzten Tieren. Wenn er das Pferd nutzen wollte,
musste er sich als Lenker oder Reiter üben. Überdies hatte er sich bei den von ihm
beherrschten Techniken zum *Lehrer* zu machen, damit auch die Nachwachsenden
das Können erwerben, das ihm die Jagd, die Zerlegung des Wilds, die Anfertigung
von Kleidung oder die Herstellung von Medizin erlaubt.

Diese kollektive Selbstinstrumentalisierung des Menschen ist der elementare
Vorgang der Kultivierung. Er setzt die Erkenntnis von Sachverhalten in einem
gemeinsamen Bewusstsein voraus und sorgt zugleich für die fortlaufende Verbesserung des *Wissens*. Auch dies geschieht mit Hilfe von *Techniken des Wissens*, zu denen die *Sprache*, die *symbolische Illustration* und vor allem die *Schrift* gehören. Im
Wissen instrumentalisiert sich der Mensch im Dienst an der Verbesserung, Aus-
weitung und Überprüfung des ihn mit seinsgleichen verbindenden Bewusstseins.

12. Die an erkannten und damit zugleich mitgeteilten Zwecken orientierte *Selbstinstrumentalisierung* gehört zu den wichtigsten Faktoren der *historischen Selbstwer-
dung* des Menschen. Deshalb sind die Vorgänge der Arbeitsteilung in Erziehung,
Jagd, Ackerbau, Haus- und Hofhaltung etc. von so großer Bedeutung. Einen weiteren Entwicklungsschub haben die Verhüttung des Eisens, die damit ermöglich-

ten Fortschritte in der Waffentechnik, der Bearbeitung von Steinen und der damit in Schwung kommende Handel gegeben.

Der Aufwand an Organisation, um Erze und Edelsteine aus dem Boden zu holen, war schon im 5. Jahrtausend v. Chr. ungeheuer. So heißt es schon im Buch *Hiob*:

> „Eisen wird aus dem Erdreich hervorgeholt, und Gestein schmilzt man zu Kupfer. Man setzt der Finsternis ein Ende und durchforscht bis zur äußersten Grenze das Gestein der Dunkelheit und Finsternis. Man bricht einen Schacht fern von den [droben] Wohnenden. [...] Die Erde, aus der Brot hervorkommt, ihr Unterstes wird umgewühlt wie vom Feuer."[5]

13. Die Selbstdisziplinierung durch Technik dürfte auch der *Entfaltung der menschlichen Freiheit* wichtige Impulse geben. Der Mensch hat sich seinen Geräten anzupassen, und mit dem Aufwand an technischer Organisation steigt der Anspruch auf Verlässlichkeit und Pünktlichkeit in der Funktion eines gesellschaftlichen Apparats. Da die zentrale Leitung einer gesellschaftlichen Organisation nicht alles von außen steuern kann, wird die Eigenständigkeit des einsichtigen Individuums zu einem eminenten Steuerungsmittel gesamtgesellschaftlicher Prozesse. Die technische Auseinandersetzung mit der Natur sowie die sich steigernde technische Selbstorganisation der Gesellschaft lassen den steuernden Anteil des Individuums am gesellschaftlichen Ganzen immer wichtiger werden.

Die Großorganisation einer Gesellschaft muss keineswegs zwangsläufig zum Abbau der Freiheit führen. Von ihren inneren Funktionsbedingungen her, verlangt sie im Gegenteil eine *Zunahme der Freiheit*, weil anders die Vielfalt der Tätigkeiten nicht bewältigt werden kann. Arbeitsteilung ist die Schubkraft für die Individualisierung, die ihrerseits mehr Freiheit verlangt.

14. Die Freiheit des Einzelnen fügt sich nur dann in die Erfordernisse eine Organisation, wenn das Individuum von sich aus, die Konditionen des Systems einschätzen und sich danach richten kann. Es muss den rechten Gebrauch von seiner Freiheit machen. Dafür steht die Leistung der *Moral*. In der Moral sucht sich der Mensch – für sich und andere – *berechenbar* zu machen. Er lernt *Verantwortung* zu tragen, wird verlässlich und damit, wie Nietzsche sagt, souverän.[6] Das kann er werden, wenn er sich selbst das Gesetz gibt, nach dem er sich selbst bestimmt. Er internalisiert, um eine Formel Kants zu gebrauchen, die „Menschheit in seine Person".

15. Den wichtigsten Impuls zur Selbstbildung des Menschen dürfte die *Politik* gegeben haben, deren Spuren wir bis ins 10. Jahrtausend v. Chr. zurückverfolgen können. In ihnen hat der Mensch öffentlich beschriebene Funktionen wahrgenommen, denen er – bei Strafe des Lebens – nachzukommen hatte. Es sind die

---

5 Hiob 28, 2 – 28, 5.
6 Friedrich Nietzsche, *Zur Genealogie der Moral*, 2, 2. KSA 5, München 1988. S. 294.

selbst geschaffenen staatsförmigen *Institutionen*, in denen sich der Mensch zur *Person* gebildet hat. Das geschah in einem Prozess wechselseitiger Angleichung: Der Mensch schuf den Staat nach seinem eigenem Bild – mit einem machthabenden Willen an der Spitze und vielfältigen Gliedern, die diesem Willen zu folgen hatten. Zugleich aber setzte die staatliche Institution neue Maßstäbe für die Disziplin der Individuen. So entwarfen einige wenige *Personen* die *Institution*, die die Menschheit als Gesamtheit von Personen zu erziehen sucht.

Dieser Prozess hat bereits in den ersten Staaten des Alten Orients und in China eingesetzt, er kommt aber erst in der griechischen Polis und in der altrömischen Republik zu einer bewusst durch Ethik und Recht gesteuerten Entwicklung, als deren Erbe sich die Europäer auch deshalb begreifen müssen, weil durch den Individualisierungsschub der sokratischen und der christlichen Botschaft neue Maßstäbe für das Verhalten des Einzelnen entstanden sind – mit Ansprüchen, denen das Recht zu genügen hat. Grund- und Menschenrechte sind Ausdruck dieser Evolution, der sich nun die ganze Menschheit zu stellen hat.

16. Zu den frühen Kennzeichen einer Dynamisierung der menschlichen Kultur gehört die *Individualisierung* der einzelnen Person. Streng genommen ist jedes Vorkommnis einmalig; kein Sandkorn ist wie das andere; jeder Tag ist neu. Folglich ist alles individuell. Das gilt auch für den Menschen in seiner physischen Konstitution. Doch der sich in *Sachverhalten* begreifende Mensch setzt sich, je *komplexer* die von ihm produzierten Lebensverhältnisse werden, unter den Druck der *gesellschaftlichen Differenzierung und Spezialisierung*. Die *horizontale Divisionierung* der sich vervielfältigenden Arbeiten und die *vertikale Institutionalisierung* zum Zweck der *repräsentativen Steuerung* der Arbeit dürften dabei wesentliche Momente sein.

Aber der in den Wechsel der Leistungen und Rollen eingeübte Mensch kann, je stärker der Druck der ihn formierenden Gesellschaft ist, auch überhaupt Wert auf die von ihm geforderte Eigenständigkeit legen. Dann besteht er auf seiner Besonderheit und behauptet sich als Individuum, das sich vom Gewohnten löst und an sich selbst die *Produktivität* zu erweisen sucht, die im Medium des Wissens, der Technik und der Kunst von der Gesellschaft als Ganzer gefordert ist. Im Bewusstsein einer eigenen *Herkunft*, einer bewältigten *Geschichte* und einer praktizierten *Tugend* (wozu wir auch *Kompetenz* sagen können) steigert sich die *Individualität des Einzelnen* im Spiegel der Wahrnehmung der Anderen. Auch darin verbleibt sie in einer *Natur*, die ihre für den Menschen spezifische Form in der *Kultur* gefunden hat.

17. Um den Prozess der kulturellen Steigerung verständlich zu machen, müsste mehr über die Genese des individuellen Selbstbewusstseins gesagt werden. Denn das unter seinesgleichen mitgeteilte Wissen verschärft die Möglichkeit zu abweichender sinnlicher Erfahrung. Somit entsteht parallel zur Genese des kollektiven Bewusstseins, das allen auf Sachverhalte bezogenen Menschen gemeinsam ist, ein individuelles Bewusstsein des einzelnen Menschen. Es ist nicht, wie der Skeptizis-

mus behauptet, das genetisch Erste. Es ist nicht die ‚Subjektivität‘, mit der wir zur intellektuellen Reife kommen, um uns dann entbehrungsreich zur ‚Objektivität‘ des gemeinsamen Wissens zu erziehen. Unser waches Selbstbewusstsein entsteht vielmehr in der gemeinsamen Kommunikation über Sachverhalte, die das Kind den Erwachsenen als ‚objektiv‘ abnimmt. Es ist die ‚gemeinsame Welt‘, in die wir als Kinder hineingeboren werden.

Erst in der enttäuschenden Abweichung eigener Eindrücke und eigener Erinnerung kommt das individuelle Bewusstsein als Raum persönlicher Erfahrung hinzu. Erst in ihm erwacht die *Subjektivität* als *Medium des Vorbehalts* gegenüber dem, was als gemeinsames Wissen gilt.

18. *Subjektivität* ist damit nicht geleugnet. Sie ist nur nicht das, was am Anfang der Leistung des menschlichen Bewusstseins steht. Vielmehr tritt sie erst als Inversion des den Anfang machenden objektiven Bewusstseins auf. Sie entsteht mit der *Entdeckung der Unterschiede* zwischen den urteilenden Individuen. Der Einzelne entdeckt, dass er selbst nicht alles sieht und nicht alles kann, er lernt, sein Urteil zurückzuhalten oder abzuwandeln. Er behält etwas für sich und täuscht anderes vor. Auf diese Weise wird das Bewusstsein zu einem bewusst erlebten Innenhof des Geistes, der sich aber nur bilden kann, wenn er mit der Sphäre des Erkennens und des Wissens, in dem alle sich bewegen, verbunden ist.

Das subjektive Bewusstsein kann man als *reservatio mentalis* bezeichnen, als den für die Entfaltung der Individualität wesentlichen Vorbehalt, den jeder Einzelne gegenüber allem anderen machen kann. Im gesellschaftlichen Kontext wird aus diesem Vorbehalt das unverzichtbare Medium der Kreativität. Hätten wir die Differenz zwischen Technik und Kunst im modernen Sinn des Wortes zu benennen, würde die *Leistung der Subjektivität* – des sich ausdrücklich auf seine Individualität berufenden Bewusstseins – die entscheidende Rolle spielen.

19. Der Mensch als Individuum ist *Natur*, denn nur in der Natur gibt es überhaupt etwas; nur hier gibt es Einzelnes, Unterschiedenes und ungefähr Gleiches. In Geburt, Krankheit und Tod ist ihm seine natürliche Lebendigkeit gegenwärtig. Sie wird nicht aufgehoben durch das, was er in der Natur, mit der Natur und mithilfe von aus der Natur entwickelten Instrumentarien der Gesellschaft, der Technik und der Kultur aus sich zu machen sucht. Niemand braucht somit zu befürchten, dass es dem Menschen gelingen könnte, sich zu einem durch und durch künstlichen Wesen zu machen. Dies schon deshalb nicht, weil auch die höchste Leistung der Kunst aus Natur besteht, in ihr geschaffen wurde und ihren Gesetzen des Verfalls unterworfen bleibt.

Ein Kulturpessimismus, der die *Entfremdung* des Menschen als kommende Katastrophe beschreibt, kennt die Vergangenheit des Menschen nicht, der nur durch *unablässige Entfremdung* von sich selbst zu dem geworden ist, der er ist.

20. Der Mensch ist nicht, was er einmal war. Er beweist seine Zugehörigkeit zur Natur auch durch die unentwegte *Veränderung*, der er unterworfen ist. Allein die

in den letzten dreihundert Jahren erfahrene Beschleunigung des Wandels, dem die Menschheit seit ihrem ersten Auftritt unterworfen ist, bestätigt, dass der Mensch zum Leben gehört und die *Technik der Selbstanwendung* mit dem Effekt der *Selbstveränderung* vollzieht. Das kennt man durch den Vorgang des Wachsens aus allen Bereichen der Natur und es bestätigt sich auf paradoxe Weise an dem, was man die Zivilisationskrankheiten nennt.

21. Gegen die These von der vollständigen Einbindung des Menschen in der Natur kann eigentlich nur sprechen, dass der Mensch glaubt, sich die Natur als Ganze denken zu können. Dann hat er sie nach Art eines Sachverhalts begriffen, den er negieren und mit Alternativen versehen kann. Damit stellt sich auch der Anspruch ein, dem begriffenen Ganzen einen Grund oder ein Ziel zu geben. So kommt er auf den *Geist*, der die Natur als Ganze umfasst. So denkt er sich Gott, der die Natur geschaffen hat und auch wieder vergehen lassen kann.

Ich will jetzt nicht mehr davon sprechen, dass auch dieses Denken mit einem *Organ* geschieht, das zur *Natur* gehört, und nur mit einer *Technik* möglich ist, die sich erst spät unter den Bedingungen der *Kultur* entwickelt hat. Sondern möchte mit dem Hinweis schließen, dass *Geist* und *Gott*, die mehr als nur *Ideen*, vielmehr eine *Wirklichkeit* im Leben des Menschen sind, ihren Sinn nur aus der Stellung beziehen, die sie in der Natur einnehmen. Darin sind sie wie der Mensch, der sich inmitten der Natur befindet.

Literatur

Gerhardt, Volker. „Geworden oder Gemacht? Über die Grenzen der Menschenwürde". In: Mathias Kettner (Hg.): *Biomedizin und Menschenwürde*. Suhrkamp Verlag: Frankfurt/ M. 2004. S. 272-291. Wieder abgedruckt unter dem Titel „Geworden oder Gemacht? Jürgen Habermas und die Gentechnologie". In: V. Gerhardt: *Die angeborene Würde des Menschen. Aufsätze zur Biopolitik*, Berlin, 2004, S. 61–82.
– „Leben ist das größere Problem. Philosophische Annäherung an eine Naturgeschichte der Freiheit". In: Berlin-Brandenburgische Akademie der Wissenschaften (Hg.): *Berichte und Abhandlungen*, Band 13, Berlin 2007, S. 195-216; eine überarbeitete Fassung in: J.-Chr. Heilinger (Hg.): *Naturgeschichte der Freiheit*, Humanprojekt 1, Berlin/ New York 2007, S. 457-479.
– *Öffentlichkeit. Die politische Form des Bewusstseins*. München 2012.
Nietzsche, Friedrich. *Zur Genealogie der Moral*. München 1988.

CARL FRIEDRICH GETHMANN

Lebensweltliche Grundlagen
der Ethik technischen Handelns

Der Begriff der ‚Lebenswelt‘ geht auf eine Wortprägung Edmund Husserls zurück, der den Begriff vor allem in seinem späten Werk *Die Krisis der europäischen Wissenschaften und die transzendentale Phänomenologie* in das Zentrum seiner Überlegungen zu den Grundlagen der Phänomenologie gestellt hat. Als Entstehungszeit des Buches gelten die Jahre 1935/36, es erschien jedoch wegen der zeithistorischen Ereignisse erst 1950. Nur wenige hatten vorher Einblick in Husserls teilweise Vorveröffentlichungen in den dreißiger Jahren des 20. Jahrhunderts und in das Manuskript, das unter abenteuerlichen Umständen während des Kriegs nach Leuven gerettet wurde. Nach Veröffentlichung des Werks in den fünfziger Jahren hat der Ausdruck ‚Lebenswelt‘ jedoch eine weltweite Konjunktur in der Philosophie und den Sozialwissenschaften erfahren. Die verbale Konjunktur des Wortes ‚Lebenswelt‘ bedeutet jedoch nicht, dass Husserls mit dem Begriff der Lebenswelt verbundene philosophische Konzeption wahrgenommen wurde. Meistens meint man mit ‚Lebenswelt‘ so etwas wie ‚Alltag‘, ‚Alltagserfahrung‘, ‚common sense‘ und Ähnliches, jedenfalls eine Art Kollektion von Phänomenen bestimmter Art. Husserl dagegen will mit seiner Philosophie der Lebenswelt zunächst die Frage bearbeiten, die die Philosophen seit den Griechen ‚das Anfangsproblem‘ nennen, eine Fragestellung, die schon als solche eine philosophische Errungenschaft ist, weil sie das skeptisch-aufklärerische Projekt der Philosophie bereits unterstellt. Wenn sich die überkommenen Überzeugungen des Menschen aus verschiedenen Gründen als unzuverlässig erweisen, und wenn Philosophie und Wissenschaften, aber auch Ethos und Recht für bestimmte Überzeugungen Anspruch auf allgemeine Geltung reklamieren, worauf stützen sie sich dabei, womit kann der Anfang des Wissens verlässlich gemacht werden? Die Lebenswelt ist das Ensemble derjenigen operativen und gelegentlich diskursiven Evidenzen, die die jeweils prädiskursiven Einverständnisse des menschlichen (Zusammen-)Lebens bilden. Mit dem Begriff ‚Lebenswelt‘ soll hier im Anschluss an die phänomenologische Diskussion zwischen E. Husserl, O. Becker und M. Heidegger somit nicht ein Ensemble von Sachverhalten verstanden werden; was ein ‚Sachverhalt‘ ist, lässt sich vielmehr als ein Resultat von Thematisierungen und ggfls. Objektivierungen beschreiben, d.h., Sachverhalte werden durch Handlungen zu einer Welt konstituiert. Dies impliziert, dass die ‚Welt‘, in der wir leben, nicht die wissenschaftlich objektivierbare Akkumulation von vermeintlichen oder wirklichen Sachverhalten (Tatsachen) ist.

„Das wirklich Erste ist die ›bloß subjektiv-relative‹ Anschauung des vorwissenschaftlichen Weltlebens. Freilich für uns hat das ›bloß‹ als alte Erbschaft die verächtliche Färbung der δόξα. Im vorwissenschaftlichen Leben selbst hat sie davon natürlich nichts; da ist sie ein Bereich guter Bewährung, von da aus wohlbewährter prädikativer Erkenntnisse und genauso gesicherter Wahrheiten, als wie die ihren Sinn bestimmenden praktischen Vorhaben des Lebens es selbst fordern."[1]

Husserl verbindet mit dem Begriff der Lebenswelt also ein Fundierungsprojekt, so dass ‚Lebenswelt' in eine begrifflich-funktionelle Dyade mit Wissenschaft eingespannt ist. Die Lebenswelt umfasst das Ensemble derjenigen operativen und kognitiven Überzeugungen, mit deren Hilfe sich der Mensch mehr oder weniger erfolgreich in seiner Welt zurechtzufinden sucht, und deren Defizite ihn veranlassen, zu versuchen, durch die Ausbildung wissenschaftlichen Wissens und anderer universeller Geltungsphänomene wie Ethos und Recht, diese (Defizite) zu kompensieren. Wissenschaft ist auf die lebensweltliche Praxis funktionell bezogen, überschreitet sie jedoch, tritt zu ihr auch in eine (unter Umständen sogar antagonistische) Spannung, wirkt auf die Lebenswelt poietisch (technisch) und praktisch (sozial) zurück.

Die Technik steht prima facie auf beiden Seiten der Dyade: Das gerätegestützte Handeln und der Umgang mit Geräten ist integrales Moment der menschlichen Lebenswelt. Technik ist aber auch ein wissenschaftsgestütztes und insofern aus der Lebenswelt ausdifferenziertes Phänomen, dessen Handhabung wie alle ausdifferenzierten Geltungsphänomene einer Rechtfertigung bezüglich ihrer lebensweltlichen Funktionalität bedarf. Dieses Fundierungsverhältnis beschreibt in diesem Fall, vielleicht sogar immer, zugleich einen historischen Prozess: Die lebensweltliche gerätegestützte Praxis ist Kennzeichen der vormodernen Technik, während die wissenschaftsgestützte, ausdifferenzierte Sonderpraxis in Maschinen und Großanlagen die moderne Technik ausmacht. Die Fundierungsdyade von Lebenswelt und Wissenschaft lässt sich also ohne weiteres auch auf die Technik und damit die Ethik technischen Handelns übertragen. Das gerätegestützte poietische Handeln des Menschen im Rahmen lebensweltlicher Bedürfnisbewältigung ist das lebensweltliche Fundament für die Ausdifferenzierung von Geräten, hochkomplexen Maschinen und Großanlagen. Beispiele für solche lebensweltlichen *technischen* Handlungsroutinen sind die Messkunst der Landvermesser, die Orientierungskunst der Seefahrer oder die Gerätebearbeitungskunst der Feinmechaniker. Sie sind die Fundamente für den hochtechnisierten Messgerätebau, die Orientierungssysteme auf der Basis des Global Positioning Systems oder der Miniaturisierung der digitalen Kommunikationstechnik. Zu den Themen der Ausdifferenzierung aus dem umsichtigen lebensweltlichen Umgang mit Geräten, Maschinen und Anlagen gehören aber auch die *praktischen* Instrumente der Gefahrenbewältigung wie ihre Rekonstruktion mit Hilfe des Risikobegriffs und die sich daran anschließenden Verfahren der Verteilung von Risiken und Chancen.

---

1 Husserl, Edmund: *Die Krisis der europäischen Wissenschaften und die transzendentale Phänomenologie.* Eine Einleitung in die phänomenologische Philosophie, Den Haag 1950 (Husserliana I), 127 f.

Die Sinnsysteme moderner Gesellschaften und ihre Medien in den Bereichen des Wissens, der Kunst, der Sprache, des Rechts, des Staats usw. sind in unserer Lebenswelt *technisch* geprägt. Sie erfüllen sich nicht in diesem Merkmal, aber sie sind nicht ohne dieses Merkmal denkbar. Gleich, ob wir diese Tatsache bedauern oder begrüßen, wir leben in einer *technischen Kultur.* Niemand vermag sich auch nur den Preis vorzustellen, der an Lebensqualität im umfassenden Sinne zu zahlen wäre, wollte man diese technische Kultur in Richtung prä-moderner oder post-moderner – nicht technisch geprägter – Lebensformen verlassen.

Die Rede ist daher ausdrücklich von einer technischen *Kultur* und ist damit gegen eine üblich gewordene Unterscheidung zwischen einem Bereich der Zivilisation als dem Inbegriff niederer Funktionen des Lebenserhalts (diesem Bereich wird dann gemeinhin auch die Technik zugeordnet) und einer höheren Sphäre des Sinns und der Kunst, der Kultur im emphatischen Wortgebrauch (die dann als die Technik transzendierend verstanden wird) gerichtet. Das technische Handeln des Menschen ist vielmehr Teil unserer Kultur, und nicht etwa nur ein niederer Sockel derselben.

Damit ist auch ausgedrückt, dass das Phänomen der Technik keineswegs derart durch starke naturhafte Invarianten bestimmt ist, dass über alternative Kulturformen nicht nachgedacht werden könnte und müsste. Das technische Handeln des Menschen ist kein Naturprodukt und in diesem Sinne kein Naturphänomen, sondern eben ein Kulturphänomen und somit auch eine Sphäre des Wandels durch menschliches Handeln. Das technische Handeln zeigt daher eine eigene tiefgreifende *kulturgeschichtliche Dynamik*, so dass auch im Bezug auf das technische Handeln zu fragen ist (und auf diese Frage gibt uns keine Natur letztlich eine Antwort), wie wir leben *wollen* und leben *sollen.*

Mit dieser Frage des Wollens und Sollens betreten wir die Domäne der Ethik, näherhin der *Ethik des technischen Handelns*, zu der wir bisher nur erste Ansätze besitzen, die weiterzuentwickeln sicher ein unbestreitbares Desiderat menschlicher Reflexion ist.

Nun ist der Mensch, soweit wir kulturgeschichtlich wissen, schon immer darauf angewiesen gewesen, gerätegestützt, also technisch, zu handeln, um in gewünschter Qualität zu leben oder auch nur zu *über*leben. Lange Zeit warfen dabei die Geräte des Handelns keine *spezifisch* moralischen Probleme auf. Das Seminarbeispiel ist das folgende: Ob man einen Menschen mit der bloßen Hand oder mit Hilfe von Geräten umbringt, ist moralisch unerheblich. Werkzeuge wurden lange Zeit und werden weithin auch noch heute dann als gut betrachtet, wenn sie geeignete Mittel zum Zweck sind; und als schlecht, wenn sie ihren Zweck verfehlen. In diesem Zusammenhang soll von einer vormodernen Technik gesprochen werden, oder besser: von einer *vormodernen Einstellung* zur Technik. Die moderne Einstellung zur Technik ist dagegen gegenüber dem einfachen Geräteumgang durch eine *zweifache* zusätzliche *Komplexität* ausgezeichnet:

Einmal trägt diese Einstellung der Erfahrung Rechnung, dass die Mittel ihren Zweck oft nur mit einer gewissen Wahrscheinlichkeit realisieren, u.a. deshalb, weil zwischen Ausgangssituation und Endzweck sehr viele Vermittlungsstufen liegen, oder auch deshalb, weil technisches Handeln oft andere Folgen zeitigt als die beabsichtigten. *Zum anderen* ist die moderne Einstellung zur Technik durch die Erfahrung bestimmt, dass die Gefahrenträger, diejenigen, die die Lasten einer technischen Implementierung auf sich zu nehmen haben, oft gerade nicht die Nutznießer sind. Beide Aspekte lassen sich dahingehend zusammenfassen, dass das moderne technische Handeln und die moderne Einstellung zu ihm durch die Probleme des Handelns unter Unsicherheit und unter Ungleichheit bestimmt sind.

Unsicherheit und *Ungleichheit* sind die wichtigsten Phänomene, die dazu führen, dass die moderne Technik im Unterschied zur vormodernen Technik spezifische moralische Probleme aufwirft, die in vormoderner Technik keine oder nur eine marginale Rolle gespielt haben. Darf man eine Gefahr angesichts eines unsicheren Erreichens eines Zwecks in jedem Falle auf sich nehmen oder sogar anderen zumuten? Und erst recht: Darf man anderen Menschen Gefahren zumuten, die sie nicht frei gewählt haben und von deren Zweck sie nicht einmal mit Sicherheit profitieren? Das sind die zentralen Fragen, mit denen sich die Ethik im Blick auf die moderne Technik befassen muss.

Dabei ist nicht zu verkennen, dass die moderne technische Kultur zunächst einmal die Gefahren des Lebens drastisch vermindert hat, eine Tatsache, die in der öffentlichen Diskussion oft nicht genügend beachtet wird. Die Gefahrenminderung ist sogar in vielen Fällen das ausschlaggebende Motiv für eine technische Innovation, und nicht allein, wie häufig unterstellt wird, die Nutzenmaximierung. Nutzenmaximierung und Gefahrenminimierung sind heute die wichtigsten Motive, um technische Innovation anzuregen. Zugleich hat aber die moderne Technik auch, und das ist zunächst uneingeschränkt anzuerkennen, eine neue Qualität der Einstellung zu Gefahren hervorgebracht, die im Wesentlichen durch die schon angedeutete Unübersehbarkeit der Handlungsfolgen bedingt ist. Diese Unübersehbarkeit der Handlungsfolgen ist es, die die Unsicherheit und auch die Ungleichheit der Verteilung des Handlungsertrags mit sich bringt. Dazu kommt – und das hängt logisch mit der Unübersehbarkeit der Folgen zusammen –, dass nicht nur individuelle Akteure als Subjekte und Objekte eines möglicherweise gefährlichen Handelns erscheinen, sondern dass z.B. auch der Staat seinen Bürgern gefährliche Handlungen zumuten muss, wobei die Wahrscheinlichkeit des Eintritts von Schäden möglichst klein sein soll, aber in vielen interessanten Fällen eben nicht gleich Null ist.

Der *Begriff des Risikos* ist ein seit langem bewährtes Instrument, um Gefahrensituationen wahrzunehmen und zu beschreiben, sie auf dieser Grundlage zu beurteilen und davon ausgehend auch zu bewältigen. Wir müssen aber feststellen, dass die Gefahrenwahrnehmung der Mitglieder unserer Gesellschaft einerseits sowie die professionelle Risikobeurteilung andererseits in vielen Fragen weit auseinanderklaffen, was im übrigen in manchen Fällen sogar die Folge eines wachsenden rationalen Umgangs mit Risiken ist. Denn gerade eine erhöhte Risikosensibilität aufgrund besserer Erkenntnis- und Handlungsmöglichkeiten führt zu höheren Erwartungen bezüglich der Sicherheitsstandards, die man erfüllt sehen möchte. Wir haben es in gewisser Weise mit einem Paradox zu tun: Erst die moderne Technik erlaubt uns überhaupt einen hohen Standard an Sicherheit, den frühere Generationen so gar nicht zu formulieren gewagt hätten. Die Tatsache, dass dieser Standard in vielen Fällen mehr oder weniger gut erfüllbar ist, weckt aber auch neue Erwartungen bezüglich höherer Sicherheitsstandards. Die Einhaltung von Sicherheitsstandards verlangt auf der anderen Seite Investitionen, die ihrerseits auch (nicht zuletzt technische) Risiken herbeiführen; gerade solche Risiken werden jedoch oft in unserer Gesellschaft nicht mehr akzeptiert.

Im Interesse der Vermeidung einer derartig paradoxen, das technische Handeln lähmenden, Situation soll nun eine Forderung formuliert werden, zu deren Rechtfertigung in den weiteren Ausführungen einiges beitragen wird. Die Forderung lautet, *dass moderne, technisch verfasste Gesellschaften lernen müssen, sich von der primären Gefahrenwahrnehmung zu einer rationalen Risikobeurteilung weiterzubilden, um auf Basis dieser Risikobeurteilung ihre Sicherheitspolitik und Sicherheitstechnik zu formulieren.* Diese Forderung ist letztlich keine wissenschaftliche, keine technische, keine ökonomische, sondern eine *ethische* Forderung. Sie verlangt eine grundlegende Veränderung der Handlungsweise der Mitglieder der Gesellschaft. Dies zeigt, dass das Handeln unter Risiko im Rahmen einer modernen technischen Kultur nicht nur ein ingenieurwissenschaftliches oder versicherungswirtschaftliches Problem ist, es ist das Problem einer grundsätzlichen Handlungseinstellung des Menschen zu seiner Mit- und Umwelt, ein Problem der *Ethik des Handelns unter Risiko*.

Die Behandlung ethischer Aspekte in Bezug auf dieses Thema ist in mehrfacher Hinsicht neu. Es ist neu aus der Sicht der Geschichte der Ethik, und wir können daher bedauerlicherweise aus dem großen Tresor dieser Geschichte wenig Orientierung und Belehrung erwarten. Es ist aber auch neu aus der Sicht derjenigen Disziplinen, in deren Kompetenzbereich das Thema Risiko bisher fiel, nämlich der Entscheidungstheorie, der Versicherungsmathematik oder der Sicherheitstechnik. Um nun gerade diesen ethischen Aspekt hervorzuheben, sollen im Folgenden einige Probleme, Lösungen oder wenigstens Lösungsansätze vorgeführt werden. In einem *ersten Abschnitt* soll das Verhältnis von Gefahr und Risiko behandelt werden, in einem *zweiten Gedankengang* geht es um das Problem von Risikovergleichen und den Begriff der pragmatischen Konsistenz, und *drittens* sollen einige Fragen der Verteilungsgerechtigkeit angesprochen werden, die dann unmittelbar auch zum Problem des politischen Handelns überleiten.

1. Gefahrenwahrnehmung und Risikobeurteilung

Das Wort ‚Risiko‘ wird in der öffentlichen Debatte in sehr unterschiedlicher Bedeutung verwendet und es besteht daher ein begrifflicher Rekonstruktionsbedarf. Nun kann man die Bedeutung von Begriffen zunächst grundsätzlich konventionell festlegen. Gerade deshalb muss man sich überlegen, was denn eine *zweckmäßige* begriffliche Festlegung ist. Da es in diesem Zusammenhang auch um Verteilungsprobleme geht – es geht um die Verteilung von Risiken und um die Verteilung von Chancen –, müssen wir einen Begriff von Risiko finden, der Verteilungsgesichtspunkten zugänglich ist, das heißt, es muss Möglichkeiten geben, so über Risiken zu sprechen, dass sie untereinander vergleichbar sind. *Verteilbarkeit setzt Vergleichbarkeit voraus.* Ferner darf das Ergebnis eines solchen Vergleichs nicht bloß willkürlich, bloß subjektiv sein; es sind Möglichkeiten zu entwickeln, solche Ergebnisse zu verallgemeinern. *Vergleichbarkeit setzt wiederum Verallgemeinerbarkeit voraus.* Wir brauchen also einen Risikobegriff, mit dessen Hilfe die Aspekte der Verallgemeinerbarkeit, Vergleichbarkeit und Verteilbarkeit beschrieben werden können. Ein solcher Risikobegriff soll kurz als ‚*rationaler Risikobegriff*' bezeichnet werden, wobei sofort zu unterstreichen ist, dass man keine Garantie dafür hat, dass es nur *einen* solchen Begriff gibt, der diese Bedingungen erfüllt.

Viele Verwendungsweisen des Wortes ‚Risiko' erfüllen diese Bedingungen allerdings nicht. Mit diesen Bedingungen wäre zum Beispiel unverträglich, als Indikator für den Risikograd einer Handlung die anlässlich der Handlung empfundene Furcht oder Aversion anzunehmen, weil sich über das Ausmaß von individueller oder kollektiver Furcht nicht verallgemeinerbar sprechen lässt. Es lässt sich daher in Beratungssituationen nicht als Handlungskriterium verwenden, was sich sogar bis zum ‚Volksmund' (‚Angst ist ein schlechter Ratgeber') herumgesprochen hat.

Um zur Bedeutungsfestlegung eines rationalen Risikobegriffs zu kommen, ist zunächst zu bedenken, dass wir nie das Risiko als solches wählen, sondern Handlungen oder Zwecke, die es als Attribut bei sich haben, riskant zu sein. Wir müssen somit mit einer kurzen generellen Rekonstruktion von ‚Handlung' beginnen, um zu bestimmen, in welchem Sinn Handlungen als ‚riskant' zu bezeichnen sind.

Im Idealfall handeln wir so: Wir führen *Folgen* erster bis n-ter (n = 2,3,4, …) Ordnung herbei bis hin zu einem *Zweck*, den wir erreichen wollen und in dem bestimmte *Ziele*, auf die wir hinaus wollen, realisiert werden. Nun weiß jedermann schon aus einfacher Alltagserfahrung, dass dieser Idealfall immer durch gewisse Störungen gefährdet ist. Zum Beispiel dadurch, dass bestimmte Folgen zwar auftreten, aber auch andere Folgen, die nicht zu den Zwecken unserer Handlung, nicht zum Handlungsplan gehören. Manchmal treten bestimmte Folgen, die wir erwarten, überhaupt nicht ein, etwa weil wir ein falsches Kausalwissen unterstellt haben. Wir handeln also grundsätzlich immer unter *Unsicherheit*. Es treten ferner neben den intendierten Folgen solche ein, die nicht geplant sind, die *Nebenfolgen*. Für die grundsätzliche Beurteilung von Risiken ist zu bedenken, dass Nebenfolgen nicht immer unerwünschte Nebenfolgen sind; in vielen Lebensbereichen handeln wir oft gerade deshalb, weil wir hoffen, dass erwünschte Nebenfolgen eintreten, wenn wir auch nicht über sie verfügen. Im technischen Bereich spricht man hier vom Spin-Off. In vielen Bereichen, etwa im Bereich der Wissenschaften, hoffen wir darauf, dass sich über die gesetzten Zwecke hinaus auch positive Nebenfolgen einstellen. Selbstverständlich kann es auch unerwünschte Nebenfolgen in dramatischem Umfang geben, und diese Möglichkeit beschäftigt derzeit die Debatte mehr als die Möglichkeit erwünschter Nebenfolgen.

Neben den Handlungsfolgen treten Ereignisse in unserem Handlungsraum ein, die wir, soweit wir die Kausalitäten kennen, überhaupt nicht als Folgen unseres eigenen Handelns verstehen können. Wir sprechen vom *Zufall*. Vor allem in un-übersichtlichen Handlungsumständen setzen wir darauf, dass neben die planbaren Handlungsfolgen auch zufällige Ereignisse treten, um die Realisierung eines Zwecks zu ermöglichen. Wir sprechen hier auch vom *Geschick*, das im erwünsch-ten Fall ein *Glück*, im unerwünschten ein *Unglück* ist. Gegenüber dem Geschick kann man sich – idealtypisch gesehen – grundsätzlich auf zwei Weisen verhalten: Man kann *resignativ* eingestellt sein, weil man glaubt, der günstige Zufall werde sich nicht einstellen. Man kann aber auch eine *konfidente* (vertrauensvolle) Einstel-lung gegenüber dem Zufall haben. Die konfidente Einstellung ist also durch die Zuversicht geprägt, dass die Unsicherheiten des Geschicks, mit denen man immer rechnen muss, in der einen oder anderen Weise *bewältigbar* sein könnten, d.h. durch entsprechende Vorkehrung zu vermeiden, zu beseitigen oder auszugleichen sind. Ergebenheit in das Geschick ist, sehr grob gesprochen, die Grundhaltung des mittelalterlichen Menschen. Sie tritt uns heute noch in ostasiatischen Kulturräu-men als dominante Lebenseinstellung entgegen. Die Betrachtung des Lebens unter Geschick-Bewältigungs-Gesichtspunkten ist dagegen ein Produkt des neuzeitli-chen abendländischen Selbstverständnisses. Mit Neuzeit, Aufklärung und neuer Wissenschaft tritt eine konfidente Lebensauffassung auf den Plan. Allerdings gibt es gegenwärtig starke Tendenzen in Richtung einer Erschütterung der konfidenten Lebensauffassung, und dies ist vielleicht der tiefste Grund für die gegenwärtige Krise der Akzeptanz von Wissenschaft und Technik, die also letztlich eine Kultur-krise ist.

Die abendländische Neuzeit jedenfalls ist geprägt durch den Versuch eines nicht-resignativ eingestellten Menschen, Gefahrenbewältigung durch Gefahren-vorsorge treiben zu können. Die Versicherung von Schadens- und Erlebensfällen beispielsweise ist eine Strategie, in konfidenter Einstellung mit dem Zufall fertig zu werden, und das rationale Wettverhalten bei Glücksspielen ist ein anderes. Beide Beispiele betreffen übrigens genuin menschlich-kulturelle Handlungskontexte. Sie sind nicht spezifisch auf Geräte oder Maschinen bezogen. Das ist deshalb zu beto-nen, weil gelegentlich kritisiert wird, das im folgenden empfohlene Risikoverständ-nis sei ein gerätespezifisches Verständnis, dem Menschen als solchem somit fremd. Vielmehr hat das Risikoverständnis, auf das ich gleich zu sprechen komme, histo-risch seinen Ursprung im anthropogenen Bereich, und es ist erst von dort durch eine Art anthropomorphen Transfer auf Geräte und Maschinen übertragen wor-den.

Das Sich-versichern und das Wetten waren die gesellschaftlichen Bedürfnisla-gen, die für die Entstehung der formalen Wahrscheinlichkeitstheorie stimulierend wirkten und, nachdem man durch J. Bernoulli über diese verfügte, die Möglichkeit eröffneten, dem Risikogedanken eine numerische Formulierung zu geben. Danach ist der Grad eines Risikos gleich dem numerisch ausgedrückten Schaden, multipli-ziert mit der numerisch ausgedrückten Eintrittswahrscheinlichkeit.

Durch diese Hinweise auf die Geistes- und Wissenschaftsgeschichte soll unter-strichen werden, dass dieser Risikobegriff – *erstens* – ein rationaler Risikobegriff nach den eingeführten Kriterien ist und – *zweitens* – so etwas wie eine Hochstilisierung lebensweltlicher Geschickbewältigung darstellt, also ein primär im kulturellen Handlungsraum des Menschen angesiedelter Begriff ist.

Die bisher vorgetragene Handlungsrekonstruktion begann mit der Unsicherheit des Handelns, im Falle der negativen Handlungsfolgen mit der Gefahr, der das Handeln unterworfen ist, und endet jetzt beim Begriff des Risikos. Es kommt nun darauf an, sehr genau zwischen Gefahr und Risiko bzw. zwischen Gefahrenwahrnehmung und Risikobeurteilung zu unterscheiden. Der Grad des Risikos einer Handlung ist eben nicht dasselbe wie das subjektive, sei es das individuelle oder das kollektive, Gefahrenbewusstsein. Vielmehr ist die Risikobeurteilung ein mögliches, vielfach bewährtes Instrument der lebensweltlich bewährten Gefahrenbewältigung, nämlich der Versuch, die Gefahr für einen Handlungstyp zu bestimmen, unabhängig von der jeweiligen als mehr oder weniger gefährlich erlebten lebensweltlichen Situation.

Die Gefahr ist Moment des konkreten Ereignisses, das einem Individuum oder Kollektiv bevorstehen kann und so wahrgenommen wird, wobei die Wahrnehmung mehr oder weniger verlässlich ist. Das Risiko dagegen ist für einen Situationstyp bestimmt, relativ zu einem typischen Situationsteilnehmer. Der Glücksspieler glaubt subjektiv vielleicht, jeweils kurz vor dem großen Gewinn zu stehen, die Chancen sind dagegen (z.B. aus der Sicht der Bank) immer gleich verteilt. Die Versicherungsprämie richtet sich daher auch nicht nach der subjektiven, sehr stark schwankenden Gefahrenwahrnehmung – der eine hält sich für unsterblich, der andere rechnet stündlich mit dem Tode –, sondern eben nach dem ‚Risiko‘. Es kommt also darauf an, zwar bei der Gefahrenwahrnehmung und dem Wunsch nach Gefahrenvorsorge anzusetzen, aber die Risikobeurteilung der Gefahrenwahrnehmung als ein ausdifferenziertes rationales Instrument zur Bewältigung von Gefahren gegenüberzustellen.

2. Risikovergleiche und pragmatische Konsistenz

Wenn es typisch für bestimmte Handlungen ist, unter Gefahren vollzogen werden zu müssen, dann muss man zwischen Handlungsoptionen hinsichtlich der sie betreffenden Gefahren entscheiden können. Wenn ferner die Risikobeurteilung das Instrument für eine übersubjektive Gefahrenbewältigung ist, dann müssen Risiken miteinander verglichen werden. Angesichts einer beliebten Polemik gegen Risikovergleiche ist zu unterstreichen: Wir können in einer Gesellschaft, die sich rational organisieren will, nicht darauf verzichten, Handlungsoptionen miteinander zu vergleichen, indem wir unter anderem Risiken miteinander vergleichen.

Risikovergleiche dienen grundsätzlich der Klärung der *Akzeptabilität* von Folgen einer Handlung, die man jemandem (einschließlich sich selbst) zumuten will. In diesem Zusammenhang ist es sehr wichtig, zwischen der Akzeptanz und der Akzeptabilität von Risiken zu unterscheiden. Leider wird in der von Soziologen angestoßenen Debatte über die Risikogesellschaft hier immer wieder eine Begriffsvermengung vorgenommen. Unter *Risikoakzeptanz* ist die faktische, eventuell empirisch-sozialwissenschaftlich beschreibbare Bereitschaft eines Individuums oder einer Gruppe zu verstehen, eine Handlung zu vollziehen oder zuzulassen, die unter Umständen gefährliche Folgen nach sich ziehen kann.

Seit mehr als 20 Jahren verfügen wir über immer wieder gut bestätigte Ergebnisse der empirischen sozialwissenschaftlichen Akzeptanzforschung, und in bezug auf den Rationalitätsgesichtspunkt sind diese Ergebnisse durchaus enttäuschend. Dabei stellen diese Studien lediglich das fest, was diejenigen, die sich mit Sicherheitsfragen beschäftigen, täglich erleben, dass nämlich das faktische Akzeptanzverhalten von Individuen und Kollektiven weder widerspruchsfrei in sich ist noch auch verträglich mit sehr einfachen Rationalitätsstandards. Dazu gehört etwa die Einstellung, (vermeintlich) freiwillig eingegangene Risiken eher zu akzeptieren als unfreiwillig zugemutete. So ist z.B. das Risiko des Skifahrens um vieles größer als etwa das Risiko, durch verunreinigte oder chemisch beeinflusste Lebensmittel zu Schaden zu kommen (wobei man im übrigen ja nicht behaupten kann, Skifahren sei nützlicher als sich zu ernähren), das Risiko des Skifahrens wird jedoch durchweg mehr akzeptiert als das Risiko, durch verunreinigte Lebensmittel zu Schaden zu kommen.

Ein anderes Beispiel: Es wird eine kontrollierbare Ereignisfolge unabhängig vom Risikograd immer eher akzeptiert als eine unkontrollierbare, wobei man sich über die Kontrollierbarkeit oft erheblich täuscht. Der Autofahrer mit hoher Geschwindigkeit glaubt, sein Auto zu kontrollieren, nur weil er die Hand am Lenkrad hat, hingegen glaubt ein Passagier eines Linienflugzeuges zu Recht nicht, dieses kontrollieren zu können. Vertraute Risiken werden eher akzeptiert als unvertraute, unabhängig von der Frage, ob die Vertrautheit überhaupt etwas mit dem Risikograd zu tun hat, wobei in vielen Fällen auch die vermeintliche Vertrautheit genügt. Später eintretende Risiken werden eher akzeptiert als unmittelbar eintretende. Auch das ist bekannt: Risiken mit großem Schadenspotential werden weniger akzeptiert als Risiken mit kleinem Schadenspotential, unabhängig von der Eintrittswahrscheinlichkeit, eine nach dem skizzierten rationalen Risikoverständnis nicht zu rechtfertigende Einstellung.

Nun geht es hier nicht darum, den Alltagsmenschen bloßzustellen – wir alle sind ja Alltagsmenschen –, sondern es geht einfach darum einzusehen, dass manche impulsiv vorgenommenen Einschätzungen für die Lösung bestimmter Fragen keine tragfähige Zuverlässigkeit haben. Eine partielle Unzuverlässigkeit erster Einschätzungen und Einstellungen treffen wir auch sonst in allen Lebensverhältnissen an; es gäbe keine Wissenschaft, wenn sich unsere primären lebensweltlichen Einschätzungen und Einstellungen durchweg als zuverlässig erweisen würden. Niemand würde z.B. sein Schätzungsvermögen von Geschwindigkeiten, wenn er nicht gerade Verkehrspolizist oder in anderer Weise professionell damit beschäftigt ist, zum Anlass nehmen, eine hohe Wettbereitschaft bezüglich der Treffsicherheit dieses Vermögens an den Tag zu legen.

Bei komplexeren Fällen ist dies selbstverständlich noch leichter einzusehen, vor allem in den Bereichen, in denen eine primäre menschliche Wahrnehmung nicht besteht, etwa im Bereich ionisierender Strahlen. Das heißt, wir alle unterstellen, dass unsere primären Einschätzungen und Einstellungen, so wichtig sie als Ausgangspunkte und Auslöser, sowie als kritische Instanzen unserer rationalen Handlungsgestaltung auch sind, nicht die letztgültig zuverlässige Grundlage des Handelns sind.

Deswegen brauchen wir einen der Akzeptanz gegenübergestellten Begriff der *Akzeptabilität*, d.h. wir brauchen Standards und Normen, von deren Erfüllung abhängig gemacht wird, ob eine bestimmte Einschätzung zuverlässig ist oder nicht. Und so haben wir eben, um das Beispiel mit der Geschwindigkeitsschätzung noch einmal heranzuziehen, Geschwindigkeitsmessgeräte erfunden, und auf die sollten wir uns im Zweifelsfall eher verlassen als auf unsere primäre sinnliche Wahrnehmung. Wir brauchen entsprechend auch für die Risikobeurteilung Akzeptabilitätskriterien, d.h. die Festlegung einer Akzeptanz gemäß rationaler Kriterien.

Nun wird bezweifelt, ob es solche Akzeptabilitätskriterien überhaupt gibt, und eine entscheidende Ursache für die gegenwärtige Technikaversion und Technikskepsis liegt darin, dass viele Leute glauben, es gäbe so etwas wie Akzeptabilitätskriterien in Bezug auf Risiken und Chancen nicht. Eine solche allgemeine Skepsis teilen wir jedoch z.B. im täglichen Leben keineswegs, sonst würden wir ja die meisten Handlungsoptionsvergleiche gar nicht vornehmen. Man kann allerdings in der Tat nicht mit Akzeptabilitätskriterien rechnen, die uns erlauben würden, die Ausführung oder Unterlassung bestimmter Handlungen *kategorisch* vorzuschreiben. Beispielsweise gibt es sicher keine Möglichkeit, ein Kriterium zu formulieren, das uns zu fordern erlaubt, jedermann soll das Risiko des Fliegens auf Linienmaschinen auf sich nehmen. Dies wäre eine Illusion. Es wird allerdings diese Illusion gerne in polemischer Absicht herangezogen, um generell die Aussichtslosigkeit des Versuchs der Formulierung von Akzeptabilitätskriterien zu demonstrieren.

Dabei wird übersehen, dass es sehr wohl die Möglichkeit gibt, *hypothetische* Imperative zu formulieren, und in fast allen Handlungskontexten reichen hypothetische Imperative zum Zwecke der Handlungsorientierung aus. Um es mit dem schon verwendeten Beispiel zu sagen: Wer das Risiko eingeht, Auto zu fahren, der sollte auch bereit sein, mit Linienmaschinen zu fliegen, denn das Risiko, bezogen auf eine relevante Messgröße wie Mortalität oder Morbidität pro Wegstrecke ist beim Fliegen bekanntlich kleiner. Die Formulierung solcher hypothetischer Handlungsvorschriften ist grundsätzlich ohne weiteres möglich, und wir machen in Alltag, Wissenschaft und Technik auch ständig von dieser Möglichkeit Gebrauch. Solche Vorschriften lassen sich allerdings nur rechtfertigen, wenn der einzelne für sich und die Gesellschaft als Ganzes bereit sind, ein Prinzip anzuerkennen und zu unterstellen, das ich als Prinzip der *pragmatischen Konsistenz* bezeichnet habe. Es besagt: Wenn du bereit bist, das eine Risiko auf dich zu nehmen, dann musst du auch bereit sein, ein anderes Risiko (der gleichen ‚Risikoklasse') auf dich zu nehmen, das kleiner oder höchstens gleich groß ist (der Nutzen sei zunächst als ceterisparibus-Bedingung gleich gesetzt). Dieses Prinzip verlangt, dass jedermann bestrebt ist, Konsistenz in seinem Handeln zu wahren. Dies gilt sowohl für den einzelnen als auch vor allem, und hier ist es besonders folgenreich, für die Gesellschaft als Quasi-Akteur.

Die Forderung der pragmatischen Konsistenz hat zur Folge, dass man dann, wenn jemand durch die Wahl einer Lebensform den Grad eines Risikos akzeptiert, diesen Grad auch für eine zur Debatte stehende Handlung mit gleichem oder größerem Nutzen unterstellen darf. Grundsätzlich ist also von den Mitgliedern moderner Gesellschaften – soweit sie von den Errungenschaften dieser Gesellschaften profitieren möchten – zu verlangen, dass sie gegebenenfalls auch eine entsprechende, wohlüberlegte Risikobereitschaft an den Tag legen müssen.

Exkurs zum Begriff der ‚Sicherheit'

Auf der Grundlage des Prinzips der pragmatischen Konsistenz lässt sich ein Beitrag zum Begriff der *‚Sicherheit'* leisten, der in der Diskussion um die moderne Technik eine zunehmende Bedeutung gewinnt. Dabei ist zunächst die häufig anzutreffende Verwendungsweise zurückzuweisen, die unterstellt, Sicherheit sei definitionsäquivalent mit faktischer Störfall- oder Unfallfreiheit. Denn eine Handlungsfolge kann faktisch durchaus unfall- oder störfallfrei sein und gleichwohl mit hohem Risiko behaftet. Wenn wir z.B. eine Anlage als sicher bezeichnen, sagen wir nicht etwas über ihren Zustand aus, wie er ist, sondern wie er *sein soll*. Sicherheit ist zunächst ein normativer Begriff, und zwar so, dass die Sachverhalte, auf die er sich bezieht, komparativ geordnet sind. Daher sollte man eine Bedeutungscharakterisierung damit beginnen, dass man untersucht, unter welchen Bedingungen etwas sicherer als etwas anderes ist. Wenn wir einmal unterstellen, dass etwas dann sicherer als etwas anderes ist, wenn es risikoärmer ist, dann müsste die vorgeschlagene Explikation des Begriffes ‚Risiko' auch einen Beitrag zur Präzisierung des Begriffes der ‚Sicherheit' leisten können.

Ohne sie hier im Einzelnen rechtfertigen zu können, scheinen die folgenden *vier Postulate* eine geeignete und ausreichende Explikation des Prinzips der pragmatischen Konsistenz zu sein, um den Begriff der Sicherheit zu definieren:

(a) Begrenzbarkeitspostulat
‚Verwerfe diejenige Handlung, deren Handlungsfolgenraum prinzipiell unabgrenzbar ist!'

Logisch dürfte leicht einsehbar sein, dass ein prinzipiell unabgrenzbarer Handlungsfolgenraum prinzipiell immer eine unendliche Gefahr nach sich zieht, und deswegen wäre eine entsprechende Handlung zu verwerfen. Das ist nun ein allgemeines Leitprinzip, das noch einigen Klärungsbedarf nach sich zieht; z.B. ist die Frage zu klären, wie überhaupt ein Handlungsfolgenraum definiert wird, denn bei geeigneter Rekonstruktion zieht jede Handlung einen unendlichen Handlungsfolgenraum nach sich. Der Klärung derartiger Fragen sollen die drei weiteren Postulate dienen:

(b) Überschaubarkeitspostulat
‚Von zwei alternativen Handlungsmöglichkeiten wähle (bei gleicher Chance) diejenige, deren Handlungsfolgenraum kleiner ist!‘

Um herauszufinden, was die Folgen unseres Handelns sind, bedarf es natürlich eines gewissen Wissensstandes. Wir müssen ja die Kausalitäten oder wenigstens die konditionalen Verhältnisse kennen, die zwischen den Handlungsfolgen bestehen oder nicht bestehen. Und dies können wir nur, indem die Wissenschaften uns entsprechende Kausalverhältnisse auch rekonstruieren. Aus dem Postulat der Überschaubarkeit ergibt sich also unmittelbar so etwas wie ein *Forschungsgebot*. Risikominimierung oder Sicherheitserhöhung bedarf der wissenschaftlichen Forschung. Wer Risikominimierung fordert, aber entsprechende Forschung behindert, verwickelt sich in einen Selbstwiderspruch.

(c) Beherrschbarkeitspostulat
‚Wenn zwei Handlungen mit überschaubaren Handlungsfolgen zur Verfügung stehen, wähle diejenige, deren Handlungsfolgen besser beherrschbar sind!‘

Gemeint ist hier die technische Beherrschbarkeit, d.h. hier geht es darum, Risiken, die eventuell auch durch technische Implementierungen entstehen, durch Technik beherrschbar zu machen. Vermutlich sind die Folgen der Verwendung von treibgasbetriebenen Spraydosen inzwischen gut überschaubar, aber sie sind eben nicht beherrschbar, und deswegen sollen wir mechanische Sprühflaschen verwenden.

(d) Zurückführbarkeitspostulat
‚Von zwei Handlungen mit überschaubaren und beherrschbaren Handlungsfolgenräumen wähle diejenige, deren Handlungsfolgen mehr oder eher revidierbar sind, bis einschließlich der Möglichkeit, den Status quo ante wiederherzustellen!‘

Ich schlage nun vor, eine Handlung dann sicherer zu nennen als eine andere, wenn sie die Kriterien (a) - (d) erfüllt.

Dieses Verständnis von ‚Sicherheit‘ hat zur Folge, dass das in den Sicherheitskriterien implizierte komparative Verhältnis immer deutlich gemacht werden muss. Das ‚sicherer machen‘ ist eine tendenziell unendliche Aufgabe, es gibt nicht *den* sicheren Zustand. Jeder Schritt hin zu größerer Sicherheit muss im Rahmen eines Risikovergleichs daraufhin überprüft werden, ob die mit ihm verbundenen Kosten nicht an anderer Stelle effektiver eingesetzt werden können. Schließlich hängen unsere Handlungsmöglichkeiten vom Stand der wissenschaftlichen und technischen Entwicklung ab: Wer mehr Sicherheit will, muss mehr in wissenschaftliche Forschung und technische Entwicklung investieren.

    Dass die vorgeschlagene Begriffsbestimmung für ‚Sicherheit‘ nicht trivial ist, lässt sich noch durch einen Blick auf einige andere Postulate zeigen, die ausdrücklich nicht in dieser Definition berücksichtigt sind. Dazu gehört einmal das *Postu-*

lat der Freiwilligkeit. Die Freiwilligkeit einer Handlung hat nichts mit dem mit ihr verbundenen Risikograd und somit mit der Frage der Sicherheit zu tun. Wie schon ausgeführt gibt es viele Fälle, in denen wir unsere Freiwilligkeit zurücknehmen müssen: Wir handeln nicht freiwillig bei der Abfallbeseitigung, auch haben wir eine ganz unfreiwillige allgemeine Schulpflicht, und jedermann akzeptiert sie. Ein weiteres Kriterium, das mit dem Begriff der Sicherheit nicht verbunden werden sollte, ist das *Postulat der Vertrautheit.* Auch unvertraute Technik kann ohne weiteres risikoärmer und sicherer als andere sein. Die Einführung der Kartoffel war den Preußen sehr unvertraut, hat aber keine großen Risiken hervorgebracht, und die Erfindung des Blitzableiters ebenso. In der Technikgeschichte haben wir das Kriterium der Vertrautheit niemals zum Kriterium für die Einführung von Technik gemacht. Im Übrigen wäre dieses Kriterium auch in unzweckmäßiger Weise innovationsfeindlich. Wir erleben allerdings heute, dass diese Art der Innovationshemmung eine zunehmend wichtige Rolle spielt und wir Handlungschancen verlieren, weil öffentlich auf Vertrautheit von Handlungsoptionen bestanden wird.

3. Verteilungsgerechtigkeit beim Handeln unter Risiko

Wenn wir über Risiken und – invers – über Chancen sprechen, haben wir bestimmte Güter im Sinn, die wir durch die riskante oder chancenreiche Handlung realisieren möchten; potentiell sind solche Handlungen durch Verteilungskonflikte gekennzeichnet. Letztlich geht es dann um Konflikte bezüglich Chancen und Risiken eines qualifizierten Lebens. Nicht von ungefähr spielt der Begriff der Lebensqualität im Zusammenhang dieser Debatten eine tragende Rolle. Güterkonflikte sind jedenfalls dann Verteilungskonflikte, wenn Güter knapp sind, und die meisten Güter, die uns interessieren, sind knapp. Wenn wir den ethischen Universalismus akzeptieren, d.h. grundsätzlich akzeptieren, was sowohl durch die Ethik als etwa auch durch unsere Verfassung getragen ist, dass alle Menschen grundsätzlich gleich zu behandeln sind, dann liegt zunächst nahe, zur Lösung von Verteilungsproblemen ein *Gleichverteilungsprinzip* zu vertreten.

Gleichverteilung erweist sich jedoch bei genauerer Analyse recht schnell als unvernünftiges Modell. Menschen sind de facto ungleich, und das heißt zunächst grundsätzlich, sie verfolgen gar nicht immer die gleichen Zwecke. Wenn sie die gleichen Zwecke haben, verfolgen sie damit doch unterschiedliche Ziele; wenn sie den gleichen Zielen folgen, wählen sie unter Umständen ungleiche Mittel. Ein Gleichverteilungsprinzip ist somit für komplexe Gesellschaften kein vernünftiges Organisationsprinzip. Es ist aber auch schon für die Kleingruppeninteraktionen nicht generell vernünftig. Das Seminarstandardbeispiel beschreibt die Situation, in der auf drei Geschwister drei Tomaten zu verteilen sind. Dass jedes eine Tomate bekommt, ist keineswegs notwendigerweise die gerechte Verteilung, z.B. dann nicht, wenn ein Kind Aversionen gegen Tomaten hat. Das Beispiel macht deutlich: ‚Gerechtigkeit' heißt etwas anderes als ‚Gleichverteilung'.

Von ‚Gerechtigkeit' sollten wir sprechen, wenn wir eine Verteilung vornehmen, die konfliktlösend ist, und konfliktlösend ist sie nur, wenn sie grundsätzlich diskursiv zu rechtfertigen ist. So ist unter den drei Geschwistern diskursiv zu rechtfertigen, dass der, der keine Tomate haben will, auch keine bekommt.

Das Problem der Verteilungsgerechtigkeit stellt uns vor die Aufgabe, Verteilungskonsense zu organisieren, und das heißt, unser politisches System ist so zu gestalten, dass Verteilungskonflikte diskursiv ausgetragen werden, so dass wir Chancen haben, Verteilungskonsense zu finden. Verteilungskonsense müssen aber nicht zu dem Ergebnis der Gleichverteilung kommen, und in aller Regel kommen sie nicht zu diesem. Aber sie müssen die Chance bieten, dass jeder gleiche Chancen der Diskursteilnahme hat. Es gibt also in dem Gehalt des Begriffes der ‚Gerechtigkeit' immer zwei klar zu unterscheidende Elemente: ein Moment der Gleichheit, das sich darauf bezieht, dass jedermann, den wir als moralisch gleichgestellt betrachten, gleiche Zugangsmöglichkeiten zu Verteilungsdiskursen haben muss, und ein Moment der gerechtfertigten, gegebenenfalls ungleichen Verteilung, die sich als Ergebnis dieses Diskurses ergibt. Gleichverteilung als Diskursergebnis ist nur ein eher untypischer und seltener Grenzfall. Gewöhnlich hat man sowohl ein Gleichheitspostulat als auch ein Verteilungspostulat zu beachten.

Das *Gleichheitspostulat* sagt, dass jedermann gleiche Zugangschancen zu Verteilungsdiskursen haben soll; man könnte dies eine formale Gleichheit nennen. Das *Verteilungspostulat* ist dagegen je nach Sachgebiet unterschiedlich zu formulieren. Im Zusammenhang des Problems der Verteilungsgerechtigkeit beim Handeln unter Risiko geht es um die Frage, wie wir die Gesellschaft organisieren wollen, um mit dem Problem fertig zu werden, dass bestimmte technische Implementierungen, von denen alle oder jedenfalls viele profitieren, manchen mehr Risiken zumuten als anderen, und dass diejenigen, die das Plus an Risiko tragen, nicht genau die sind, die auch das Plus an Chancen genießen. Das ist ein Problem, das wir zum Beispiel im Zusammenhang mit großtechnischen Anlagen immer wieder diskutieren, etwa mit Blick auf die Anwohner an den Anlagen, unterstellt, diese trügen größere Risiken und trügen sie für Nutznießer, die weit entfernt sind und mit diesen Risiken nichts zu tun hätten.

Wie erläutert, wäre eine Gleichverteilung von Risiken und Chancen auch nach der allgemeinen Gerechtigkeitstheorie hier nicht die vernünftige Strategie. Dies würde ja etwa im Falle großtechnischer Anlagen bedeuten, dass alle in die Nähe der Anlagen ziehen müssten oder alle gleich weit davon entfernt wohnen dürften, was offensichtlich absurd ist. Es kommt also in dieser Debatte vor allem darauf an, den implizit egalitaristischen Anspruch, der immer wieder wie selbstverständlich erhoben wird, als unplausibel zurückzuweisen. Gleichwohl gibt es hier Probleme, und ich möchte abschließend einige Regeln empfehlen, an die man sich halten sollte, um dieses Problem zu bewältigen.

(a) Regel der Risikobereitschaft
‚Sei bereit, Risiken zu übernehmen, wenn Du sie für andere für tragbar hältst!'

Diese Regel ergibt sich unmittelbar aus dem Konsistenzprinzip. Ein großes Problem komplexer Gesellschaften ist das Trittbrettfahrerproblem, und gegen Trittbrettfahrer ist diese Regel formuliert. Wir müssen immer damit rechnen, dass es Individuen und Gruppen gibt, die bei Chancenmaximierung Risikominimierung zu erreichen versuchen. Es ist eine Sache der politischen Organisation, mit Mitteln des Rechts hiergegen anzugehen.

(b) Regel der Risikozumutung
,Entscheide Risikooptionen so, dass die bisher am wenigsten durch Chancen Begünstigten den größten relativen Vorteil haben!'

Durch diese Regel wird gewissermaßen ein soziales Element eingebracht, das mit der Intuition der Gerechtigkeit verbunden ist. Es handelt sich um eine Degressionsregel, die dafür sorgen soll, dass eben nicht immer nur linear Chancen bzw. Risiken erhöht werden.

(c) Regel der Chancenteilhabe
,Handle so, dass die Risikoträger an den Chancen soweit wie möglich teilhaben!'

Das völlige Auseinanderfallen von Risikoträgern und Chancennutznießern würde für eine Gesellschaft ein nicht tolerables Konfliktpotential erzeugen.

(d) Regel der Risikovorsorge
,Handle so, dass Du die Risikoträger deiner Chancen im Schadensfall so weit wie möglich entschädigen kannst.'

Wichtig ist in diesem Zusammenhang die Einsicht, dass ein großer Teil von Kritik gegenüber der Technik, die in unserer Gesellschaft geäußert wird, nicht darauf abzielt, die Grundlagen unserer Gesellschaft radikal infrage zu stellen, sondern der Unzufriedenheit über die Verteilung von Risiken und Chancen entspringt. Damit haben wir es in erster Linie eigentlich gar nicht mit einer Kritik an der Technik, sondern mit einer Kritik an der politischen Organisation einer Gesellschaft zu tun, die aus guten Gründen eine technische Kultur ausgebildet hat. Die Besinnung auf das Problem der Verteilungsgerechtigkeit macht deutlich, dass Kritik an moderner Technik häufig nur ein Indiz dafür ist, dass wir uns mit der alten sozialen Frage in neuem Kontext konfrontiert sehen.

*

Diese Überlegungen waren ethische Überlegungen. Die Ethik ist eine alte akademische Disziplin; sie ist die Kunstlehre der rationalen Bewältigung von Handlungskonflikten. Wir müssen erkennen, dass die moderne Technik uns neue Typen von Konflikten gebracht hat: eine verschärfte Situation des Handelns unter Unsicherheit, eine Verschärfung der Probleme der Ungleichheit der Verteilung.

Wir brauchen, um mit diesen neuen Problemen fertig zu werden, keine neue Ethik; aber wir brauchen eine ethische Reflexion auf diese neuen Probleme. Diese Reflexion führt zu der Erkenntnis, dass wir bezüglich vieler technischer Handlungsmöglichkeiten, die sich uns bieten, die erforderlichen ethischen Kompetenzen noch nicht entwickelt haben. Es kommt darauf an, angesichts dieses Defizits nicht den Übergang zur Irrationalität zu propagieren; vielmehr haben wir die Aufgabe, die notwendigen rationalen Handlungskompetenzen zu erweitern, in manchen Fällen überhaupt erst zu erzeugen.

Literatur

Husserl, Edmund: *Die Krisis der europäischen Wissenschaften und die transzendentale Phänomenologie.* Eine Einleitung in die phänomenologische Philosophie, Den Haag 1950 (Husserliana I).

Ludwig Siep

Die wissenschaftlich-technische Moderne und ihre ethischen Folgen

Über die Moderne als eine Epoche der menschlichen Geschichte, vor allem ihrer Geistes- und Wissenschaftsgeschichte wird in der Philosophie in den letzten Jahrzehnten heftig gestritten.[1] Eine ganze philosophische Richtung, die sog. Postmoderne, hat der Moderne sozusagen den Totenschein ausgestellt. Sie hat aber auch ihre lebhaften Verteidiger gefunden, wie etwa Jürgen Habermas, der das „Projekt der Moderne" für unabgeschlossen hält und daher die Epoche als andauernd ansieht.[2] Die Debatte als ganze ist hier nicht mein Thema. Es geht vielmehr um einen bestimmten Aspekt, nämlich die wissenschaftlich-technische Moderne und ihre ethischen Folgen.

Auch auf Datierungsfragen möchte ich hier nicht ausführlich eingehen. Für Habermas und andere ist die Moderne wesentlich mit der Aufklärung verknüpft, aber die Ideen der wissenschaftlich-technischen Moderne, die den Einsatz von Wissenschaft und Technik für das Wohl der Menschheit betreffen, gehen zumindest bis ins 17. Jahrhundert zurück. Philosophen, Akademien und Fürsten bemühten sich um weitgespannte Programme der Verbesserung von Medizin, Agrikultur, Ernährung, Hygiene usw. Diese standen auf der Grundlage der mathematischen Erfahrungswissenschaften und der technischen Anwendung ihrer Ergebnisse. Die Richtlinien des menschlichen Handelns sollten nicht mehr direkt der christlichen Religion, sondern einer wissenschaftlichen Ethik entnommen werden. Diese bemühte sich um eine konfessions- und weltanschauungsneutrale Lehre der zwischenmenschlichen Rechte und Pflichten.

Über die Wandlung, die dieses ‚Projekt' in der jüngsten Phase der wissenschaftlich-technischen Entwicklung durchgemacht hat, ist viel vermutet und geschrieben worden. Man spricht von der Postmoderne oder der zweiten Moderne (Ulrich Beck)[3] und man lässt die Epochen der durch die Technik geprägten gesellschaftlichen Entwicklung so schnell aufeinander folgen wie die Stile in der bildenden Kunst oder der Unterhaltungsmusik: wir erleben die nachindustrielle Gesellschaft, die Informationsgesellschaft, die Wissensgesellschaft, die Epoche der Biotechnologie, der Genomforschung, der Robotik, der Nanotechnologie usw. Einige dieser Etiketten dienen sicher der Erregung öffentlicher Aufmerksamkeit oder dem Werben um Forschungsfinanzierung. Aber dass die Informationstechnologie unsere

---

1 Eine frühere Fassung des folgenden Textes ist erschienen in: Westfalen, *Hefte für Geschichte, Kunst und Volkskunde*. 79. Band (2001), Münster (Aschendorff) 2005, S. 135-144.

2 J. Habermas, *Der philosophische Diskurs der Moderne*. Frankfurt a. M. 1985.

3 U. Beck, *Die Risikogesellschaft. Auf dem Weg in eine andere Moderne*. Frankfurt a. M. 1986.

Gesellschaft bis in die alltäglichen Lebensweisen tief greifend verändert, kann kaum bestritten werden.

Ich möchte im ersten Teil der folgenden Ausführungen skizzenhaft auf einige Veränderungen in der gegenwärtigen Phase der wissenschaftlich-technischen Moderne hinweisen – ohne Anspruch auf eine vollständige Theorie der Moderne oder der zweiten Moderne zu erheben. Dabei stelle ich die These auf, dass der metaphysische Charakter des ‚Projektes der Moderne‘ in der jüngsten Zeit verlorengeht. Im zweiten Teil zähle ich, ohne Anspruch auf Vollständigkeit, einige Grundzüge der gegenwärtigen Phase der wissenschaftlich-technischen Entwicklung auf, die für ihre ethischen Folgen besonders bedeutungsvoll sind. Der dritte Teil geht auf moderne Entwicklungen in der Ethik selber ein und im vierten erörtere ich am Beispiel der Frage nach der künstlichen Verbesserung des menschlichen Körpers, welche Art von Orientierung die Ethik der modernen Gesellschaft noch geben kann.

I.

Was bedeutet die These, die metaphysischen Anteile des Projekts der Moderne gingen verloren? Vor allem drei Dinge: Abschied vom Streben nach Endzuständen (1), Abschied von der Geschichtsphilosophie (2), Orientierung an offenen, zufallsabhängigen Prozessen wie Evolution und technische Entwicklung (3).

(1) Das Projekt der Moderne strebt keinen Abschluss mehr an. Anders als die Aufklärung und die wissenschaftlichen Weltbilder des 19. und frühen 20. Jahrhunderts gibt es keinen Endzustand mehr, den die Gesellschaft, die Wissenschaft, die Technik erreichen will. Solche erhofften, angekündigten oder ‚in Arbeit befindlichen‘ Zustände der Endgültigkeit zeichnen die Moderne vom 17. bis weit ins 20. Jahrhundert hinein aus: die endgültige Befreiung der Menschheit von Mangel, Krankheit und Naturkatastrophen etwa, die von Bacon über Fichte bis Marx verkündet und verfolgt wurde. Nach Fichte war schon das „letzte Sträuben" der ungebändigten Natur absehbar, die durch Katastrophen mannigfaltiger Art den menschlichen Willen zur Vernunft, zur Freiheit und zur vollendeten Moralität noch behinderten.[4] Nach Marx musste die Kette der sozialen Revolutionen und die ungeheure Entfaltung der Produktivkräfte im bourgeoisen Kapitalismus nur noch um ein einziges Glied vollendet werden, um den Zustand der Mangel- und Herrschaftsfreiheit zu erreichen. Aber auch skeptischere Autoren wie Kant blickten voraus auf ferne Endzustände des universalen Rechtszustandes, der Weltrepublik usw. Noch in unserer Zeit orientierten sich selbst Autoren, die durch die Erfahrung des Scheiterns des real existierenden Sozialismus belehrt sind, wie Jürgen Habermas, an endgültigen Leitideen wie der herrschaftsfreien Kommunikation.

---

4 J. G. Fichte, *Die Bestimmung des Menschen* (1800). In: Werke, hrsg. v. I. H. Fichte. II, 267 ff.

Solche Endzustände, die schon Karl Löwith für säkularisierte Formen der Eschatologie gehalten hat,[5] liegen dem gegenwärtigen Bewusstsein der Moderne fern – es sei denn in der negativen Form der Auslöschung der Zivilisation (etwa durch Terror) oder des möglichen Aussterbens der Gattung. Aber diese würden durch keine vernünftigen oder notwendigen Prozesse herbeigeführt, sondern durch die Fehler und Zufälle der gesellschaftlichen und natürlichen Evolution. Was die gesellschaftliche Entwicklung heute leiten soll, ist nicht die Vision eines Endzustandes, sondern konkrete Verbesserungen, Lösungen aufgetretener Probleme und Vermeidung der Folgelasten, die mit jeder Innovation offenbar notwendig verbunden ist.[6] Die Weltausstellung zum Jahrtausendwechsel (Hannover 2000) war ein deutlicher Beleg für den Reformismus und den Abschied von jeder Endgültigkeit der Ziele technischer und sozialer Entwicklung.

(2) Entsprechend scheint dem Bewusstsein der Moderne in seiner gegenwärtigen Phase jede *metaphysische* Geschichtsphilosophie zu fehlen. Die letzten Versuche, in der Geschichte eine notwendige Entwicklung und einen möglichen Abschluss auszumachen, sind beim Ende der Ost-West-Teilung aufgetreten – man denke etwa an die These vom Ende der Geschichte in der marktwirtschaftlichen Demokratie, die Francis Fukuyama teils auf anthropologische, teils auf hegelianisierende geschichtsphilosophische Annahmen gestützt hat.[7] Wir mögen auch heute eine Reihe von Institutionen und Prinzipien wie Menschenrechte und Demokratie für unaufgebbar halten – aber nicht, weil wir ihre Endgültigkeit geschichtsphilosophisch beweisen könnten, sondern weil wir sie für irreversible Erfahrungen der Menschheit halten, die gut begründet, aber nicht letztbegründbar sind. Die Wende von der Geschichtsphilosophie zur historischen Anthropologie, die Odo Marquard seinerzeit gefordert hat,[8] ist in vielen Formen Wirklichkeit geworden.

(3) Das Gemeinbewusstsein über die Art unserer gesellschaftlichen Entwicklung scheint mir hingegen weitgehend am Modell der Evolution und der technischen Entwicklung orientiert. Der Verlauf der Geschichte ist unbestimmt, offen, von unvorhersehbaren Ereignissen charakterisiert. Nicht einmal der Zusammenbruch einer politischen Weltkonstellation war ja bis kurz vor seinem Eintritt wissenschaftlich oder politisch antizipiert worden. Und die technisch-wissenschaftlichen Innovationen lassen sich zwar durch Extrapolation gegenwärtiger Tendenzen in Umrissen antizipieren (,technology assessment‘), aber sie können durch zufällige Entdeckungen, Erfindungen oder Katastrophen ebenso in andere Bahnen gelenkt werden wie die ökonomische Entwicklung oder das Börsengeschehen.

Daraus folgt freilich kein Quietismus. Was zählt in der gegenwärtigen Phase der Moderne ist vielmehr permanente Innovation, Kreativität und der Versuch ,Ge-

---

5 K. Löwith, *Weltgeschichte und Heilsgeschehen. Die theologischen Voraussetzungen der Geschichtsphilosophie.* Stuttgart, 8. Aufl. 1990.

6 Vgl. auch H. Lübbe, *Modernisierung und Folgelasten. Trends kultureller und politischer Evolution.* Berlin/Heidelberg 1997.

7 Francis Fukuyama, *Das Ende der Geschichte. Wo stehen wir?* München 1992.

8 O. Marquard, *Schwierigkeiten mit der Geschichtsphilosophie.* Frankfurt a. M. 1973.

schichte zu machen', d.h. eine Spur im kollektiven Gedächtnis zu hinterlassen. Während in früheren Zeiten Stabilität und Dauerhaftigkeit eine Annäherung an die metaphysische Qualität der Zeitlosigkeit, bzw. der Letztgültigkeit waren, ist heute die permanente Verbesserung das Ziel gesellschaftlichen Handelns. Hans Blumenberg hat gezeigt, wie die antik-mittelalterliche Vorstellung der Annäherung an ein Reservoir von Ideen im Geiste Gottes in der frühen Neuzeit ersetzt wurde durch die Teilnahme an der göttlichen Kreativität, der durch keine vorgegebenen Ideen beschränkten unendlichen Schöpferkraft.[9]

Inzwischen ist aber eher die technische Entwicklung das unser gesellschaftliches Bewusstsein beherrschende Modell. Technische Produkte sind kontinuierlich zu verbessern und eröffnen ständig neue individuelle und soziale Handlungsmöglichkeiten. Dasselbe erwarten wir offenbar von staatlichen und gesellschaftlichen Institutionen, einschließlich der Bildungsinstitutionen, von kulturellen Leistungen, auch von Umgangsformen und Sitten. Innovation, Kreativität, ,positive' Visionen sind die Forderungen, die an Einrichtungen und ihr Personal, an Amtsträger, Wissenschaftler usw. gestellt werden. Dabei zielen die Visionen nicht auf Endzustände, sondern auf gesellschaftliche Zustände, in denen gegenwärtige Probleme gelöst und neue Weisen des Lebens und Erlebens erschlossen werden.

Dass jeder Zustand überholbar, verbesserbar sein wird, ist nicht nur ein Charakteristikum der technischen Entwicklung, sondern auch der Evolution. Das Modell der natürlichen Evolution tritt zu dem der technischen Entwicklung hinzu und gibt der Vorbereitung auf die Zukunft die Dringlichkeit der Bemühung um Fitness zum Überleben und zum angenehmen Leben. Es ist zwar nicht mehr das Überleben der Rasse, das im Wettbewerb der Völker auf dem Spiel steht, sondern nur noch der Standort- und Startvorteil, vor allem der Wirtschaft, für den ,Platz an der Sonne'. Aber die Dringlichkeit, mit der wir in den einzelnen Gesellschaften die Tugenden des Wettbewerbs, der Exzellenz und der Effizienz fordern – auch dies wieder mit tief greifenden Konsequenzen für das Bildungssystem – ist ohne die Angst vor dem Status- und Wohlstandsverlust nicht erklärbar.

Um das zu vermeiden, wird mit ständig sich beschleunigendem Tempo die Zukunft antizipiert, vorbereitet, herbeigeführt. Dass eine Sache Zukunft hat und dass eine Einrichtung zukunftstauglich ist, stellt das höchste Gütesiegel dar. Das Projekt der Moderne ist das einer permanenten Modernisierung geworden, einer Moderne ohne Endzustände, zeitlose Forderungen und Maßstäbe – kurz einer Moderne ohne metaphysische Ansprüche.

---

9 H. Blumenberg, „Nachahmung der Natur. Zur Vorgeschichte der Idee des schöpferischen Menschen". In: ders., *Wirklichkeiten in denen wir leben*. Stuttgart 1993, S. 55-103.

II.

Ich greife im Folgenden beispielhaft einige der heute aktuellen wissenschaftlichen Entwicklungen heraus, die einerseits durch die genannten Kennzeichen der gegenwärtigen Phasen der Moderne charakterisiert sind und andererseits zu den ethischen Herausforderungen führen, die später erörtert werden (III). Zunächst geht es um Tendenzen wissenschaftlicher Forschung (1), der Organisation der modernen Wissenschaft (2) und der Wandlung in der Auffassung ihres Gegenstandsbereiches.

(1) Die Tendenzen und Resultate der wissenschaftlich-technischen Entwicklungen, die unsere Lebenswelt am stärksten verändern, liegen gegenwärtig zweifellos auf dem Gebiet der Informations- und Kommunikationstechnik sowie der Biotechnik. Damit soll kein Urteil über wissenschaftliche Leistungen in der Grundlagen- und Anwendungsforschung anderer Gebiete gefällt werden. Es soll auch die Bedeutung etwa der modernen Verkehrstechnik, der Energietechnik, der Synthese von Kunststoffen usw. nicht geschmälert werden. Ihre Wirkung auf unser alltägliches Leben hält aber schon seit längerem an. Zu den beherrschenden Faktoren der modernen wissenschaftlich-technischen Entwicklung gehört mit Sicherheit auch die Medizin, in der die Errungenschaften der verschiedensten Wissenschaften und Techniken gebündelt und auf den Menschen angewandt werden.

Die Auswirkungen dieser Entwicklung kann man nicht in wenigen Sätzen zusammenfassen. Ich möchte hier nur auf zwei für die Ethik besonders wichtige Tendenzen eingehen.

a) Zum einen hat uns die moderne Kommunikations- und Verkehrstechnik eine Mobilität und einen Austausch von Informationen beschert, der die Gültigkeit von regionalen Werttraditionen unter enormen Rechtfertigungsdruck setzt. Schon im 18. Jahrhundert waren die Berichte über fremde Kulturen einer der wichtigsten Faktoren der Relativierung und der internen Kritik der christlich-europäischen Tradition. Aber während es bei Montesquieu, Voltaire und Rousseau nur eine kleine Gruppe von Intellektuellen war, die sich durch die Sitten fremder Völker zur Selbstkritik herausgefordert fühlten, kann sich heute jeder Tourist über die Religionen, Sitten und Rechtsordnungen fremder Völker unterrichten und an ihnen teilnehmen.

Der völkerrechtliche und zunehmend auch privatrechtliche Rahmen, den der Austausch von Waren und Informationen in der ganzen Welt voraussetzt, hat überdies zu einer Angleichung oder zumindest zu einer Auseinandersetzung über das richtige Recht und die richtige Moral auf der ganzen Erde geführt. Wir erleben derzeit die Auseinandersetzungen über ein internationales Strafrecht und über weltweite humanitäre oder anti-terroristische Interventionen. Auch über die ethischen und rechtlichen Prinzipien im Umgang mit der Medizin und der Biotechnologie wird in einer Weltöffentlichkeit diskutiert. Da wir von der Gleichheit der menschlichen Vernunft und der Basisemotionen ausgehen, kann es Deutschen nicht gleichgültig sein, was Amerikaner und Japaner über das Klonen oder die Embryonenforschung denken. Noch stärker wird die Herausforderung durch andere Normen in einem zusammenwachsenden politischen und rechtlichen Raum wie Europa. Wir können es uns in Deutschland nicht leisten, Mitbürger eines demnächst sehr engen europäischen Staatsverbandes wie die Engländer und Holländer geradezu als ‚Barbaren' zu bezeichnen, wie es im Hinblick auf die Embryonenforschung und die Sterbehilfe geschehen ist.

b) Die zweite für die ethische Orientierung folgenreiche Tendenz der modernen wissenschaftlich-technischen Entwicklung ist der sprunghafte Anstieg der Eingriffsmöglichkeit in das Leben durch die Biotechnologie und die moderne Medizin. Die Biotechnologie stellt eine enorme Beschleunigung und einen ebenso bedeutenden Genauigkeitszuwachs in der Züchtung dar. Die Anpassung des pflanzlichen und tierlichen Lebens an menschliche Bedürfnisse und Wünsche wird dadurch in ganz anderen zeitlichen und qualitativen Dimensionen realisierbar. Für das sich verbreitende technische Bewusstsein wird die Natur dabei insgesamt zu einem Material menschlichen Genusses bzw. Erlebens.[10]

Durch die Anwendung der Biotechnologie in der Humanmedizin eröffnen sich darüber hinaus nicht nur enorme Möglichkeiten der Krankheitsbekämpfung, sondern möglicherweise eines Tages auch der Verbesserung von Leistung, Alter, Schönheit, Reproduktionsfähigkeit und anderer wünschenswerter Eigenschaften und Fähigkeiten. Damit werden die traditionellen Ziele der Medizin fragwürdig, die Heilkunst entwickelt sich in Richtung einer Technik der Körperoptimierung. Das Material für diese Technik sind zum Teil chemische und sozusagen ‚maschinentechnische' Surrogate – bis hin zu den imaginierten Minirobotern der Nanotechnologie – zum Teil aber das ‚Biomaterial' des eigenen Körpers oder fremder Körper. Die Verwendung fremder Körperteile zur ‚Reparatur' des kranken Körpers hat mit der Transplantationsmedizin angefangen und setzt sich im ‚tissue engineering' bzw. der Gewebe- und Organzüchtung aus Stammzellen fort. Damit stellen sich dann die ethisch drängenden Fragen, inwieweit ein erwachsener leidender Mensch Ansprüche auf den Gebrauch und evtl. Verbrauch menschlichen Lebens oder des menschlichen Leichnams hat. Darauf komme ich zurück.

(2) Zuvor noch ein Blick auf formale und organisatorische Veränderungen der Wissenschaften und ihre ethischen Folgen.

Die neuzeitlichen Wissenschaften und ihre technische Anwendung standen immer schon in Wechselwirkung. Technische Erfindungen ermöglichen neue Forschungen, wie das Beispiel von Fern- und Vergrößerungsgläsern früh belegt. Andererseits hängt die Konstruktion der wissenschaftlichen Geräte von der Entdeckung naturwissenschaftlicher Gesetze ab. In den gegenwärtigen Wissenschaften, vor allem den Lebenswissenschaften, scheinen sich die Grenzen zwischen Technik und Grundlagenforschung mehr und mehr aufzuheben. Die Erklärung von Funktionen und Entwicklungen geht von ihren gezielten Veränderungen und den Folgebeobachtungen aus (defekt-induzierte Kristalle, genetisch veränderte ‚knock-out Maus' etc.). Veränderungen sind aber nicht nur Mittel der Erklärung, sondern ihr

---

10 Vgl. L. Siep, „Ethik und Menschenbild". In: Gerda-Henkel Stiftung (Hrsg.), *Das Bild des Menschen in den modernen Wissenschaften*. Münster 2002, S. 31-51.

Ziel. Grundlagenforschung ist vielfach anwendungsbezogen, auf nützliche Produkte ausgerichtet.

Diese Tendenz wird verstärkt durch die betriebswirtschaftliche Organisation von Wissenschaft und die Doppelrolle von Forscher und Unternehmer, selbst im Bereich der universitären Grundlagenforschung. Universitätsforschung lebt ja immer weniger von garantierten staatlichen Etats, sie muss vielmehr ihr Geld selbst ‚einwerben'. Das tut sie oft mit dem Versprechen gesellschaftlich interessanter, auch vermarktbarer Produkte. Der Transfer zwischen Forschung und Anwendung ist das Ziel einer dem Standortwettbewerb verpflichteten Forschungspolitik. Der schnellste Weg zur Produktion ist aber der Forscher/Unternehmer.

Hier geht es nicht um die Probleme der Personalunion von Universitätsforscher und Privatunternehmer oder um die Debatte über die Patentierung von Methoden und Therapien. Aber zwei Tendenzen sind deutlich: Zum einen, dass der Forscher die zukünftige Verwertbarkeit von Forschung anstreben und oft auch öffentlich ‚verkünden' muss, um Mittel einzuwerben, evtl. sogar den Börsenwert von Unternehmen zu steigern. Dass dabei oft die Hoffnungen übertrieben und möglicherweise Selbstkritik und Geduld vernachlässigt wird, ist strukturell bedingt.

Deutlich ist zweitens auch, dass die Glaubwürdigkeit ethischer Urteile von Forschern, die zugleich interessierte Unternehmer sind, schwindet. Die Frontstellung zwischen Journalismus und Wissenschaft, die Hubert Markl, der ehemalige Präsident der Max-Planck-Gesellschaft, mit Bezug auf die sog. ‚Biopolitik' beklagte, hat auch da ihre Wurzeln. Die Aufdeckung privater Interessen als Motiv vorgeblich altruistischer Ziele gehört zur journalistischen Profession. Zwischen dem Ethos des Wissenschaftlers und dem des Unternehmers gibt es in der Tat strukturelle Spannungen. Tempo, Geheimhaltung, instrumenteller Umgang mit rechtlichen Regeln gehören zum Wirtschaftsethos, aber traditionell nicht zum wissenschaftlichen Ethos. [11]

Zugleich verstärkt die Medienverwertung die Beschleunigung und den Druck auf individualethische Maßstäbe. Die Medien sehen sich zwar im Dienst der Transparenz und der Verhinderung von technokratischen Einflüssen auf die Politik (Beispiel: Kernphysik), aber zugleich forcieren sie die Tendenz zur raschen Produktion auffälliger Neuigkeiten. So, wie die normalen Amtsperioden von Regierungen für die Aufmerksamkeitsgesetze der Medien zu lang sind und durch möglichst häufige Krisen und Rücktritte interessanter werden, so sind auch die langwierigen Überprüfungsverfahren und Fehlerkontrollen bei wissenschaftlichen Hypothesen nicht mediengeeignet. Auch dies erzeugt einen Druck auf das Tempo und auf die Auffälligkeit der Forschung, evtl. auch durch den Skandal der ethischen Grenzüberschreitung.

Zur Technisierung, Beschleunigung und Medialisierung der Wissenschaft tritt als letzter für die Ethik bedeutsamer Grundzug die Gradualisierung ihres Gegenstandsbereiches. Die Grenzen zwischen den Stufen der Natur, zwischen den natür-

---

11 Vgl. dazu auch L. Siep, „Wissenschaftsethik und „Biopolitik" in der Stammzellforschung". In: *Jahrbuch für Wissenschaft und Ethik*, Bd. 12, 2007, S. 179-189.

lichen Arten, zwischen Normalität und Abweichung, aber auch zwischen den Anfangs- und Endpunkten von Prozessen – etwa zwischen Leben und Tod – werden bei dem Vordringen der Wissenschaften in immer kleinere räumliche und zeitliche Strukturen zunehmend fließender. Sie begrifflich oder quantitativ zu bestimmen ist oft nur eine Notwendigkeit der wissenschaftlichen Orientierung, der Arbeitsteilung, und der sprachlichen Formulierung von Hypothesen und Gesetzen. Die Wissenschaft gibt unserer sozialen Praxis von sich her immer weniger objektive, dauerhaft gültige Einschnitte und Grenzen in den Prozessen des Lebens oder der Evolution vor. Die heftigen Debatten um den Anfang und das Ende des menschlichen Lebens zeigen dies in aller Deutlichkeit. Wesensunterschiede lassen sich an Naturprozessen nicht mehr einfach ablesen. Wenn sie normative Konsequenzen haben, erfordern sie die Setzung veränderlicher Grenzen, die zwar zu Stufen natürlicher Prozesse passen, aber nicht zwingend von ihnen erfordert werden.[12]

Die Prozessualität und Gradualität der Wissenschaft selber ist mehr und mehr auch der Charakter ihres Gegenstandes. Orientierung für gesellschaftliche Grenzziehungen liefern sie immer weniger. Zugleich hat aber die verbrecherische Grenzüberschreitung der Wissenschaften im Dienst totalitärer Politik im 20. Jahrhundert die Gefahren einer rechtlichen und ethischen Entfesselung der Wissenschaft tief ins kollektive Gedächtnis gegraben. Daher rührt das Misstrauen in eine Wissenschaft, die die Grenzen des Könnens in den Gegebenheiten der Natur in so rapidem Tempo hinausschiebt wie die gegenwärtige Biologie und Teile der Medizin.

III.

In dieser Situation ist es verständlich, dass die Öffentlichkeit an den Ethiker, sei es den Theologen, Juristen oder Philosophen die Forderung nach klaren, definitiven Grenzen stellt. Zugleich aber möchte sie nicht auf die Güter verzichten, die ihr eine an den Grenzen operierende Wissenschaft für die Zukunft in Aussicht stellt.

Die philosophische Ethik, wenn sie den Anspruch der Wissenschaftlichkeit ernst nimmt, kann diese Forderungen nur in sehr eingeschränktem Maße erfüllen. Als Reflexion auf die Grundlagen unserer Normen ist sie weder eine ,exakte Wissenschaft' noch eine experimentelle. Sie kann ihre Prinzipien nicht auf die Logik allein begründen und es ist sehr zweifelhaft, ob sie ihre Grundsätze mit dem Anspruch der Widersprüchlichkeit jeder Alternative absichern kann. Seit ihrem Begründer Aristoteles beansprucht sie nur, die ethischen Überzeugungen ihrer Mitbürger kritisch zu prüfen, ihre Prämissen freizulegen und eine kohärente Rechtfertigung dafür vorzuschlagen. Zwar hat die neuzeitliche Ethik versucht, eine zwingende Begründung elementarer Rechte und Pflichten zu geben, aber dies ist ihr, wenn überhaupt, nur für einen engen Bereich zwischenmenschlicher Rechte und

---

12 Zur Passung zwischen Normen und Strukturen der Natur vgl. M. Quante, L. Siep, „Passung zwischen Evolutionstheorie und Ethik". In: Jean-Pierre Wils (Hrsg.): *Die Kulturelle Form der Ethik*. Fribourg: Academic Press 2004. S. 91-106.

Pflichten gelungen. Für das moderne Problem, ab wann der Mensch Träger solcher Rechte ist, hat sie keine einstimmige Antwort gegeben.

Die vorhin erwähnten Grundzüge der wissenschaftlich-technischen Entwicklung der Moderne sind für die Ethik nicht folgenlos geblieben. Ich habe schon darauf hingewiesen, dass Mobilität und Kommunikativität der modernen Gesellschaft zur Erschütterung fragloser Traditionen und Tabus geführt haben. Sie haben das Bewusstsein des Wandels unserer moralischen und juridischen Normen verschärft und zum Entstehen einer multikulturellen und pluralistischen Gesellschaft beigetragen. Diese fordert auf der einen Seite weltanschauungsneutrale Regeln, auf die sich alle einigen können. Auf der anderen Seite macht sie die Relativität und die Möglichkeit von Alternativen zu bestehenden Normen deutlich.

Die Aufgabe, alternative Prinzipien ernst zu nehmen, stellt sich nicht nur in der pluralistischen Gesellschaft, sondern noch deutlicher in der Ethik. Vor allem seit Letztbegründungsansprüche in ihr weitgehend aufgegeben wurden, muss sie der Verpflichtung der Wissenschaft folgen, jede theoretisch sorgfältig entwickelte und mit plausiblen Argumenten begründete Theorie als unwiderlegte Alternative in Rechnung zu stellen. Die philosophische Ethik ist selber pluralistisch.

Zu den in der Ethik umstrittenen Fragen gehört vor allem die nach der Konventionalität von Normen. ‚Machen' wir die Ethik, so wie wir durch Mehrheitsentscheidung Gesetze machen, oder gibt es Werte und Prinzipien, die von Meinungsbildungen und Wertewandel unabhängig sind? Für beide Thesen gibt es starke Argumente: Es ist unbestreitbar, dass Mehrheiten in ethischen Fragen irren können und dass Wertewandel einen Wertverlust, eine Verrohung und Barbarisierung der Gesellschaft bedeuten können. Umgekehrt ist es aber unbestreitbar, dass viele unserer Grundrechte und unserer ethischen Prinzipien Resultat sozialer und historischer Prozesse sind. Die normative Gleichheit der Menschen aller Rassen und Geschlechter ist Resultat eines teils unbewussten teils bewussten Wertewandels. Das Gleiche gilt für den Umgang mit der Sexualität, der Reproduktion oder der Behinderung. Auch die Inhalte zahlreicher Grundrechte lassen sich plausibler als Resultat historischer Erfahrung denn als Deduktionen aus reiner Vernunft verstehen. Sie können aber begründet werden mit Theorien, die nicht nur auf grundlegende Werterfahrungen, sondern auch auf anthropologische Eigenschaften und Fähigkeiten rekurrieren – wie Vernunft und Empathie, Selbstbestimmung und das Verlangen nach Anerkennung.

Wenn das so ist, dann stellt sich mit Bezug auf den historischen Wertewandel für die philosophische Ethik die schwierige Aufgabe, zwischen Prozessen des Werteverfalls oder der bloß modischen Anpassung einerseits, und verantwortbarem und begründbarem Wertewandel andererseits zu unterscheiden. Das ist vor allem dann schwierig, wenn die Konsequenzen eines Wertewandels noch schwer absehbar sind.

Insofern ist auch die Ethik heute weitgehend, wenn auch nicht in allen ernstzunehmenden Positionen, „ohne Metaphysik"[13]: Fast alle ethischen Gebote sind mehr

---

13 Vgl. G. Patzig, *Ethik ohne Metaphysik*. 2, durchges. u. erw. Aufl, Göttingen 1983.

oder weniger gut zu begründen, aber nicht zwingend. Und in der Welt, auf die sich unser richtiges oder falsches Verhalten richtet, finden wir keine unveränderlichen Substanzen, sondern überwiegend graduelle Prozesse und fließende Grenzen. Die festen Grenzen, die wir in einem ,überlappenden Konsens' zwischen den verschiedenen Kulturen, Religionen und Philosophien festhalten können, stützen sich, wie gesagt, am ehesten auf historische Erfahrungen. Bekanntlich sind für den modernen (europäischen) Staat vor allem vier historische Erfahrungskomplexe maßgeblich geworden: die konfessionellen Bürgerkriege und die Entstehung des säkularen Staates; die Befreiung von persönlicher Herrschaft (Sklaverei, Leibeigenschaft etc.); die Kämpfe gegen Verelendung und Unterdrückung sozialer Gruppen; und schließlich die Überwindung totalitärer Weltanschauungen und Herrschaftssysteme.

Was aus diesen Erfahrungen für die ethische Beurteilung der wissenschaftlich-technischen Entwicklung folgt, ist aber umstritten. Viele sehen in der modernen Reproduktionsmedizin und in den Bestrebungen, aus Zellen früher Embryonen Ersatz für degenerierte adulte Zellen zu gewinnen, einen Verstoß gegen die Würde eines frühen Menschen durch seine vollständige Instrumentalisierung. Für andere ist die Würde der gegenwärtigen und zukünftigen Kranken schwerwiegender als die Lebenschancen von menschlichen Zellen (evtl. auch ,totipotenten'), die nicht zur Ausreifung und zur Geburt bestimmt sind.[14]

Was mir für die generelle Beurteilung der technischen Entwicklung durch die Ethik vorrangig zu sein scheint, ist aber etwas anderes: Wir sollten nicht nur nach Grenzen für einzelne Handlungen fragen, nach Tabus, die zu respektieren sind oder nach unbedingten Verboten und Geboten. Vielmehr gilt es in der Ethik und in der öffentlichen Debatte wieder nach den „guten Zuständen" der Welt und des Menschen zu fragen, in Richtung auf die wir die Entwicklung zu steuern versuchen sollten.[15]

Diese guten Zustände oder eine Wohlordnung (*kosmos*), an der wir die Entwicklung messen sollten, können keine metaphysischen Endzustände mehr sein. Sie sind nur ein Rahmen für die zukünftige Entwicklung, aus dem Aufgaben folgen. So müssen wir uns fragen, ob wir eine Natur anstreben wollen, in der alles technisch auf menschliche Wünsche oder Leistungen ausgerichtet ist – sozusagen eine stromlinienförmig dem Menschen angepasste Natur. Oder ob den menschlichen Vorstellungen einer Wohlordnung, wie sie in vielen Kulturen niedergelegt sind, eher eine Natur der Mannigfaltigkeit von Formen und Arten entspricht, die auch ohne Bezug auf menschliche Wünsche ihren Eigenwert besitzen und denen ein ,gerechter' Anteil am gemeinsamen Lebensraum zusteht.

---

14 Vgl. K. Hilpert (Hrsg.), *Forschung contra Lebensschutz? Der Streit um die Stammzellforschung.* Freiburg/Basel/Wien 2009 (Herder, Reihe Quaestiones Disputatae).
15 Vgl. zum Folgenden L. Siep, *Konkrete Ethik*, Frankfurt a. M. 2004.

IV.

Eine ähnliche Frage müssen wir in Bezug auf den menschlichen Körper stellen: Wollen wir den eigenen Körper und den der Nachkommen optimieren auf mögliche Wünsche, die damit zu erfüllen sind, oder wollen wir ihn mitsamt seiner zufälligen genetischen Beschaffenheit annehmen und uns auf die Erhaltung der Gesundheit beschränken? Jürgen Habermas hat in seinem Buch über die „Zukunft der menschlichen Natur" die Frage erörtert, ob die menschliche Natur „moralisiert" werden müsse.[16] Er versteht darunter, dass wir eine „Gattungsethik" entwickeln bzw. explizieren müssen, in der die Ungeplantheit der natürlichen Anlagen Voraussetzung der Moral autonomer „Diskurspartner" ist. Es ist aber fraglich, ob individuelle Autonomie wirklich auf die bisherige Konstitution des menschlichen Körpers angewiesen ist.

Obwohl ich Habermas zustimme, dass zwischen der ‚negativen Eugenik' der Bekämpfung erblich bedingter Krankheiten und der ‚positiven' der Verbesserung der Erbanlagen für beliebige Wünsche eine ethisch wichtige Differenz liegt, bezweifle ich, dass es gelingen wird, von einer rein interpersonalen Moral autonomer Personen her Maße für die menschliche Natur und erst recht für den Umgang mit der Natur insgesamt zu entwickeln. Dazu brauchen wir vielmehr gemeinsame Wertvorstellungen einer ‚guten' Natur und eines guten Zustandes des menschlichen Körpers.

Menschen verfügen über Begriffe der Welt, in der sie leben, in denen Natur und Kultur, objektive Fakten und subjektive Sichtweisen, auch allgemeine Wertungen, nicht in derselben Weise trennbar sind wie in einer streng naturwissenschaftlichen Perspektive. Diese lebensweltlichen Begriffe liegen den alltäglichen normativen Orientierungen, den kulturellen Traditionen und auch den Kulturwissenschaften zugrunde. Sie sind für normative Fragen bedeutungsvoller als naturwissenschaftliche Begriffe.

Was lässt sich unter diesen Voraussetzungen noch über eine menschliche Natur sagen, die für die Ethik relevant wäre – und zwar besonders für die Probleme der Bioethik, die aus den Möglichkeiten der Technisierung der Fortpflanzung und der Eingriffe ins Genom hervorgehen?

Zunächst einmal soviel: Die bisherige Beschaffenheit des menschlichen Körpers hat sich als Basis für Handlungen, Werterfahrungen und – auch moderne – soziale Normen ‚bewährt'. Alles, was das Leben der Menschen wertvoll macht, haben wir in und an diesem Körper – mit all seinen Unzulänglichkeiten – erfahren. Auf ihn und seine zufälligen natürlichen Unterschiede sind die sozialen Regeln bezogen. Ihre Änderung kann erhebliche Probleme mit sich bringen. Sie sollte daher als ‚Naturerbe' betrachtet werden, das man nicht ohne weiteres und ohne Bewertung ‚ausschlägt'.

---

16 J. Habermas, *Die Zukunft der menschlichen Natur.* Frankfurt 2001. Vgl. dazu L. Siep, „Moral und Gattungsethik". In: *Deutsche Zeitschrift für Philosophie.* 1/2002. S. 111-120 sowie J. Habermas „Replik auf Einwände", *Deutsche Zeitschrift für Philosophie* 2/2002, S. 295 f.

Natürlich hat es schon in der Vergangenheit eugenische Konzepte der Züchtung und Verbesserung des menschlichen Körpers gegeben, von Platon bis zu den (pseudo)wissenschaftlichen Eugenikern des 19. und 20. Jahrhunderts. Die Menschheit hat aber mit staatlicher Eugenik im 20. Jahrhundert verheerende Erfahrungen gemacht. Nach der Entwicklung der Gentechnologie ist nun eine gezielte, zugunsten bestimmter Individuen geplante Änderung des Erbmaterials ('liberale Eugenik') in den Horizont der Möglichkeiten getreten.

Über die sozialen Folgen einer individuellen Planung der genetischen Anlagen von Nachkommen hat im Zusammenhang mit den Debatten über Klonierung und Keimbahntherapie eine öffentliche Diskussion begonnen.[17] Während bislang die erblichen Veranlagungen dem Zufall zugeschrieben wurden, könnten sie im Fall der genetischen Planung den Eltern angelastet werden. Das bringt ganz neue Probleme des Generationenverhältnisses mit sich, die uns die bisherige Form der Fortpflanzung erspart hat. Kinder könnten ihren Eltern die 'falsche' genetische Ausstattung vorwerfen. Außerdem wird der Besitz von günstigen Anlagen möglicherweise zum Gegenstand des Marktes. Alle modernen Errungenschaften der Chancengleichheit würden dadurch gefährdet.

Man sieht also ex negativo, welchen Wert die bisherige Beschaffenheit des menschlichen Körpers hatte. Das lässt sich weiter explizieren. Nicht nur die zufällige Genmischung gehört zum 'Erbe' des menschlichen Körpers und der sexuellen Reproduktion, sondern auch die Individualität, die natürliche Varianz der Exemplare einer Gattung bzw. Population. Auch das ist im Zusammenhang der Klonierungsdebatte bewusst geworden. Zwar ist die natürliche Mehrlingsbildung im bisherigen Umfang kein 'Unwert', aber die Chancen der Entwicklung eines eigenen Charakters würden vermutlich doch erschwert, wenn wir es in großem Maßstab mit genetisch identischen Kopien zu tun hätten.

Fortpflanzung als genetische Vorausplanung und Optimierung erschwert darüber hinaus die Offenheit für ein Leben der ungeplanten Erfahrungen und der Entdeckung von Anlagen oder von Fähigkeiten, oft vielleicht auch ihre Entwicklung *gegen* die (glücklicherweise unbekannten) genetischen Veranlagungen. Zufälligkeit und genetische Individualisierung gehören zu den offenbar wertvollen Zügen unserer körperlichen Natur.

In den modernen Debatten um Medizinethik und Gentechnologie geht der Streit in aller Regel um die Menschenwürde, das Lebensrecht, die Schutzwürdigkeit, die Personalität frühen menschlichen Lebens. Weder die ethischen Begriffe noch die Intuitionen reichen zu einer eindeutigen Entscheidung darüber aus, ob wir einer befruchteten Eizelle vor oder kurz nach der Verschmelzung der beiden elterlichen Genome bereits Lebensschutz schulden, oder sie im Interesse zukünftiger Kranker verwenden dürfen. Vor allem dann, wenn solche Zellen von vornherein nur zu wissenschaftlichen oder therapeutischen Zwecken hergestellt wurden – evtl. durch Maßnahmen des Zellkerntransfers – und zu einem Weiterleben nicht

---

17 Vgl. dazu J.S. Ach, G. Brudermüller, Ch. Runtenberg (Hrsg.), *Hello Dolly? Über das Klonen.* Frankfurt 1998.

in der Lage sind.[18] Vielleicht müssen wir abwarten, wie sich unsere Intuitionen, Wertungen, Erfahrungen auf diesem Gebiet entwickeln, bevor wir zu einem breiten Konsens kommen können. Aber wir sollten uns schon jetzt die Frage stellen, was wertvoll an der bisherigen menschlichen Natur und der Natur insgesamt ist. Nur so können wir die offenen Prozesse der Modernisierung in ihrer Richtung ethisch bewerten und vielleicht beeinflussen.

Literatur

Ach, Johannes S. / Brudermüller, Gerd / Runtenberg, Christa (Hrsg.), *Hello Dolly? Über das Klonen*. Frankfurt a. M. 1998.

Beck, Ulrich. *Die Risikogesellschaft. Auf dem Weg in eine andere Moderne*. Frankfurt a. M. 1986.

Blumenberg, Hans. „Nachahmung der Natur. Zur Vorgeschichte der Idee des schöpferischen Menschen". In: ders., *Wirklichkeiten in denen wir leben*. Stuttgart 1993, S. 55-103.

Fichte, Johann Gottlieb. *Die Bestimmung des Menschen* (1800). In: Werke, hrsg. v. I. H. Fichte. Band II.

Fukuyama, Francis. *Das Ende der Geschichte. Wo stehen wir?* München 1992.

Habermas, Jürgen. *Der philosophische Diskurs der Moderne*. Frankfurt a. M. 1985.

– *Die Zukunft der menschlichen Natur*. Frankfurt a. M. 2001.

– „Replik auf Einwände", *Deutsche Zeitschrift für Philosophie* 2/2002, S. 295 f.

Hilpert, Konrad (Hrsg.). *Forschung contra Lebensschutz? Der Streit um die Stammzellforschung*. Freiburg/Basel/Wien 2009 (Herder, Reihe Quaestiones Disputatae).

Löwith, Karl. *Weltgeschichte und Heilsgeschehen. Die theologischen Voraussetzungen der Geschichtsphilosophie*. Stuttgart 1990.

Lübbe, Hermann. *Modernisierung und Folgelasten. Trends kultureller und politischer Evolution*. Berlin/Heidelberg 1997.

Marquard, Odo. *Schwierigkeiten mit der Geschichtsphilosophie*. Frankfurt a. M. 1973.

Patzig, Günther. *Ethik ohne Metaphysik*. 2., durchges. u. erw. Aufl, Göttingen 1983.

Quante, Michael / Siep, Ludwig. „Passung zwischen Evolutionstheorie und Ethik". In: Jean-Pierre Wils (Hrsg.): *Die Kulturelle Form der Ethik*. Fribourg: Academic Press 2004. S. 91-106.

Siep, Ludwig. „Moral und Gattungsethik". In: *Deutsche Zeitschrift für Philosophie*. 1/2002. S. 111-120.

– „Ethik und Menschenbild". In: Gerda-Henkel Stiftung (Hrsg.), *Das Bild des Menschen in den modernen Wissenschaften*. Münster 2002, S. 31-51.

– *Konkrete Ethik*, Frankfurt a. M. 2004.

– „Wissenschaftsethik und „Biopolitik" in der Stammzellforschung". In: *Jahrbuch für Wissenschaft und Ethik*, Bd. 12, 2007, S. 179-189.

---

18 Vgl. dazu L. Siep, „Kriterien und Argumenttypen im Streit um die Embryonenforschung in Europa". In: *Jahrbuch für Wissenschaft und Ethik*, Bd. 7, Berlin 2002, S. 176-195.

Hinweise zu den Autoren

KURT BAYERTZ, Professor für praktische Philosophie an der Universität Münster. *Hauptarbeitsgebiete*: Ethik und Anthropologie. *Wichtigste Publikationen*: *GenEthik. Probleme der Technisierung menschlicher Fortpflanzung* (Reinbek 1987, übersetzt ins Englische und Chinesische), *Warum überhaupt moralisch sein?* (München 2004, 2. Auflage 2006, Übersetzung ins Koreanische 2009), *Der aufrechte Gang. Geschichte eines anthropologischen Denkmotivs* (München 2012).

DIETER BIRNBACHER, Professor am Institut für Philosophie der Heinrich-Heine-Universität Düsseldorf. *Arbeitsgebiete*: Ethik, Angewandte Ethik, Medizinethik, Anthropologie. *Publikationen*: *Die Logik der Kriterien. Analysen zur Spätphilosophie Wittgensteins* (Hamburg 1974), *Verantwortung für zukünftige Generationen* (Stuttgart 1988, französische Übersetzung Paris 1994, polnische Übersetzung Warschau 1999), *Tun und Unterlassen* (Stuttgart 1995), *Analytische Einführung in die Ethik* (Berlin 2003, 2. Aufl. 2007), *Bioethik zwischen Natur und Interesse. Mit einer Einleitung von Andreas Kuhlmann* (Frankfurt am Main 2006), *Natürlichkeit* (Berlin 2006), *Schopenhauer* (Stuttgart 2009, niederländische Übersetzung Kampen 2010).

VOLKER GERHARDT, Professor für Philosophie an der Humboldt-Universität zu Berlin. Mitglied des Nationalen und des Deutschen Ethikrates; Vorsitzender der Wissenschaftlichen Kommission der Union der Akademien. *Arbeitsgebiete*: Platon, Kant und Nietzsche; systematische Schwerpunkte: Metaphysik, Ethik und Politische Philosophie. *Publikationen* (Monographien): *Vernunft und Interesse* (1976), *Kant. Erträge der Forschung* (1979), *Pathos und Distanz* (1988), *Friedrich Nietzsche* (1992), *Immanuel Kants Entwurf Zum ewigen Frieden* (1995), *Vom Willen zur Macht* (1996), *Selbstbestimmung. Das Prinzip der Individualität* (1999), *Individualität. Das Element der Welt* (2000), *Der Mensch wird geboren. Kleine Apologie der Humanität* (2001), *Immanuel Kant. Vernunft und Leben* (2002), *Die angeborene Würde des Menschen* (2004), *Partizipation. Das Prinzip der Politik* (2007), *Existenzieller Liberalismus* (2010), *Die Funken des freien Geistes* (2011) und *Öffentlichkeit. Die politische Form des Geistes* (2012).

CARL FRIEDRICH GETHMANN, bis 29.02.12 Univ.-Prof. für Philosophie mit dem Schwerpunkt Angewandte Philosophie an der Universität Duisburg-Essen und Di-

rektor der Europäischen Akademie zur Erforschung von Folgen wissenschaftlich-technischer Entwicklungen in Bad Neuenahr-Ahrweiler GmbH. Seit dem 01.03.2012 Univ.-Prof. em. am Forschungskolleg „Zukunft menschlich gestalten" der Universität Siegen.
Forschungsschwerpunkte (laufend) und Veröffentlichungen (Auswahl):

1. Sprachphilosophie / Philosophie der Logik
Protologik (1979); Theorie des wissenschaftlichen Argumentierens (Hrsg. 1980); Logik und Pragmatik (Hrsg. 1982); Sprache (mit G. Siegwart 1991); Reden und Planen (1996); Wahrheit und Beweisbarkeit (2000); Logik und Topik (2002); Anti-Mentalismus (mit Th. Sander, 2002); Einführung in die Sprachphilosophie (in Vorb.).

2. Phänomenologie
Verstehen und Auslegung (1974); Lebenswelt und Wissenschaft (Hrsg. 1991); Dasein: Erkennen und Handeln. Heidegger im phänomenologischen Kontext (1993); Hermeneutische Phänomenologie und Logischer Intuitionismus (2001); Vom Bewusstsein zum Handeln (2007); Hrsg.: O. Becker, *Grundprobleme existenzialen Denkens* (2008).

3. Angewandte Philosophie (Medizinische Ethik / Umweltethik / Technikfolgenabschätzung)
Proto-Ethik (1982); Ethische Aspekte des Handelns unter Risiko (1987); Umweltstandards (mit K. Pinkau et al. 1992, engl. 1998); Langzeitverantwortung als ethisches Problem im Umweltstaat (1993); Ethische Probleme der Verteilungsgerechtigkeit im Umweltstaat (1995); Zur Ethik des umsichtigen Naturumgangs (1996); Praktische Subjektivität und Spezies (1998); Rechtfertigungsdiskurse (1999); Umweltstandards. Kombinierte Expositionen und ihre Auswirkungen auf den Menschen und seine Umwelt (mit C. Streffer et. al 2000, engl. 2003); Philosophie und Technik (mit A. Gethmann-Siefert, 2000); Die Natürlichkeit der Natur und die Zumutbarkeit von Risiken (Hrsg. mit L. Honnefelder, O. Schwemmer und L. Siep 2001); Tierschutz als Staatsziel (2001); Environment across Cultures (Hrsg. mit C. Ehlers, 2003); Ethische Probleme der Molekularen Medizin (mit F. Thiele, 2003); Gesundheit nach Maß? (mit W. Gerok, H. Helmchen et al. 2004); Ethische Probleme einer langfristigen Energieversorgung (mit Ch. Streffer, K. Heinloth, K. Rumpff, A. Witt, 2005); (Herausgeber) *Die Verantwortung des Politikers,* München: Fink 2008 (mit P. Janich und H. Schmidt) (Herausgeber) *Langzeitverantwortung. Ethik – Technik – Ökologie*, Darmstadt 2008 (mit J. Mittelstraß) Professionelle Ethik und Bürgermoral (2009).

AGNES HELLER, Professor emeritus der New School for Social Research, New York und ELTE, Budapest sowie Mitglied der Ungarischen Akademie der Wissenschaften. *Arbeitsgebiete*: Politische Philosophie (Hegel und Marx), Ethik; Forschungsprojekt: Erinnerung (in Budapest).

Publikationen (ausgewählte Monografien): *A Theory of Need in Marx* (Allison and Busby, London 1976), *Das Alltagsleben. Versuch einer Erklärung der individuellen Reproduktion* (Suhrkamp, Frankfurt am Main, 1978), *Theorie der Gefühle* (VSA-Verlag, Hamburg 1980), *Beyond Justice* (Blackwell, Oxford, Boston 1988), *General Ethics* (Blackwell, Oxford, Boston 1989), *A Philosophy of Morals* (Blackwell, Oxford, Boston 1990), *Biopolitik* (Campus-Verlag Frankfurt am Main 1995), *An Ethics of Personality* (Blackwell, Cambridge 1996), *A Theory of Modernity* (Blackwell, Cambridge 1999).

MICHAEL QUANTE, Professor für Philosophie mit dem Schwerpunkt Praktische Philosophie an der Westfälischen Wilhelms-Universität Münster.
Arbeitsgebiete: Deutscher Idealismus (Schwerpunkt Hegel und Marx), Philosophie des Geistes und der Person, Rechts- und Sozialphilosophie sowie Ethik und biomedizinische Ethik.
Publikationen (nur Monografien): *Hegels Begriff der Handlung* (frommann-holzboog, Stuttgart-Bad Cannstatt 1993), *Ethik der Organtransplantation* (Ko-Autor; Harald Fischer Verlag, Erlangen 2000), *Personales Leben und menschlicher Tod* (Suhrkamp, Frankfurt a.M. 2002), *Hegel's Concept of Action* (Cambridge University Press, Cambridge 2004, pbk. 2007), *Enabling Social Europe* (Ko-Autor; Springer, Berlin 2005), *Einführung in die Allgemeine Ethik* (Wissenschaftliche Buchgesellschaft, Darmstadt 2011, vierte Auflage); *Person* (Walter de Gruyter, Berlin 2007), *Karl Marx: Ökonomisch-Philosophische Manuskripte* (Suhrkamp, Frankfurt a.M. 2009); *Menschenwürde und personale Autonomie* (Meiner, Hamburg 2010) und *Die Wirklichkeit des Geistes* (Suhrkamp, Frankfurt a.M. 2011).

ERZSÉBET RÓZSA, Professorin an der Universität Debrecen im Institut für Philosophie, Leiterin der interdisziplinären Forschergruppe für Bioethik, bzw. der Doktorschule für Humanwissenschaften. Gastdozentur an der Fachhochschule Esterházy Károly in Eger.
Arbeitsgebiete: Hegel und der Deutsche Idealismus; Georg Lukács und die Budapester Schule; Europäische Kultur und Identität; Angewandte Philosophie.
Publikationen (Auswahl): *Hegel gazdaságfilozófiája* (Hegels Wirtschaftsphilosophie). Budapest 1993, *Heller Ágnes –a fronézis filozófusa* (Ágnes Heller – Philosophien der Fronesis). Budapest 1997, *Vermittlung und Versöhnung. Die Aktualität von Hegels Denken für ein zusammenwachsendes Europa.* (Mit M. Quante) Münster 2001, *Versöhnung und System. Zu Grundmotiven von Hegels praktischer Philosophie.* München 2005, *Hegels Konzeption praktischer Individualität. Von der Phänomenologie des Geistes zum enzyklopädischen System.* Paderborn 2007. Hrsg. von K. Engelhard und M. Quante, *A modern világ prózája. Hegel-tanulmányok.* (Die Prosa der modernen Welt. Hegel-Studien.) Debrecen 2009. Im Erscheinen: *Individuality, Modernity and System by Hegel.* Leiden-Boston 2012.

HANS-CHRISTOPH SCHMIDT AM BUSCH. Vertretungsprofessor am Institut für Sozialwissenschaften und Philosophie der Universität Vechta und Mitarbeiter am

Institut für Sozialforschung in Frankfurt am Main. *Arbeitsgebiete*: Politische Philosophie, Sozialphilosophie und Geschichte der Philosophie. *Wichtigste Publikationen*: *„Anerkennung" als Prinzip der Kritischen Theorie* (de Gruyter, Berlin, New York 2011), *Religiöse Hingabe oder soziale Freiheit. Die saint-simonistische Theorie und die Hegelsche Sozialphilosophie* (Felix Meiner Verlag, Hamburg 2007), *Hegels Begriff der Arbeit* (Akademie Verlag, Berlin 2002), *The Philosophy of Recognition. Historical and Contemporary Perspectives*, hg. mit C. F. Zurn (Rowman & Littlefield, Lanham 2010), *Hegelianismus und Saint-Simonismus*, hg. mit L. Siep, H.-U. Thamer und N. Waszek (Mentis Verlag, Paderborn 2007) sowie *Heinrich Scholz. Logiker, Philosoph, Theologe*, hg. mit K. F. Wehmeier (Mentis Verlag, Paderborn 2005).

LUDWIG SIEP, Professor em. für Philosophie an der Westfälischen Wilhelms-Universität Münster. Senior Professor am Exzellenzcluster „Religion und Politik" und der DFG-Kollegforschergruppe „Theoretische Grundfragen der Normenbegründung in Medizinethik und Biopolitik" an der Universität Münster.
Arbeitsgebiete: Praktische Philosophie der Neuzeit, Ethik, Angewandte Ethik.
Publikationen (Monographien): *Hegels Fichtekritik und die Wissenschaftslehre von 1804* (1970, japan. 2001), *Anerkennung als Prinzip der Praktischen Philosophie* (1979, ital. 2007), *Der Weg der Phänomenologie des Geistes* (2000), *Konkrete Ethik* (2004, japan. 2007, chines. Übers. in Vorb.). *John Locke, Zweite Abhandlung über die Regierung*. Hrsg. u. Kommentar (2007). Eigene Aufsatzsammlungen: *Praktische Philosophie im Deutschen Idealismus* (1992), *Aktualität und Grenzen der praktischen Philosophie Hegels* (2010).
Hrsg. u. a. von: *G.W.F. Hegel, Grundlinien der Philosophie des Rechts* (2. Aufl. 2005); (mit Ch. Halbig u. M. Quante): *Hegels Erbe* (2004).

JÁNOS WEISS, Professor für Philosophie an der Universität Pécs.
Arbeitsgebiete: Deutscher Idealismus, Frankfurter Schule und die Möglichkeiten einer ästhetischen Theorie nach Adorno.
Letzte Buchpublikationen: *Lukács öröksége* (Die Erbschaft von Georg Lukács) (Budapest 2011), *Was heißt Reformation der Philosophie?* (Frankfurt am Main, Berlin, Bern 2009).

Namenregister